本教材第五版曾获首届全国教材建设奖全国优秀教材一等奖

"十四五"职业教育国家规划教材

TDIT

国家职业教育国际贸易专业教学资源库升级改进配套教材

职业教育国家在线精品课程配套教材　　课程思政示范课程配套教材

U0771990

外贸单证操作

（第六版）

主　编　章安平　牟群月

副主编　唐春宇　顾　捷

中国教育出版传媒集团

高等教育出版社·北京

内容简介

本教材第五版曾获首届全国教材建设奖全国优秀教材一等奖。

本教材是"十四五"职业教育国家规划教材,是国家职业教育国际贸易专业教学资源库升级改进配套教材,也是首批国家精品在线开放课程、首批职业教育国家在线精品课程和课程思政示范课程配套教材。

在《职业教育专业简介(2022年修订)》中,"外贸单证操作"是经济贸易类专业的专业核心课程之一。本教材依据INCOTERMS® 2020、RCEP产地证新要求、"关检合一"的机构改革新要求,以及外贸业务新形势进行修订。本教材依据外贸单证工作流程,分为审证和改证业务操作、制作商业发票和装箱单操作、制作订舱委托书和办理订舱操作等11个学习情境。每个学习情境都包括学习目标、思维导图、项目背景、任务分解、任务完成、知识要点、习题测验和能力实训等内容,配备了类型丰富的数字资源,以便于开展线上线下混合式教学,实现"能学辅教"。

本教材既可以作为高等职业专科、本科院校和应用型本科院校经济贸易类专业的教材,又可以作为外贸从业人员的培训教材和业务参考用书。

本教材配套的"外贸单证操作"在线开放课程可登录爱课程和智慧职教平台学习,课程建设了课程标准、教学设计、微课、动画、视频、图表、案例、习题、试卷、实训等类型丰富的数字资源,精选其中具有典型性、实用性的资源在教材中以二维码方式标出,供读者即扫即学。其他资源服务见"郑重声明"页的资源服务提示。

图书在版编目(CIP)数据

外贸单证操作 / 章安平,牟群月主编. -- 6版. -- 北京 : 高等教育出版社,2024.5
ISBN 978-7-04-061806-8

Ⅰ. ①外… Ⅱ. ①章… ②牟… Ⅲ. ①进出口贸易-原始凭证-高等职业教育-教材 Ⅳ. ①F740.44

中国国家版本馆CIP数据核字(2024)第043767号

外贸单证操作(第六版)
WAIMAO DANZHENG CAOZUO

策划编辑	康 蓉	责任编辑	康 蓉	封面设计	张 志	版式设计	徐艳妮
责任绘图	马天驰	责任校对	张 薇	责任印制	耿 轩		

出版发行	高等教育出版社	网 址	http://www.hep.edu.cn
社 址	北京市西城区德外大街 4 号		http://www.hep.com.cn
邮政编码	100120	网上订购	http://www.hepmall.com.cn
印 刷	捷鹰印刷(天津)有限公司		http://www.hepmall.com
开 本	787 mm×1092 mm 1/16		http://www.hepmall.cn
印 张	19	版 次	2008年9月第1版
字 数	390千字		2024年5月第6版
购书热线	010-58581118	印 次	2024年5月第1次印刷
咨询电话	400-810-0598	定 价	49.80元

本书如有缺页、倒页、脱页等质量问题,请到所购图书销售部门联系调换
版权所有 侵权必究
物 料 号 61806-00

"智慧职教"服务指南

"智慧职教"（www.icve.com.cn）是由高等教育出版社建设和运营的职业教育数字教学资源共建共享平台和在线课程教学服务平台，与教材配套课程相关的部分包括资源库平台、职教云平台和App等。用户通过平台注册，登录即可使用该平台。

● 资源库平台：为学习者提供本教材配套课程及资源的浏览服务。

登录"智慧职教"平台，在首页搜索框中搜索"外贸单证操作"找到对应作者主持的课程，加入课程参加学习，即可浏览课程资源。

● 职教云平台：帮助任课教师对本教材配套课程进行引用、修改，再发布为个性化课程（SPOC）。

1. 登录职教云平台，在首页单击"新增课程"按钮，根据提示设置要构建的个性化课程的基本信息。

2. 进入课程编辑页面设置教学班级后，在"教学管理"的"教学设计"中"导入"教材配套课程，可根据教学需要进行修改，再发布为个性化课程。

● App：帮助任课教师和学生基于新构建的个性化课程开展线上线下混合式、智能化教与学。

1. 在应用市场搜索"智慧职教icve"App，下载安装。

2. 登录App，任课教师指导学生加入个性化课程，并利用App提供的各类功能，开展课前、课中、课后的教学互动，构建智慧课堂。

"智慧职教"使用帮助及常见问题解答请访问 help.icve.com.cn。

第六版前言 <<<<<<<<<<<<

"外贸单证操作"
课程介绍

《外贸单证操作》第一版于2008年9月首次出版，第二版于2012年9月出版，第三版于2014年8月出版，第四版于2017年8月出版，第五版于2019年11月出版，重印30多次，受到广大高职院校师生和外贸企业的高度评价，2014年入选"十二五"职业教育国家规划教材，2020年入选"十三五"职业教育国家规划教材，2021年荣获首届全国教材建设奖全国优秀教材一等奖，2023年入选"十四五"职业教育国家规划教材。本教材不仅是广大高职院校经济贸易类专业的教材，而且成为很多外贸企业的外贸单证员岗位培训教材和从业工具书。

国家职业教育国际贸易专业教学资源库（简称"国贸资源库"）项目于2014年6月立项，2017年6月通过验收，2019年11月立项升级改进，2022年11月通过验收。"外贸单证操作"作为该项目的专业核心课程之一，按照"一体化设计、结构化课程、颗粒化资源"进行系统的在线开放课程建设。2015年11月，"外贸单证操作"在线开放课程作为我国首批高职MOOC，在"爱课程"平台的"中国大学MOOC"和"中国职教MOOC"同时上线，截至目前，已开课17期，在教师、学生、企业、社会用户中均产生了较大影响。"外贸单证操作"课程2017年12月荣获首批国家精品在线开放课程，2021年5月荣获课程思政示范课程，2023年1月荣获首批职业教育国家在线精品课程。

站在职业教育新起点，面对INCOTERMS® 2020发布后外贸业务的新变化，为了适应《职业教育专业简介（2022年修订）》中对经济贸易类专业的新要求，本教材再次进行修订。此次修订有以下四个重点：

1. 融入党的二十大精神，落实立德树人根本任务

党的二十大报告指出："育人的根本在于立德。全面贯彻党的教育方针，落实立德树人根本任务，培养德智体美劳全面发展的社会主义建设者和接班人。"根据外贸单证岗位"正确、完整、及时、简明、整洁"的制单工作要求，编者提炼出本课程的课程思政之魂——零差错、高效率、求极致的精益求精单证观，将其融入制单工作全过程。每个学习情境均设素养目标，结合不同制单工作任务，巧妙融入外贸强国的使命意识、责任意识、守法意识、诚信品质、敬业精神、团队精神等课程思政元素，培养学生秉匠心、制匠品、践匠行，切实提高立德树人成效。

2. 与时俱进地更新了外贸业务案例

本次修订对外贸业务案例的更新有：一是依据2022年1月开始生效的"区域全面经济伙伴关系协定"（Regional Comprehensive Economic Partnership，RCEP），新增了RCEP产地证的内容和填写规范；二是依据国际商会的最新规定，更新了信用证格式规范；三是依据INCOTERMS® 2020规定，更新了相关合同和信用证内容。

3. 更新了数字化教学资源

党的二十大报告指出："推进教育数字化，建设全民终身学习的学习型社会、学习型大国。"为了指导教师、学生以及广大网络学习者更好地使用"外贸单证操作"在线开放课程和新形态一体化教材，开展线上线下混合式教学，助力实现"互联网＋"教育，编写团队以知识点和技能点为颗粒度，建设了包括课程标准、教学设计、微课、动画、视频、课件、习题、实训、案例等类型丰富的数字化教学资源。扫描前言边白的二维码，即可观看课程介绍视频，了解课程设计思路与结构框架；扫描正文边白的二维码，即可获取重要知识点和技能点对应的优质资源。

基于线上线下混合式教学改革和外贸业务新发展，本次修订对数字化教学资源的更新有：一是更新了RCEP产地证和INCOTERMS® 2020相关知识点的视频、课件、实训等教学资源，二是在课程的数字化教学资源中进一步融入党的二十大精神，发挥好"外贸单证操作"课程的育人作用；三是精简了数字化教学资源的数量，保留重要知识点和技能点对应的优质教学资源。

4. 充实了体现产教融合、校企"双元"合作的编写团队

本次教材修订的编写团队由多年从事外贸单证教学的校内专任教师和多年从事外贸单证工作的行业专家构成。与前五版相比，进一步扩大了外贸公司、银行国际业务部、海关等外贸行业专家的范围，进一步增强了编写团队产教融合、校企"双元"合作的特色。

为了紧贴外贸业务实际，本书中的图片、合同、单证等仿照真实文件的外观样式，但涉及的原交易当事人、交易内容等关键信息均已隐去，换之以虚拟的公司机构名称地址和交易内容等。所述内容如有与真实生活中的人物、组织或事件雷同之处，实属巧合，谨此声明。

本教材由浙江金融职业学院章安平教授和牟群月副教授担任主编，唐春宇副教授和顾捷副教授担任副主编，全书由章安平教授进行统稿。参加编写的人员及分工情况如下表所示。

序号	姓名	单位、职称或职务	编写内容
1	章安平	浙江金融职业学院教授	导论 学习情境一 审证和改证业务操作 学习情境七 制作投保单和办理保险操作
	施闻雷	浙江省纺织品进出口集团有限公司董事长	学习情境九 制作汇票操作

续表

序号	姓名	单位、职称或职务	编写内容	
2	马茂灯	浙江新大集团有限公司党委副书记	学习情境二	制作商业发票和装箱单操作
	祝土生	浙江新大集团有限公司单证部经理	学习情境三	制作订舱委托书和办理订舱操作
	唐春宇	浙江金融职业学院副教授		
3	张 军	杭州钱江海关副关长	学习情境四	制作出境货物报检单和办理报检操作
	范越龙	浙江金融职业学院副教授		
4	严 佳	浙江省贸促会秘书长	学习情境五	制作和申领原产地证操作
	刘一展	浙江金融职业学院教授		
5	张 军	杭州钱江海关副关长	学习情境六	制作和办理报关单证操作
	顾 捷	浙江金融职业学院副教授		
6	赛学军	杭州银行国际业务部总经理	学习情境八	制作附属单据操作
	牟群月	浙江金融职业学院副教授	学习情境十	单据审核操作
7	方 回	中国农业银行浙江省分行国际金融部副总经理	学习情境十一	交单收汇和单证归档操作
	肖 旭	浙江金融职业学院教授		

　　尽管全体编者本着精益求精的态度认真修订，但限于水平，教材中仍难免存在疏漏和错误，真诚欢迎各界人士批评指正，以便下一版予以修正，使其日臻完善。

编者

2024年3月于杭州西湖

第一版前言 <<<<<<<<<<<<

　　自改革开放以来，我国外贸事业得到了空前发展。世界贸易组织有关资料显示，到2007年年底，我国出口和进口贸易总额分别排名世界第二和第三。虽然我国已进入贸易大国的行列，但是与贸易强国还有很大的差距。如何尽快缩短这一差距，国际商务人才培养是至关重要的环节。

　　在外贸企业中，外贸单证员是在进出口贸易履约过程中，主要从事审证、订舱、报检、报关、投保、结汇等业务环节的单证办理和制作工作的操作型外贸从业人员。外贸单证工作是外贸从业人员必须掌握的基础性工作，是开展其他外贸业务工作的基础。外贸单证员是外贸业务员的得力助手，是外贸企业实现顺利收付汇的守护神。因此，外贸单证员的培养至关重要。但是，目前已出版的有关外贸单证操作的教材大多以知识体系为主，读者看完后，很难搞清楚外贸单证实际工作的具体过程与需求。有鉴于此，本书主编结合全国示范性高职院校国际贸易实务重点专业建设项目——"外贸单证操作"精品课程的建设，以及十多年外贸单证操作的从教经验，联合具有多年外贸单证从业经验的外贸单证专家，共同编写了这本《外贸单证操作》项目教材。

　　本书是在外贸单证员岗位工作任务和职业能力分析的基础上，依据与外贸单证专家组共同开发的"外贸单证操作"课程标准，打破以知识体系为线索的传统编写模式，采用了以外贸单证员工作过程为线索，体现工学结合、任务驱动、项目教学的项目教材编写模式。该模式注重以学生为主体、以培养职业能力为核心目标，强调对各种外贸单证操作能力的训练，紧紧围绕工作任务的需要来选取理论知识。

　　本书基于外贸单证工作流程，分为审证和改证业务操作、制作商业发票和装箱单操作、制作订舱委托书和办理订舱操作、制作出境货物报检单和办理报检操作、制作和申领原产地证操作、制作和办理报关单证操作、制作投保单和办理保险操作、制作附属单据操作、制作汇票操作、单据审核操作、交单收汇和单证归档操作十一个学习情境。每个学习情境都包括学习目标、工作项目、操作示范、知识链接和能力实训五部分内容。每个学习情境都依据学习目标设计了一个典型的工作项目，布置了相应工作任务，进行了操作示范，提供了知识链接，最后还提供了1~3套对应的能力实训项目。

　　教师在教学时，可以先让学生以外贸单证员的职业身份，自己尝试完成每个项目的工作任务；然后教师结合学生完成工作任务的情况，进行示范操作；在示范操作过程中，把相关的知识进行讲解，即进行知识链接；最后让学生再完成能力实训部分的工作任务操作，以进一步提升其外贸单证操作能力。

　　为了紧贴外贸业务实际，本书中的图片、合同、单证等一般都仿照真实文件的外观样式，但涉及的原交易当事人、交易内容等关键信息均已隐去，换之以虚拟的公司机构名称、地址、交易内容等。所述内容如不慎与真实生活中的人物、组织或事件雷同，实属巧合，谨此声明。

本书可作为高等职业院校、高等专科院校、成人高校、民办高校及本科院校举办的二级职业技术学院国际商贸专业的教学用书，也可作为五年制高职、中职相关专业教材，还可作为社会从业人员的业务参考书及培训用书。作为外贸从业人员的业务参考。

本书在编写过程中，得到了浙江金融职业学院院长周建松教授、示范性项目办公室主任方华研究员等领导的悉心指导和帮助，还得到了杭州市出入境检验检疫局下沙经济开发区办事处薛增建主任、杭州市商业银行国际业务部蔡红波经理、浙江省农行国际业务部方回经理等外贸单证业务专家的大力支持，此外，肖旭、陈霁霞等老师还给予了大量的帮助，在此一并表示衷心的感谢。

由于编写时间紧、任务重，书中难免出现一些疏漏和错误，真诚欢迎各界人士批评指正，以便再版时予以修正，使其日臻完善。

编者

2008年5月于杭州西湖

目录 <<<<<<<<<<<<

【学习目标】

素养目标:

● 具备守法意识、责任意识、团队精神、敬业精神和诚信品质

● 树立零差错、高效率、求极致的精益求精单证观

● 树立外贸强国的使命意识和责任意识

技能目标:

● 能够比较分析不同结算方式下外贸单证员工作任务的差异

● 能够根据不同结算方式选择不同的制单依据

知识目标:

● 熟悉外贸单证员的含义和由来

● 熟悉外贸单证员的岗位要求

● 熟悉外贸单证员的工作任务

● 掌握外贸单证员的制单工作要求

● 掌握外贸单证员制作和审核单证的主要依据

【思维导图】

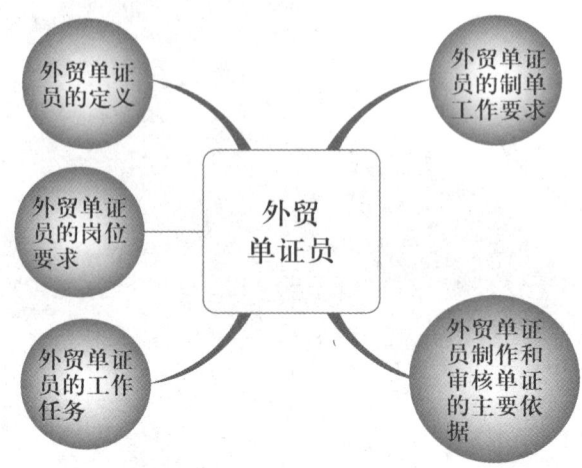

微课：外贸
单证员岗位
的由来

一、外贸单证员的定义

外贸单证员是指在进出口贸易履约过程中，主要从事审证、订舱、报关报检、投保、结汇等业务环节的单证办理和制作工作的操作型外贸从业人员。

外贸单证工作是外贸从业人员必须掌握的基础性工作，是开展外贸业务工作的基础。在外贸企业中，外贸单证员既是外贸业务员的得力助手，也是外贸企业实现顺利收付汇的"守护神"。

二、外贸单证员的岗位要求

一名合格的外贸单证员需达到职业素质、职业能力和专业知识三方面的岗位要求。

（一）外贸单证员的职业素质要求

外贸单证员应具备的职业素质见图0-1。

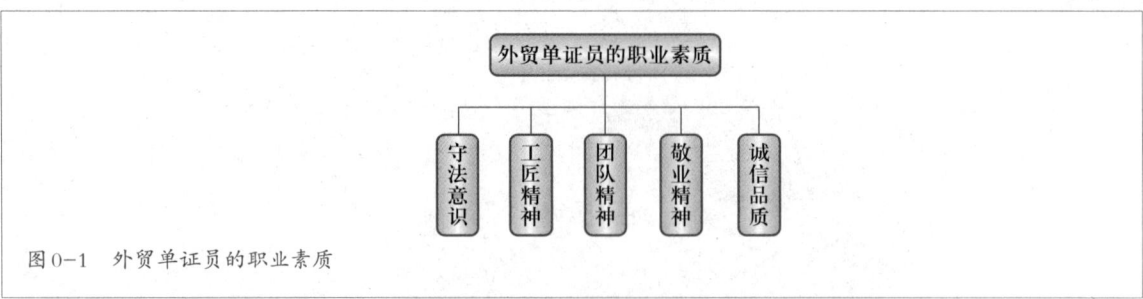

图0-1 外贸单证员的职业素质

1. 守法意识

在外贸单证工作中，外贸单证员要遵纪守法，遵循外贸法律、法规、政策。

2. 工匠精神

在外贸单证工作中，外贸单证员要努力做到零差错、高效率和求极致，做好每一个环节。

3. 团队精神

在外贸单证工作中，外贸单证员要以大局为重，与同事精诚合作。

4. 敬业精神

在外贸单证工作中，外贸单证员要吃苦耐劳，热爱外贸单证岗位。

5. 诚信品质

在外贸单证工作中，外贸单证员对待客户要做到诚实守信。

（二）外贸单证员的职业能力要求

外贸单证员应具备的职业能力见图0-2。

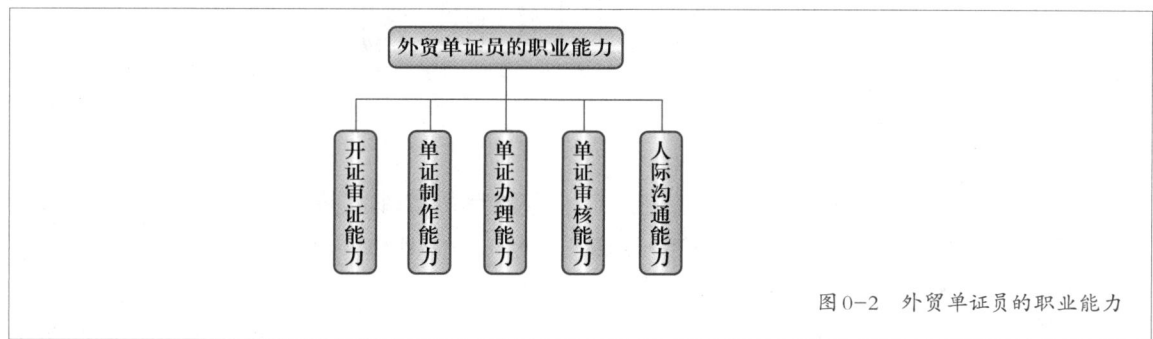

图0-2 外贸单证员的职业能力

1. 开证审证能力

在信用证支付结算方式下，外贸单证员不仅要能根据进口合同填制开证申请书和办理申请开证手续，而且要能根据出口合同审核信用证，并能向外贸业务员提供有效的改证建议。

2. 单证制作能力

外贸单证员要能快速准确地制作信用证、托收和汇款等各种支付方式下的订舱单证、报关报检单证、投保单证、结汇单证等。

3. 单证办理能力

外贸单证员要能高效地办理订舱、报关报检、投保、结汇等业务手续，以及这些业务涉及的单证。

4. 单证审核能力

外贸单证员要能根据合同或信用证的要求，准确地审核订舱单证、报关报检单证、投保单证和结汇单证等。

5. 人际沟通能力

外贸单证员不仅要能与本企业的业务部门、跟单部门、财务部门等工作人员处理好关系，而且要能与货代公司、贸促会、保险公司、商业银行、外汇管理局、海关等部门的工作人员建立友好的业务关系，以便高效地办理外贸单证业务。

（三）外贸单证员的专业知识要求

外贸单证员除了要掌握好英语和计算机基本知识，还应熟悉或掌握的专业知识见图0-3。

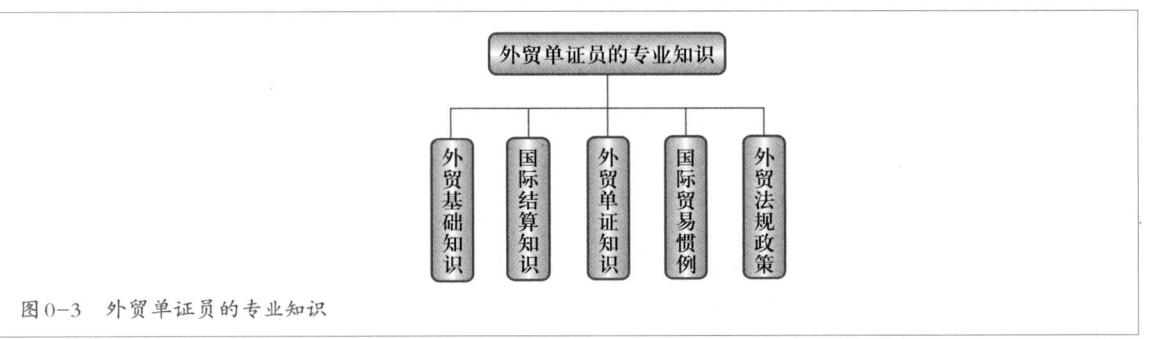

图0-3　外贸单证员的专业知识

1. 外贸基础知识

外贸单证员应熟悉进出口业务流程，掌握贸易术语、支付方式、运输、保险、报关报检、索赔、仲裁、不可抗力等外贸基础知识。

2. 国际结算知识

外贸单证员应熟悉汇票、支票和本票等结算工具，熟悉信汇、票汇和托收业务操作流程，掌握信用证、前T/T（telegraphic transfer，电汇）和后T/T的业务操作流程。

3. 外贸单证知识

外贸单证员应熟悉外贸单证工作流程和工作要求，掌握订舱单证、报关报检单证、投保单证、结汇单证等基础知识、制作要点和办理流程，掌握外贸单证审核原则、方法和技巧。

4. 国际贸易惯例

外贸单证员应熟悉《2020年国际贸易术语解释通则》（INCOTERMS® 2020）和《2010年国际贸易术语解释通则》（INCOTERMS® 2010）、《托收统一规则》（URC522）条款，掌握《跟单信用证统一惯例》（UCP600）和《国际标准银行实务》（ISBP745）条款及其实际运用。

5. 外贸法规政策

外贸单证员应了解《中华人民共和国对外贸易法》（简称《对外贸易法》）、《中华人民共和国进出口货物原产地条例》（简称《进出口货物原产地条例》）等，熟悉《中华人民共和国海关法》（简称《海关法》）、《中华人民共和国进出口税则》（简称《进出口税则》）、《中华人民共和国进出口关税条例》（简称《进出口关税条例》）、《中华人民共和国进出口商品检验法》（简称《商检法》）等。

党的二十大报告指出："稳步扩大规则、规制、管理、标准等制度型开放。推动货物贸易优化升级，创新服务贸易发展机制，发展数字贸易，加快建设贸易强国。"本教材深入贯彻党的二十大精神，以培养大批熟悉国际贸易规则、适应外贸发展新业态和新模式的高素质复合型外贸人才为目标，注重培养学生的职业能力和创新能力，对接企业实际工作过程。

三、外贸单证员的工作任务

在不同的结算方式和贸易术语下，外贸单证员的工作任务是不同的。总的来说，信用证结算方式下，外贸单证员的工作任务是最多的。因此，下面重点介绍信用证结算方式下，外贸单证员在进出口业务中的工作任务。然后补充说明在托收和汇款结算方式下外贸单证员工作任务的不同之处。

动画：皮皮
出口旅行记

（一）外贸单证员的出口工作任务

在信用证结算方式和CIF贸易术语的出口贸易中，外贸单证员需完成的工作任务包括审证和改证、制作商业发票和装箱单、制作订舱委托书和办理订舱、制作出境货物报检单和办理报检、制作和申领原产地证、制作和办理报关单证、制作投保单和办理保险、制作附属单据、制作汇票、审核单证、交单收汇和单证归档等。在CFR贸易术语下，外贸单证员减少了制作投保单和办理保险的工作任务；在FOB贸易术语下，外贸单证员还减少了制作订舱委托书和办理订舱的工作任务，但在外贸实务中，外贸单证员往往仍需要制作订舱委托书，寄给指定货运代理公司。

在托收结算方式下的出口贸易中，相对于信用证结算方式，外贸单证员减少了审证和改证的工作任务。

在汇款结算方式下的出口贸易中，相对于信用证结算方式，外贸单证员减少了审证和改证工作任务。在前T/T结算方式下，出口商先收汇后给进口商寄单；在后T/T结算方式下，出口商先给进口商寄单后收汇。

（二）外贸单证员的进口工作任务

在信用证结算方式和FOB贸易术语的进口贸易中，外贸单证员需完成的工作任务包括申请开立信用证、制作订舱委托书和办理订舱、制作投保单和办理保险、审单付汇、制作入境货物报检单和办理报检、制作和办理报关单证、单证归档等。在CFR贸易术语下，外贸单证员减少了制作订舱委托书和办理订舱的工作任务；在CIF贸易术语下，外贸单证员还减少了制作投保单和办理保险的工作任务。

在托收结算方式下的进口贸易中，相对于信用证结算方式，外贸单证员减少了申请开立信用证的工作任务。

在汇款结算方式下的进口贸易中，相对于信用证结算方式，外贸单证员减少了申请开立信用证的工作任务。在前T/T结算方式下，进口商先付汇后收到出口商寄来的单证；在后T/T结算方式下，进口商先收到出口商寄来的单证后付汇。

比较外贸单证员的进出口工作任务不难发现，除了申请开立信用证，外贸单证员的出口工作任务基本涵盖进口工作任务。因此，本书将重点介绍外贸单证员的出口单证操作。

四、外贸单证员的制单工作要求

外贸单证员的制单工作要求是"正确、完整、及时、简明、整洁"。

（一）正确

正确是外贸单证工作的前提，单证不正确就不能安全收汇。这里所说的正确，包括以下两方面的内容：

1. 要求各种单证必须做到"四个一致"，即"单证一致、单约一致、单单一致和单货一致"

前面三个一致，是针对单证处理而言的。在信用证结算方式下，要求做到单证一致和单单一致；在汇款和托收结算方式下，要求做到单约一致和单单一致。单货一致，要求单证代表真实出运的货物，确保正常履约和安全收汇，同时为企业树立良好的信誉。

2. 要求各种单证必须符合有关国际贸易惯例和进口国的有关法令和规定

信用证结算方式下的单证，要与《跟单信用证统一惯例》（UCP600）和《国际标准银行实务》（ISBP745）条款相一致。托收结算方式下的单证，要与《托收统一规则》（URC522）条款相一致。

（二）完整

单证的完整性是构成单证合法性的重要条件之一，是单证成为有价证券的基础。单证的完整性一般包括以下三个方面：

1. 单证的内容完整

单证的内容完整是指每一种单证本身的内容(包括单证本身的格式、项目、文字、签章和背书等)必须完备齐全，否则不能构成有效文件。

2. 单证的种类完整

单证在通过银行议付或托收时，一般都是成套、齐全而不是单一的。遗漏任何一种单证，就会使单证不完整。例如，在CIF交易中，出口商向进口商提供的单证至少应有发票、提单和保险单。出口商只有按信用证或合同规定备齐所需单证，银行(或进口商)才能履行议付或承付的责任。

3. 单证的份数完整

单证的份数完整是指出口商必须要按照信用证或买卖合同的要求如数交齐各种单证的份数，不能短缺。目前，国外有些地区开来的信用证所列单证条款日趋复杂，所需单证类别甚多，除发票、提单、保险单等主要单据外，还有各种附属证明，如检验证书、产地证、船龄证明、邮政收据、电报副本等。这些单证都需要经过一定手续和事先联系才能取得。因此，在单证制作和审核过程中，必须要密切注意，及时催办，防止遗漏和误期，以保证全套单证的完整性。

（三）及时

单证的及时性体现在及时出单和及时交单。

1. 及时出单

及时出单是指各种单证的出单日期必须合理可行，每一种单证的出单日期不能超过信用证规定的有效期限或按商业习惯的合理日期。例如，保险单的出单日期不能迟于提单的签发日期，提单日期不得迟于装运期限等。

2. 及时交单

及时交单是指出口商必须在信用证规定的交单期内向银行交单。过期交单将会遭到拒付。在出口业务中，单证工作是一项多环节的综合性工作，单证工作做得不及时就会严重影响相关部门的工作。如订舱、报关报检、结汇等工作，都是以单证为纽带，环环相扣，一环脱节，下一环的工作就无法进行，一旦产生连锁反应牵动全局，轻则打乱工作秩序，重则发生经济损失。

（四）简明

单证的内容应按合同或信用证要求填写，力求简明，切勿加列不必要的内容，以免弄巧成拙。简化单证不仅可以减少工作量和提高工作效率，而且有利于提高单证的质量并减少单证的差错。

（五）整洁

整洁是指单证表面的清洁、美观、大方；单证内容清楚易认；单证内容表述简洁明了。单证的整洁要求单证格式的设计和缮制力求标准化和规范化，单证内容的排列要行次整齐、主次有序、重点项目突出醒目、字迹清晰、语法通顺、文句流畅、用词简明扼要、恰如其分。

综上所述，"正确、完整、及时、简明、整洁"的制单工作要求体现了"精益求精单证观"。首先，根据"正确、完整"的制单工作要求，外贸单证员每次制单正确率要达到100%，追求"零差错"的工匠精神；其次，根据"及时"的制单工作要求，外贸单证员不仅做得对，还要做得

素养点：
精益求精单证观
外贸强国使命责任

快，追求"高效率"的工匠精神；最后，根据"简明、整洁"的制单工作要求，外贸单证员不仅要做得对、做得快，而且要做得漂亮，体现"求极致"的工匠精神。"精益求精单证观"也体现了外贸单证员外贸强国的使命意识和责任意识。

五、外贸单证员制作和审核单证的主要依据

外贸单证员制作和审核单证的主要依据是外贸合同、信用证、有关商品的原始资料、国际贸易惯例、国内相关管理规定等。

在信用证结算方式下，外贸单证员制单和审单的主要依据是信用证、有关商品的原始资料、《跟单信用证统一惯例》（UCP600）、《国际标准银行实务》（ISBP745）和国内相关管理规定。信用证取代外贸合同，成为制单和审单的首要依据。

在托收结算方式下，外贸单证员制单和审单的主要依据是外贸合同、有关商品的原始资料、《托收统一规则》（URC522）和国内相关管理规定。其中，外贸合同是制单和审单的首要依据。

在汇款结算方式下，外贸单证员制单和审单的主要依据是外贸合同、有关商品的原始资料和国内相关管理规定。其中，外贸合同是制单和审单的首要依据。

有关商品的原始资料，一般来自生产企业提供的交货单和货物出厂装箱单等单据，包括货物具体的数量、重量、规格、尺码等。

[调查研究与善作善成]

1. 调研主题

工匠精神与制单工作要求。

2. 调研步骤

（1）每个人自主学习制单工作要求的视频课件。

（2）以小组为单位，调研搜集与工匠精神相关的资料和案例。

（3）根据调研资料，讨论研究形成调研报告。

（4）根据调研报告制作PPT。

（5）每组派代表在课堂上分享本组调研成果。

3. 调研成果

（1）调研报告。

（2）PPT。

【学习目标】

素养目标：

● 具备"重合同，守信用"的外贸诚信品质和守法意识

● 具备一丝不苟的审证责任意识

技能目标：

● 能够审核信用证通知书

● 能够根据外贸合同审出信用证中的问题条款

● 能够针对信用证问题条款提出修改意见

知识目标：

● 掌握审证的依据

● 掌握审证的步骤

● 熟悉改证的原则

【思维导图】

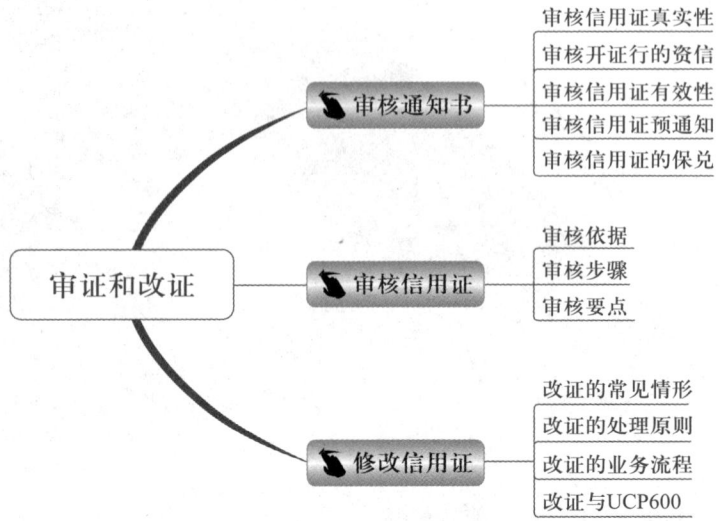

项目背景

2023年3月25日，浙江金苑进出口有限公司与德国的SIK公司签订了一份女式夹克出口销售合同，具体内容如下：

SALES CONTRACT

NO.: ZJJY2339   DATE: Mar. 25, 2023

THE SELLER: Zhejiang Jinyuan Import and Export Co., Ltd.

       118 Xueyuan Street, Hangzhou, China

       TEL: 0086-571-86739177   FAX: 0086-571-86739178

THE BUYER: SIK GmbH & Co. KG

       Rathausmarkt 66, 20095 Hamburg, Germany

       TEL: 0049-40-3410766   FAX: 0049-40-3410767

This Contract is made by and between the Buyer and the Seller, whereby the Buyer agrees to buy and the Seller agrees to sell the under-mentioned commodity according to the terms and conditions stipulated below:

Commodity & specification	Quantity	Unit price	Amount
CIF Hamburg, Germany as per INCOTERMS® 2020			
Ladies Jacket			
Style No. L357	2 250pcs	USD12.00/pc	USD27 000.00
Style No. L358	2 250pcs	USD12.00/pc	USD27 000.00
As per the confirmed sample of Mar. 17, 2023			
TOTAL	4 500pcs		USD54 000.00
TOTAL CONTRACT VALUE: SAY U.S. DOLLARS FIFTY FOUR THOUSAND ONLY.			

Size/color assortment for Style No. L357:   Unit: piece

Size	S	M	L	XL	Total
White	180	360	450	180	1 170
Red	180	360	360	180	1 080
Total	360	720	810	360	2 250

Size/color assortment for Style No. L358:   Unit: piece

Size	S	M	L	XL	Total
White	180	360	450	180	1 170
Blue	180	360	360	180	1 080
Total	360	720	810	360	2 250

More or less 5% of the quantity and the amount are allowed.

PACKING: 9 pieces of ladies jackets are packed in one export standard carton, solid color and solid size in the same carton.

MARKS:

Shipping mark includes SIK, S/C No., Style No., port of destination and carton No.

Side mark must show the color, the size of carton and pieces per carton.

TIME OF SHIPMENT :

Within 45 days upon receipt of the L/C which accord with relevant clauses of this Contract.

PORT OF LOADING AND DESTINATION:

From Shanghai, China to Hamburg, Germany.

Transshipment is allowed and partial shipment is prohibited.

INSURANCE: To be effected by the Seller for 110% of invoice value covering All Risks as per CIC of PICC.

PAYMENT: By irrevocable Letter of Credit at sight, reaching the Seller not later than Apr. 4, 2023 and remaining valid for negotiation in China for further 15 days after the effected shipment. In case of late arrival of the L/C, the Seller shall not be liable for any delay in shipment and shall have the right to rescind the contract and /or claim for damages.

DOCUMENTS:

+ Signed Commercial Invoice in triplicate.

+ Full set of clean on board ocean Bills of Lading marked "freight prepaid" made out to order blank endorsed notifying the Buyer.

+ Insurance Policy in duplicate endorsed in blank.

+ Packing List in triplicate.

+ Certificate of Origin certified by Chamber of Commerce or CCPIT.

INSPECTION:

Certificate of Quality issued by the Customs, P.R. China certifying that all products will be made out of AZO free, PAH free and PHTHALATES free materials, shall be taken as the basis of delivery.

CLAIMS:

In case discrepancy on the quality or quantity (weight) of the goods is found by the Buyer, after arrival of the goods at the port of destination, the Buyer may, within 30 days and 15 days respectively after arrival of the goods at the port of destination, lodge with the Seller a claim which should be supported by an Inspection Certificate issued by a public surveyor approved by the Seller. The Seller shall, on the merits of the claim, either make good the loss sustained by the Buyer or reject their claim, it being agreed that the Seller shall not be held responsible for any loss or losses due to natural cause failing within the responsibility of Ship-owners of the Underwriters. The Seller shall reply to the Buyer within 30 days after receipt of the claim.

LATE DELIVERY AND PENALTY：

In case of late delivery, the Buyer shall have the right to cancel this contract, reject the goods and lodge a claim against the Seller. Except for Force Majeure, if late delivery occurs, the Seller must pay a penalty, and the Buyer shall have the right to lodge a claim against the Seller. The rate of penalty is charged at 0.1% for every day. The total penalty amount will not exceed 5% of the shipment value. The penalty shall be deducted by the paying bank or the Buyer from the payment.

FORCE MAJEURE:

The Seller shall not held responsible if they, owing to Force Majeure cause or causes, fail to make delivery within the time stipulated in the Contract or cannot deliver the goods. However, in such a case, the Seller shall inform the Buyer immediately by E-mail and if it is requested by the Buyer, the Seller shall also deliver to the Buyer by express, a certificate attesting the existence of such a cause or causes.

ARBITRATION:

All disputes in connection with this contract or the execution thereof shall be settled amicably by negotiation. In case no settlement can be reached, the case shall then be submitted to the China International Economic Trade Arbitration Commission for settlement by arbitration in accordance with the Commission's arbitration rules. The award rendered by the commission shall be final and binding on both parties. The fees for arbitration shall be borne by the losing party unless otherwise awarded.

This contract is made in two original copies and becomes valid after signature, one copy to be held by each party.

Signed by:

THE SELLER:	**THE BUYER:**
Zhejiang Jinyuan Import and Export Co., Ltd.	SIK GmbH & Co. KG
王 立	Jack Black

　　2023年3月31日，浙江金苑进出口有限公司外贸单证员陈红收到了杭州银行（Bank of Hangzhou）国际业务部的信用证通知函，告知SIK GmbH & Co. KG已经通过中国银行汉堡分行（Bank of China, Hamburg Branch）开来信用证。信用证通知书和信用证内容如下：

1. 信用证通知书

杭州银行

BANK OF HANGZHOU

信用证通知书

Notification of Documentary Credit

OFFICE: INT'L BUSINESS DEPT.

ADDRESS: 432 FENGQI ROAD, HANGZHOU, 310006,CHINA   DATE: 2023-03-31

To: 致 ZHEJIANG JINYUAN IMPORT AND EXPORT CO., LTD.	Our Ref No. 我行编号：AD2023869105555
	Amount 金额 USD54 450.00
Issuing Bank 开证行 BANK OF CHINA, HAMBURG BRANCH	Transmitted to us through 传递行 Transferred from 转让行
L/C No. 信用证号 FFF237699	Issuing Date 开证日期 2023-03-31

Dear Sirs, 敬启者：

We have pleasure in advising you that we have received from A/M

兹通知贵公司，我行收自上述银行

(√)issuing by telex/SWIFT 电传/SWIFT 开立   ( )ineffective   未生效

( )issuing by mail   信开

( )pre-advising of   预先通知   ( )mail confirmation of 证实书

(√)original   正本   ( )duplicate   副本

Letter of credit, contents of which are as per attached sheet(s).

This advise and the attached sheet(s) must accompany the relative documents when presented.

信用证一份，现随附通知。贵公司交单时，请将本通知书及信用证一并提示。

(√)Please note that this advice does not constitute our confirmation of the above L/C nor does it convey any engagement or obligation on our part.

本通知并不构成我行对该信用证之保兑及其他任何责任。

( )Please note that we have added our confirmation to the above L/C, which is available with ourselves only.

上述信用证已由我行加具保兑，并限向我行交单。

Remarks 备注：

This L/C consists of ___two___ sheet(s), including the covering letter and attachment(s)

该信用证连同本面函及附件共 __2__ 页。

如该信用证中有无法办到的条款及/或错误，请迳与开证申请人联系进行必要的修改，以排除交单时可能发生的问题。

本通知费	CNY200.00	
	Yours faithfully	
	BANK OF HANGZHOU	
	杭州银行　　赛学军	
	AUTHORIZED SIGNATURE(S)	

2. 信用证

MT 700		ISSUE OF A DOCUMENTARY CREDIT
SENDER		BANK OF CHINA, HAMBURG BRANCH, GERMANY
RECEIVER		BANK OF HANGZHOU, HANGZHOU, CHINA
SEQUENCE OF TOTAL	27	: 1 / 1
FORM OF DOC. CREDIT	40A	: IRREVOCABLE
DOC. CREDIT NUMBER	20	: FFF237699
DATE OF ISSUE	31C	: 230331
APPLICABLE RULES	40E	: UCP LATEST VERSION
DATE AND PLACE OF EXPIRY	31D	: 230506 GERMANY
APPLICANT	50	: SIK GMBH & CO. KG RATHAUSMARKT 66, 20095 HAMBURG, GERMANY
BENEFICIARY	59	: ZHEJIANG JINYUN IMPORT & EXPORT CO., LTD. 118 XUEYUAN STREET, HANGZHOU, CHINA
AMOUNT	32B	: CURRENCY USD AMOUNT 54 450.00
AVAILABLE WITH/BY	41D	: ANY BANK IN CHINA, BY NEGOTIATION
DRAFTS AT ...	42C	: AT 60 DAYS AFTER SIGHT
DRAWEE	42A	: BANK OF CHINA, NEW YORK
PARTIAL SHIPMENT	43P	: PROHIBITED
TRANSSHIPMENT	43T	: ALLOWED
PORT OF LOADING/ AIRPORT OF DEPARTURE	44E	: CHINESE MAIN PORT
PORT OF DISCHARGE	44F	: HAMBURG, GERMANY
LATEST DATE OF SHIPMENT	44C	: 230501

DESCRIPTION OF GOODS AND/OR SERVICES	45A： 4 500 PIECES OF LADIES JACKET

STYLE NO.　QUANTITY　UNIT PRICE　AMOUNT
L357　2 250PCS　USD12.10/PC　USD27 225.00
L358　2 250PCS　USD12.10/PC　USD27 225.00
AT CIF HAMBURG, GERMANY AS PER INCOTERMS® 2020

DOCUMENTS REQUIRED 46A：
+ COMMERCIAL INVOICE SIGNED IN TRIPLICATE.
+ PACKING LIST IN TRIPLICATE.
+ CERTIFICATE OF ORIGIN CERTIFIED BY CHAMBER OF COMMERCE OR CCPIT.
+ FULL SET (3/3) OF CLEAN 'ON BOARD' OCEAN BILLS OF LADING MADE OUT TO APPLICANT MARKED FREIGHT PREPAID AND NOTIFY APPLICANT.
+ INSURANCE POLICY/CERTIFICATE IN DUPLICATE ENDORSED IN BLANK FOR 150% INVOICE VALUE, COVERING ALL RISKS OF CIC OF PICC INCL. WAREHOUSE TO WAREHOUSE AND I.O.P AND SHOWING THE CLAIMING CURRENCY IS THE SAME AS THE CURRENCY OF CREDIT.
+ CERTIFICATE OF QUALITY ISSUED BY THE CUSTOMS, P.R. CHINA CERTIFYING THAT ALL PRODUCTS WILL BE MADE OUT OF AZO FREE, PAH FREE AND PHTHALATES FREE MATERIALS.
+ SHIPPING ADVICE SHOWING THE NAME OF THE CARRYING VESSEL, DATE OF SHIPMENT, MARKS, QUANTITY, NET WEIGHT AND GROSS WEIGHT OF THE SHIPMENT TO APPLICANT WITHIN 3 DAYS AFTER THE DATE OF BILL OF LADING.

ADDITIONAL CONDITIONS 47A：
+ DOCUMENTS DATED PRIOR TO THE DATE OF THIS CREDIT ARE NOT ACCEPTABLE.
+ THE NUMBER AND THE DATE OF THIS CREDIT AND THE NAME OF ISSUING BANK MUST BE

QUOTED ON ALL DOCUMENTS.

+ TRANSSHIPMENT ALLOWED AT HONGKONG ONLY.

+ SHORT FORM/CHARTER PARTY/THIRD PARTY BILL OF LADING ARE NOT ACCEPTABLE.

+ SHIPMENT MUST BE EFFECTED BY 1 × 40' FULL CONTAINER LOAD. B/L TO SHOW EVIDE-NCE OF THIS EFFECT IS REQUIRED.

+ ONE COPY OF BILL OF LADING, COMMER-CIAL INVOICE AND PACKING LIST SHOULD BE MAILED TO THE APPLICANT BY DHL WITHIN THREE DAYS AFTER BILL OF LADING DATE, BENEFICIARY'S CERTIFICATE TO THIS EFFECT IS REQUIRED.

+ ALL PRESENTATIONS CONTAINING DISCRE-PANCIES WILL ATTRACT A DISCREPANCY FEE OF USD60.00 PLUS TELEX COSTS OR OTHER CURRENCY EQUIVALENT. THIS CHARGE WILL BE DEDUCTED FROM THE BILL AMOUNT WHETHER OR NOT WE ELECT TO CONSULT THE APPLICANT FOR A WAIVER.

CHARGES	71D:	ALL CHARGES AND COMMISSIONS ARE FOR ACCOUNT OF BENEFICIARY INCLUDING REIM-BURSING FEE.
PERIOD FOR PRESENTATION IN DAYS	48 :	005
CONFIRMATION INSTRUCTIONS	49 :	WITHOUT
REIMBURSING BANK	53A:	BANK OF CHINA, NEW YORK
INSTRUCTIONS TO THE PAYING/ACCEPTING/ NEGOTIATING BANK	78 :	ALL DOCUMENTS ARE TO BE REMITTED IN ONE LOT BY COURIER TO BANK OF CHINA, HAMBURG BRANCH, TRADE FINANCE SERVICES, RATHAU-SMARKT 5, 20095 HAMBURG, GERMANY.

外贸单证员陈红的工作任务包括：

任务1　根据ZJJY2339外贸合同，审核FFF237699信用证，找出问题条款

任务2　对FFF237699信用证的问题条款提出修改意见

任务完成

素养点：
守法意识

任务1　根据ZJJY2339外贸合同，审核FFF237699信用证，找出问题条款

首先，对照外贸合同条款，逐条审核信用证各条款。审核之后发现如下不符的情况：

（1）信用证规定交单地点在德国，容易造成受益人迟交单，对受益人不利。

（2）信用证中受益人名称"JINYUN"错误，正确的是"JINYUAN"。

（3）信用证中的单价"USD12.10/PC"与金额"USD54 450.00"错误，正确的应该是"USD12.00/PC"和"USD54 000.00"。

（4）信用证中汇票的付款期限"AT 60 DAYS AFTER SIGHT"错误，正确的是"AT SIGHT"。

（5）信用证中装运港为"CHINESE MAIN PORT"，与合同中的"SHANGHAI, CHINA"不一致。

（6）信用证规定只能在香港转运，这与合同规定不符。

（7）信用证中最迟装运日期2023年5月1日错误，根据合同应该为开证日期后的45天，因为开证日期为2023年3月31日，所以最迟装运日期应该是2023年5月15日。若最迟装运日期为2023年5月1日，就很有可能过了装运期。

（8）信用证保险单据条款中投保金额比例"150% INVOICE VALUE"错误，正确的是"110% INVOICE VALUE"。

（9）信用证海运提单条款中提单抬头"TO APPLICANT"对受益人非常不利，应该为"TO ORDER"。

（10）信用证交单期"005"（即装运日期后5天内交单）错误，根据合同，应该为"015"。

（11）根据以上关于最迟装运日期和交单期的错误，信用证有效期也随之错误，正确的应该为2023年5月30日。

（12）信用证费用条款"ALL CHARGES AND COMMISSIONS ARE FOR

ACCOUNT OF BENEFICIARY INCLUDING REIMBURSING FEE"不合理。因为开证行费用包括偿付费用理应由开证申请人承担。

（13）在信用证交单行指示条款中，一批寄单不合理，应改为分两批寄单。否则若寄单途中单据遗失，将会带来很大麻烦。

其次，核对外贸合同，有无信用证漏开的外贸合同条款。

通过仔细核对，发现信用证漏开了一个重要的外贸合同条款："MORE OR LESS 5% OF QUANTITY OF GOODS AND CREDIT AMOUNT IS ALLOWED."这对于受益人来讲非常不利，大大限制了操作的弹性。

素养点：
责任意识

最后，列出信用证中如下问题条款：

> （1）信用证规定交单地点在德国，对受益人不利。
>
> （2）信用证中受益人名称"JINYUN"错误，正确的是"JINYUAN"。
>
> （3）信用证中的单价"USD12.10/PC"与金额"USD54 450.00"错误，正确的应该是"USD12.00/PC"和"USD54 000.00"。
>
> （4）信用证中汇票的付款期限"AT 60 DAYS AFTER SIGHT"错误，正确的是"AT SIGHT"。
>
> （5）信用证中装运港为"CHINESE MAIN PORT"，与合同中的"SHANGHAI, CHINA"不一致。
>
> （6）信用证规定只能在香港转运，这与合同规定不符。
>
> （7）信用证中最迟装运日期2023年5月1日错误，根据合同应该为开证日期后的45天，因为开证日期为2023年3月31日，所以最迟装运日期应该是2023年5月15日。
>
> （8）信用证保险单据条款中投保金额比例"150% INVOICE VALUE"错误，正确的是"110% INVOICE VALUE"。
>
> （9）信用证海运提单条款中提单抬头"TO APPLICANT"对受益人非常不利，应该为"TO ORDER"。
>
> （10）信用证交单期"005"错误，根据合同，应该为"015"。
>
> （11）根据以上关于最迟装运日期和交单期的错误，信用证效期也随之错误，正确的应该为2023年5月30日。
>
> （12）信用证费用条款"ALL CHARGES AND COMMISSIONS ARE FOR ACCOUNT OF BENEFICIARY INCLUDING REIMBURSING FEE"不合理。因为开证行费用包括偿付费用理应由开证申请人承担。
>
> （13）信用证交单行指示条款中，一批寄单不合理，应改为分两批寄单。否则，若寄单途中单据遗失，将会带来很大麻烦。
>
> （14）信用证漏开了一个重要的外贸合同条款："MORE OR LESS 5% OF QUANTITY OF GOODS AND CREDIT AMOUNT IS ALLOWED."这对于受益人来讲非常不利，大大限制了操作的弹性。

任务2 对FFF237699信用证的问题条款提出修改意见

外贸单证员遵循"利己不损人"的原则，对于以上审核出来的问题条款，分别按5种常见的处理原则处理如下：

（1）对我方有利，又不影响对方利益，一般不改。

问题条款：

素养点：
诚信品质

"信用证中装运港为'CHINESE MAIN PORT'，与合同中的'SHANGHAI, CHINA'不一致。"信用证的装运港是中国主港，包括上海港，增加了受益人可选择的范围，既对我方有利，又不影响对方的利益。

（2）对我方有利，但会严重影响对方利益，一定要改。

问题条款：

信用证中的单价"USD12.10/PC"与金额"USD54 450.00"错误，正确的应该是"USD12.00/PC"和"USD54 000.00"。若不改，我方会增加450美元收入，对方就会遭受450美元损失。作为一名合格的外贸单证员，一定要具备诚信的品质，千万不要做"贪小便宜吃大亏"的事。

（3）对我方不利，但是在不增加或基本不增加成本的情况下可以完成，可以不改。

问题条款：

"信用证规定只能在香港转运，这与合同规定不符。"尽管我方在选择运输路线上缺少弹性，但不影响正常的托运操作，也基本不影响运费，因此可以不改。

（4）对我方不利，又要在增加较大成本的情况下可以完成，若对方愿意承担成本，则不改；否则要改。

问题条款：

① 信用证中汇票的付款期限"AT 60 DAYS AFTER SIGHT"错误，正确的是"AT SIGHT"。

② 信用证保险单据条款中投保金额比例"150% INVOICE VALUE"错误，正确的是"110% INVOICE VALUE"。

（5）对我方不利，若不改会严重影响安全收汇，则坚决要改。

问题条款：

① 信用证规定交单地点在德国，容易造成受益人迟交单，对受益人不利。

② 信用证中受益人名称"JINYUN"错误，正确的是"JINYUAN"。这是潜在的危险，一旦双方发生纠纷，就可能成为败诉的原因。

③ 信用证中最迟装运日期2023年5月1日错误，根据合同应该为开证日期后的45天，因为开证日期为2023年3月31日，所以最迟装运日期应该是2023年5月15日。若最迟装运日期为2023年5月1日，就很有可能过了装运期。

④ 信用证海运提单条款中提单抬头"TO APPLICANT"对受益人非常不

利，应该为"TO ORDER"。

⑤ 信用证交单期"005"错误，根据合同，应该为"015"。

⑥ 根据以上关于最迟装运日期和交单期的错误，信用证效期也随之错误，正确的应该为2023年5月30日。修改时，信用证效期应改为正确的最迟装运日期加15天。

⑦ 信用证费用条款"ALL CHARGES AND COMMISSIONS ARE FOR ACCOUNT OF BENEFICIARY INCLUDING REIMBURSING FEE"不合理。因为开证行费用包括偿付费用理应由开证申请人承担。

⑧ 信用证交单行指示条款中，一批寄单不合理，应改为分两批寄单。否则，若寄单途中单据遗失，将会带来很大麻烦。

⑨ 信用证漏开了一个重要的外贸合同条款："MORE OR LESS 5% OF QUANTITY OF GOODS AND CREDIT AMOUNT IS ALLOWED."这对于受益人来讲，非常不利，大大限制了操作的弹性。

最后，外贸单证员向外贸业务员提出的修改意见为：

（1）信用证规定效期和交单地点分别是2023年5月6日和德国，应改为正确的最迟装运日期加15天和中国。

（2）信用证中受益人名称"JINYUN"错误，正确的是"JINYUAN"。

（3）信用证中的单价"USD12.10/PC"与金额"USD54 450.00"错误，正确的应该是"USD12.00/PC"和"USD54 000.00"。

（4）信用证中汇票的付款期限"AT 60 DAYS AFTER SIGHT"错误，正确的是"AT SIGHT"。

（5）信用证中最迟装运日期2023年5月1日错误，根据合同应该为开证日期后的45天，因为开证日期为2023年3月31日，所以最迟装运日期应该是2023年5月15日。因此，修改时，最迟装运日期要改为信用证修改日期后的45天。

（6）信用证海运提单条款中提单抬头"TO APPLICANT"对受益人非常不利，应该为"TO ORDER"。

（7）信用证保险单据条款中投保金额比例"150% INVOICE VALUE"错误，正确的是"110% INVOICE VALUE"。

（8）信用证交单期"005"错误，根据合同，应该为"015"。

（9）信用证费用条款"ALL CHARGES AND COMMISSIONS ARE FOR ACCOUNT OF BENEFICIARY INCLUDING REIMBURSING FEE."不合理。应改为"ALL CHARGES AND COMMISSIONS OUT OF GERMANY ARE FOR ACCOUNT OF BENEFICIARY EXCLUDING REIMBURSING FEE."

> （10）信用证交单行指示条款中，一批寄单不合理，应改为分两批寄单。
> （11）信用证漏开了一个重要的外贸合同条款："MORE OR LESS 5% OF QUANTITY OF GOODS AND CREDIT AMOUNT IS ALLOWED."这对于受益人来讲非常不利，大大限制了操作的弹性。应增加该条款。

 知 识要点 <<<<<<<<<<<<<<•••<<<<<<<<<<<<<<<<<<<<<<<<<<<<<<<<

（一）审证

外贸单证员主要审核信用证的内容，即信用证条款。而信用证的真实性和开证行的资信状况由通知行来审核。

1. 审核信用证通知书

在审证之前，要仔细阅读信用证通知书的内容。

（1）若来证为SWIFT信用证，SWIFT系统具有自动核押功能。若来证为信开信用证，通知行需对开证行授权签名人签名的真实性进行审核。若通知行无法确认信用证的真实性，在信用证通知书上表示"押未核仅供参考"等内容时，则不能盲目开始准备货物，应催促通知行尽快确认信用证的真实性。

（2）若通知行认为开证行的资信状况差、信用等级低，受益人要么要求开证申请人找一家信用可靠的银行对此信用证加保兑，使该信用证成为保兑信用证（Confirmed L/C），以获得开证行和保兑行的双重第一性付款保证；要么要求开证申请人找一家信用可靠的银行重开信用证。

（3）若通知行告知该信用证为预先通知信用证，在信用证通知书上表示"未生效"，则要谨慎处理，因为预先通知信用证在法律上是无效的，只有开证行随后寄来信用证证实书之后才生效。

2. 审核信用证

（1）审证依据。

① 外贸合同。信用证是依据外贸合同开立的，所以其条款应与外贸合同的条款相符。卖方若不能履行信用证条款，就无法凭信用证收汇，更不能援用外贸合同的条款，将信用证条款予以补充或变更。因此，审查信用证条款是否与外贸合同的条款相符，是外贸单证员收到信用证后首先要做的工作。

② UCP600。外贸单证员审核信用证时，应遵循UCP600的规定来确定是否可以接受信用证的某些条款。例如，关于信用证的转让，UCP600第38条b款规定，可转让信用证指特别注明"可转让"（transferable）字样的信用证。

微课：审证
依据

若信用证没有注明"可转让"字样，则视为不可转让信用证。

③ 业务实际情况。对于外贸合同中未做规定或无法根据UCP600来做出判断的信用证条款，外贸单证员应根据业务实际情况来审核。这里的业务实际情况，是指信用证条款对安全收汇的影响程度、进口国的法令和法规，以及开证申请人的商业习惯等。

（2）审证步骤。信用证审核步骤见图1–1。

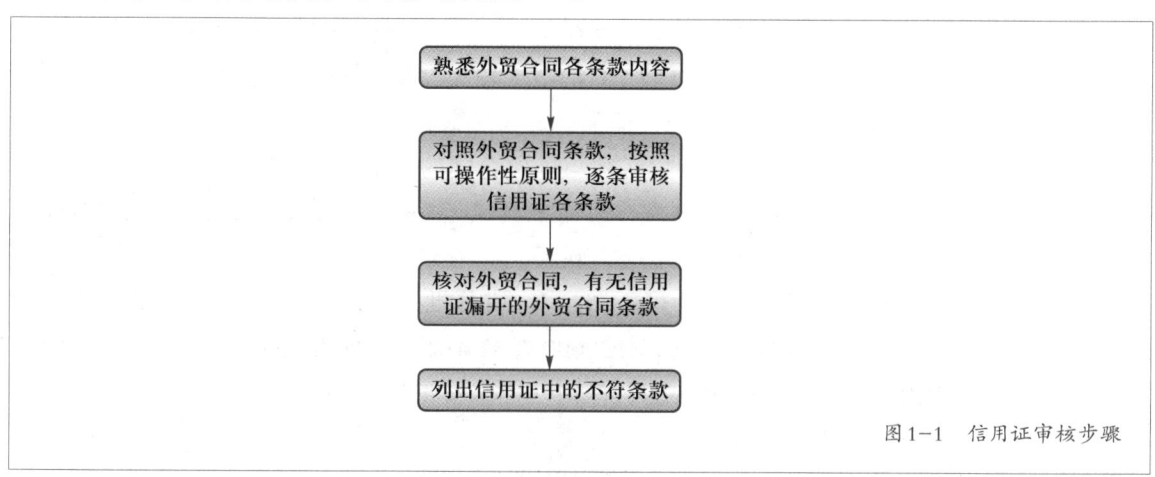

图1–1 信用证审核步骤

（3）审证要点。

① 开证申请人和受益人的名称。开证申请人和受益人的名称是出口单证中必不可少的，若信用证开错应及时修改，以免影响安全收汇。

② 信用证金额。信用证金额的币别与数额必须与外贸合同相符。若信用证列有商品数量或单价的，应计算总值是否正确。若外贸合同订有商品数量的"溢短装"条款时，信用证金额也应规定相应的机动幅度。若所开的信用证金额已扣除佣金，则不能在信用证上再出现议付行内扣佣金的词句。

③ 货物描述。审核信用证中货物的名称、货号、规格、包装、合同号码、订单号码等内容是否与外贸合同完全一致。

④ 信用证的截止日和交单地点。按UCP600第6条d款的规定，信用证必须规定交单的截止日，规定的承付或议付截止日将被视为交单的截止日。信用证一般同时规定交单地点，它包括出口地、进口地和第三国三种情况。出口地交单对出口商最有利，进口地交单和第三国交单对出口商都不利，因为交单地点均在国外，容易产生迟交单和寄丢单的风险。为此，出口商应争取在出口地交单。若争取不到，应预先估计单据的邮寄时间，提前交单，以防逾期。

⑤ 交单期。信用证还应规定一个运输单据出单日期后必须提交符合信用证条款的单据的特定期限，即"交单期"。若信用证无此期限的规定，按

UCP600第14条c款规定，如果单据中含有一份或多份受第19条、20条、21条、22条、23条、24条或25条制约的正本运输单据，则须由受益人或其代理人在不迟于本惯例所指的装运日之后的21个日历日内交单，但是在任何情况下都不得迟于信用证的截止日。

⑥ 装运期。装运期是指卖方将货物装上运往目的地（港）的运输工具或交付给承运人的日期。若信用证中未规定装运期，则最迟装运期与信用证截止日为同一天，即通常所称的"双到期"。在实际业务操作中，应将装运期提前一定的时间（一般在信用证截至日前至少10天），以便有合理的时间来制单结汇。

⑦ 运输条款。信用证运输条款中的装运港（地）和目的港（地）应与外贸合同相符，交货地点也必须与外贸合同的价格条款相一致。

若来证指定运输方式、运输工具或运输路线，以及要求承运人出具船龄或船籍证明，应及时与承运人联系。

若信用证中未注明可否转运及/或分批，则视为允许转运及/或分批。对于分期支款或分期装运，UCP600第32条规定，如信用证规定在指定的时间段内分期支款或分期装运，任何一期未按信用证指定期限支取或装运时，信用证对该期及以后各期均告失效。

⑧ 保险条款。若来证要求的投保险别或投保金额超出了外贸合同的规定，除非信用证上表明由此而产生的超额保费用由开证申请人承担并允许在信用证项下支取，否则应予修改。若保险加成过高，还需征得保险公司的同意，否则应予以修改。

⑨ 单据条款。要仔细审核信用证中的单据条款，特别要注意一些软条款，如商业发票经买方复签生效、1/3正本提单直接寄给买方等。

⑩ 银行费用条款。在一般情况下，出口方银行费用由受益人承担，进口方银行费用由开证申请人承担。关于银行费用的承担，进出口双方应在谈判时加以明确。

（二）改证

1. 改证的常见情形

（1）开证错误。因信用证条款与外贸合同条款不一致或存在软条款等开证错误，要求修改信用证。

（2）受益人要求展期。受益人由于货源不足、生产事故、运输脱节、社会动乱、开证申请人未能在合同规定期限内把信用证开到等原因无法如期装运，要求展期，展期涉及装运期和信用证截止日。

（3）开证申请人要求增加商品数量和金额。由于信用证项下的商品在开证申请人所在国很畅销，为了能够获得更多的货源，与受益人协商后，开证申请人向开证行提出增加商品数量和金额的改证申请。

微课：改证
的常见情形

2. 改证的原则

对于审证后发现的信用证问题条款，受益人应遵循"利己不损人"的原则进行。即受益人改证既不影响开证申请人的正常利益，又维护自己的合法利益。具体来讲，有以下5种常见的处理原则：

（1）对我方有利，又不影响对方利益，一般不改。

（2）对我方有利，但会严重影响对方利益，一定要改。

（3）对我方不利，但在不增加或基本不增加成本的情况下可以完成，可以不改。

（4）对我方不利，又要在增加较大成本的情况下可以完成，若对方愿意承担成本，则不改；否则要改。

（5）对我方不利，若不改会严重影响安全收汇，则坚决要改。

3. 改证的业务流程

改证的业务流程见图1-2。

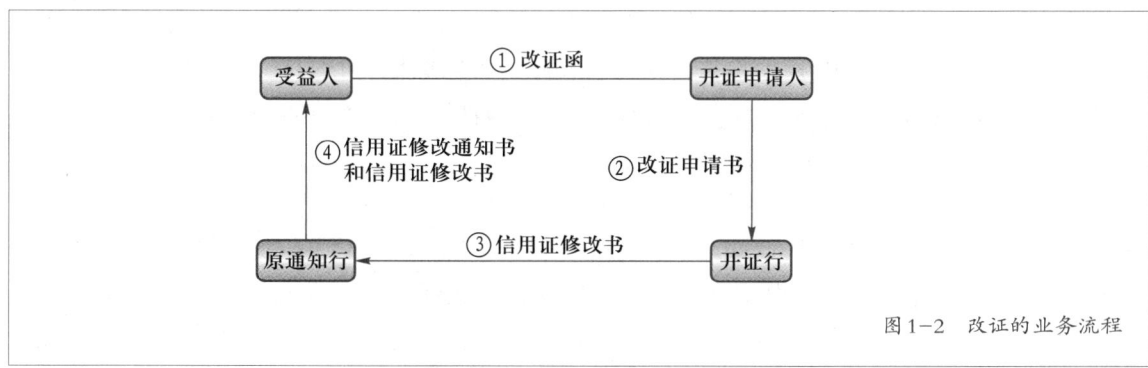

图1-2　改证的业务流程

① 受益人给开证申请人发改证函或开证申请人给受益人发改证函，协商改证事宜。

② 协商一致后，开证申请人填写改证申请书，向开证行提出改证申请。

③ 开证行同意后，向信用证的原通知行发信用证修改书，即MT707。

④ 原通知行给受益人信用证修改通知书和信用证修改书，进行信用证修改通知。

4. 改证操作与UCP600

（1）改证通知与UCP600。

① 根据UCP600第9条b款规定，通知行对信用证或修改进行通知，即意味着其已确认信用证或修改的表面真实性，而且该通知准确地反映了所收到的信用证或修改的条款。

② 根据UCP600第9条c款规定，通知行可以利用另一家银行（第二通知行）的服务将信用证及其修改通知受益人。通知信用证或修改，就意味着第

二通知行已经确认了所收到通知的表面真实性，以及该通知准确地反映了所收到的信用证或修改的条款及条件。

③ 根据UCP600第9条d款规定，利用通知行或第二通知行通知信用证的银行必须利用同一银行通知其后的任何修改。

④ 根据UCP600第9条e款规定，如一家银行被要求通知信用证或修改但决定不予通知，应毫不延误地告知自其收到信用证、修改或通知的银行。

⑤ 根据UCP600第9条f款规定，如一家银行被要求通知信用证或修改但不能确认信用证、修改或通知的表面真实性，应毫不延误地通知看似从其处收到指示的银行。如果通知行或第二通知行决定仍然通知，应告知受益人或第二通知行其不能确认信用证、修改或通知的表面真实性。

⑥ 根据UCP600第10条d款规定，通知修改的银行应将任何接受或拒绝修改的通知转告自其收到修改的银行。

（2）开证行、保兑行改证责任与UCP600。根据UCP600第10条b款规定，开证行自其开立修改起便不可撤销地受其约束。保兑行可将保兑承诺延展至修改内容，并自其通知修改起不可撤销地受其约束。但是，保兑行可以选择仅通知修改而不延展保兑。在这种情况下，它必须毫不延误地告知开证行并在信用证通知中通知受益人。

（3）改证生效与UCP600。

① 根据UCP600第10条a款规定，除第38条另有规定者外，未经开证行、保兑行（如有）及受益人同意，信用证既不得修改，也不得撤销。

② 根据UCP600第10条c款规定，在受益人向通知修改的银行表示接受该修改之前，原信用证（或含有先前已被接受的修改的信用证）的条款对受益人仍然有效。受益人应提供接受或拒绝修改的通知。如果受益人未提供通知，当其提交的单据与信用证以及尚未表示接受的修改一致时，即视为受益人已做出接受修改的通知，并且从此时起，该信用证已被修改。

③ 根据UCP600第10条e款规定，接受同一修改中的部分内容是不允许的，并将被视为对该修改的拒绝通知。

④ 根据UCP600第10条f款规定，修改中关于若受益人在某一时间段内未拒绝修改，则修改生效的规定将不予理会。

 题测验 <<<<<<<<<<<<<<<<<<<<<<<<<<<<<<<<<<<<<<<<<<<<<<<<<

（一）单项选择题

1. 信用证的39A栏显示 "PERCENTAGE CREDIT AMOUNT TOLERANCE:

10/10"的含义是：信用证允许上下浮动各不超过10%的是（   ）。

    A. 数量   B. 金额   C. 单价   D. 数量和金额

   2. 信用证所规定的信用证金额、单价及商品的数量单位，其前面如有"about"字样，允许的最大差额为（   ）。

    A. 5%   B. 8%   C. 10%   D. 15%

   3. 信用证修改通知书的内容在两项以上者，受益人（   ）。

    A. 要么全部接受，要么全部拒绝

    B. 可选择部分接受

    C. 必须全部接受

    D. 只能部分接受

（二）多项选择题

   1. 根据UCP600的规定，开证行修改不可撤销信用证，需得到（   ）的同意。

    A. 保兑行   B. 申请人   C. 受益人   D. 议付行

   2. 审核信用证的依据是（   ）。

    A. 外贸合同   B. UCP600   C. ISBP745   D. URC522

   3. 以下属于正确的改证原则的是（   ）。

    A. 对我方有利，但不影响对方利益，一般不改

    B. 对我方不利，若不改会严重影响安全收汇，则坚决要改

    C. 对我方不利，但是在不增加或基本不增加成本的情况下可以完成，
       可以不改

    D. 对我方有利，但会严重影响对方利益，一定要改

    E. 对我方不利，又要在增加较大成本的情况下可以完成，若对方愿
       意承担成本；则不改，否则要改

（三）判断题

   1. 信用证必须明确规定兑付方式和兑付银行。（   ）

   2. 根据UCP600的规定，通知行通知信用证的行为，不视为他们已经确认了信用证的表面真实性。（   ）

   3. 只要在信用证的"49"栏目规定"CONFIRM"，则该信用证就是保兑信用证。（   ）

◆能力实训：前T/T+L/C支付方式下审证和改证业务操作

2023年4月19日，福建宫平进出口有限公司（Fujian Gongping I/E Co., Ltd.）与英国Kevin Footwear Inc.签订了一份雪地靴的出口合同，具体内容如下：

SALES CONTRACT

NO.: GP2399   DATE: Apr. 19, 2023

THE SELLER: Fujian Gongping I/E Co., Ltd.　　**THE BUYER:** Kevin Footwear Inc.

　　　　　　　No. 5 Renmin Rd., Fuzhou　　　　　　　　　No. 1 Cat Rd., London

　　　　　　　China　　　　　　　　　　　　　　　　　U.K.

　　　　　　　TEL: 0086-591-73757622　　　　　　　　TEL: 0044-20-72826111

　　　　　　　FAX: 0086-591-73757626　　　　　　　　FAX: 0044-20-72826120

This Contract is made by and between the Buyer and the Seller, whereby the Buyer agrees to buy and the Seller agrees to sell the under-mentioned commodity according to the terms and conditions stipulated below:

Commodity & specification	Quantity	Unit price	Amount
CFR London, U.K. as per INCOTERMS® 2020			
Pac Boots			
Article No. 5001	4 800pairs	USD15.60/pair	USD74 880.00
Article No. 5002	4 800pairs	USD14.80/pair	USD71 040.00
As per order No.8778			
TOTAL	9 600pairs		USD145 920.00

TOTAL CONTRACT VALUE: SAY U.S. DOLLARS ONE HUNDRED AND FORTY FIVE THOUSAND NINE HUNDRED AND TWENTY ONLY.

PACKING: 6 pairs/carton

PORT OF LOADING AND DESTINATION:

From Xiamen, China to London, U.K.

TIME OF SHIPMENT:

（1）2 400pairs of Article No. 5001 and 2 400pairs of Article No. 5002 shipped in Jul. 2023

（2）2 400pairs of Article No. 5001 and 2 400pairs of Article No. 5002 shipped in Aug. 2023

INSURANCE:

Covered by the Buyer.

PAYMENT:

30% of contract value paid by T/T within 15 days after the contract date; The remaining paid by Letter of Credit at sight.

DOCUMENTS:

+ Signed Invoice in quadruplicate.

+ Full set of clean on board ocean Bills of Lading marked "freight prepaid" made out to order of issuing bank blank endorsed notifying the Buyer.

+ Packing List in quadruplicate.

+ Certificate of Origin certified by Chamber of Commerce or CCPIT.

+ Shipping Advice showing the name of the carrying vessel, date of shipment, marks, quantity, net weight and gross weight of the shipment to the Buyer within 1 day after the date of Bill of Lading.

OTHER CLAUSE:

（1）Transshipment is allowed.

（2）1 set shipping sample will be sent to the Buyer before shipment.

In witness thereof, this contract is signed by both parties in two original copies, each party holds one copy.

Signed by:

THE SELLER:	THE BUYER:
Fujian Gongping I/E Co., Ltd.	Kevin Footwear Inc.
王宫平	KEVIN SMITH

2023年4月28日，福建宫平进出口有限公司收到英国Kevin Footwear Inc. 电汇过来的43 776美元的预付款。并于5月5日收到中国银行福建省分行国际业务部的信用证通知函，告知Kevin Footwear Inc.已经通过中国银行伦敦分行（Bank of China，London）开来的信用证。信用证内容如下：

MT 700	ISSUE OF A DOCUMENTARY CREDIT
SEQUENCE OF TOTAL	27 ：1 / 1
FORM OF DOC. CREDIT	40A：IRREVOCABLE

DOC. CREDIT NUMBER	20 : BOCL20230625
DATE OF ISSUE	31C: 230505
APPLICABLE RULES	40E: UCP LATEST VERSION
DATE AND PLACE OF EXPIRY	31D: 230915 U.K.
APPLICANT	50 : KEVIN FOOTWEAR INC. NO. 1 CAT RD., LONDON, U.K.
BENEFICIARY	59 : FUJIAN GONGPING I/E CO., LTD. NO. 5 RENMIN RD., FUZHOU, CHINA
AMOUNT	32B: CURRENCY USD AMOUNT 102 144.00
AVAILABLE WITH/BY	41D: ANY BANK IN CHINA, BY NEGOTIATION
DRAFTS AT ...	42C: 30 DAYS AFTER SIGHT
DRAWEE	42A: BANK OF CHINA, LONDON
TRANSSHIPMENT	43T: ALLOWED
PORT OF LOADING/ AIRPORT OF DEPARTURE	44E: XIAMEN, CHINA
PORT OF DISCHARGE	44F: LONDON, U.K.
SHIPMENT PERIOD	44D: 2 400 PAIRS OF ARTICLE NO. 5001 AND 2 400 PAIRS OF ARTICLE NO. 5002 SHIPPED IN JUN. 2023; 2 400 PAIRS OF ARTICLE NO. 5001 AND 2 400 PAIRS OF ARTICLE NO. 5002 SHIPPED IN AUG. 2023
DESCRIPTION OF GOODS AND/OR SERVICES	45A: PAC BOOTS AS PER ORDER NO.8778 ART. NO. QUANTITY UNIT PRICE AMOUNT 5001 4 800PAIRS USD14.80/PAIR USD71 040.00 5002 4 800PAIRS USD15.60/PAIR USD74 880.00 AT FOB SHANGHAI, CHINA AS PER INCOTERMS® 2020
DOCUMENTS REQUIRED	46A: + SIGNED IN INK INVOICE IN QUADRUPLICATE. + FULL SET OF CLEAN ON BOARD OCEAN BILLS OF LADING MARKED "FREIGHT COLLECT" MADE OUT TO ORDER OF ISSUING BANK BLANK ENDORSED NOTIFYING THE APPLICANT. + PACKING LIST IN QUADRUPLICATE.

		+ CERTIFICATE OF ORIGIN CERTIFIED BY CHAMBER OF COMMERCE OR CCPIT.
		+ SHIPPING ADVICE SHOWING THE NAME OF THE CARRYING VESSEL, DATE OF SHIPMENT, MARKS, QUANTITY, NET WEIGHT AND GROSS WEIGHT OF THE SHIPMENT TO THE APPLICANT WITHIN 1 DAY AFTER THE DATE OF BILL OF LADING.
ADDITIONAL CONDITIONS	47A:	+ ALL DOCUMENTS MUST INDICATE THE NUMBER OF THIS CREDIT.
		+ ALL PRESENTATIONS CONTAINING DISCREPANCIES WILL ATTRACT A DISCREPANCY FEE OF USD50.00 PLUS TELEX COSTS OR OTHER CURRENCY EQUIVALENT. THIS CHARGE WILL BE DEDUCTED FROM THE BILL AMOUNT WHETHER OR NOT WE ELECT TO CONSULT THE APPLICANT FOR A WAIVER.
CHARGES	71D:	ALL CHARGES OUT OF ISSUING BANK ARE FOR ACCOUNT OF BENEFICIARY.
CONFIRMATION INSTRUCTIONS	49 :	WITHOUT
INSTRUCTIONS TO THE PAYING/ACCEPTING/ NEGOTIATING BANK	78 :	ALL DOCUMENTS ARE TO BE REMITTED IN TWO LOTS BY COURIER TO BANK OF CHINA, LONDON, 90 CANNON STREET, LONDON EC4N 6HA, U.K.

▲请外贸单证员陶勇完成以下工作任务：

1. 根据GP2399外贸合同，审核BOCL20230625信用证，找出问题条款。

2. 对BOCL20230625信用证的问题条款提出修改意见。

[调查研究与善作善成]

1. 调研主题

诚实守信与审证改证。

2. 调研步骤

（1）每个人自主学习审证改证的视频课件。

（2）以小组为单位，调研搜集与诚实守信相关的资料和案例。

（3）根据调研资料，讨论研究形成调研报告。

（4）根据调研报告制作PPT。

（5）每组派代表在课堂上分享本组调研成果。

3. 调研成果

（1）调研报告。

（2）PPT。

【学习目标】

素养目标：

● 具备防范商业发票软条款的风险意识

● 基本树立零差错、高效率、求极致的精益求精单证观

技能目标：

● 能够制作商业发票

● 能够制作装箱单

知识目标：

● 熟悉发票的含义和作用

● 熟悉 UCP600 中关于商业发票的条款

● 熟悉包装单据的含义和主要种类

【思维导图】

商业发票的含义和作用 —— 制作商业发票
   制作商业发票和装箱单
包装单据的含义和主要种类 —— 制作装箱单

项目背景

    2023年3月31日，外贸业务员田娜采纳了外贸单证员陈红的合理改证建议，当天给SIK GmbH & Co. KG发改证函。SIK GmbH & Co. KG同意改证要求，向中国银行汉堡分行提出改证申请。4月4日，杭州银行通知浙江金苑进出口有限公司外贸单证员陈红，中国银行汉堡分行的信用证修改书（Amendment To A Documentary Credit）已到。信用证修改书的内容如下。

MT 707		AMENDMENT TO A DOCUMENTARY CREDIT
SENDER		BANK OF CHINA, HAMBURG BRANCH, GERMANY
RECEIVER		BANK OF HANGZHOU, HANGZHOU, CHINA
SEQUENCE OF TOTAL	27:	1 / 1
SENDER'S REFERENCE	20:	FFF237699
RECEIVER'S REFERENCE	21:	NONREF
ISSUING BANK'S REFERENCE	23:	FFF237699
DATE OF ISSUE	31C:	230331
NUMBER OF AMENDMENT	26E:	01
DATE OF AMENDMENT	30:	230404
PURPOSE OF MESSAGE	22A:	ISSU
DATE AND PLACE OF EXPIRY	31D:	230603CHINA
BENEFICIARY	59:	ZHEJIANG JINYUAN IMPORT AND EXPORT CO., LTD.
		118 XUEYUAN STREET, HANGZHOU, CHINA
DECREASE OF DOCUMENTARY CREDIT AMOUNT	33B:	CURRENCY USD AMOUNT 450.00

PERCENTAGE CREDIT AMOUNT TOLERANCE	39A：	05/05
DRAFTS AT ...	42C：	AT SIGHT
LATEST DATE OF SHIPMENT	44C：	230519
DESCRIPTION OF GOODS AND/OR SERVICES.	45B：	/REPALL/4500 PIECES OF LADIES JACKET, AS PER ORDER NO.SIK768

STYLE NO.　QUANTITY　UNIT PRICE　　AMOUNT

L357　　　2 250PCS　USD12.00/PC　USD27 000.00

L358　　　2 250PCS　USD12.00/PC　USD27 000.00

AT CIF HAMBURG, GERMANY AS PER INCOTERMS® 2020

DOCUMENTS REQUIRED	46B：	/DELETE/OCEAN BILLS OF LADING MADE OUT TO APPLICANT.

/ADD/OCEAN BILLS OF LADING MADE OUT TO ORDER.

/DELETE/INSURANCE POLICY/CERTIFICATE IN DUPLICATE ENDORSED IN BLANK FOR 150% INVOICE VALUE.

/ADD/INSURANCE POLICY/CERTIFICATE IN DUPLICATE ENDORSED IN BLANK FOR 110% INVOICE VALUE.

ADDITIONAL CONDITIONS	47B：	/ADD/MORE OR LESS 5 % OF QUANTITY OF GOODS IS ALLOWED.
CHARGES	71D：	ALL CHARGES AND COMMISSIONS OUTSIDE GERMANY ARE FOR ACCOUNT OF BENEFICIARY EXCLUDING REIMBURSING FEE.
AMENDMENT CHARGES PAYABLE BY	71N：	APPL
PERIOD FOR PRESENTATION IN DAYS	48 ：	015
INSTRUCTIONS TO THE PAYING/ACCEPTING/ NEGOTIATING BANK	78 ：	ALL DOCUMENTS ARE TO BE REMITTED IN TWO LOTS BY COURIER TO BANK OF CHINA HAMBURG BRANCH, TRADE FINANCE SERVICES, RATHAUSMARKT 5, 20095 HAMBURG, GERMANY.

2023年5月6日，浙江金苑进出口有限公司收到委托生产S/C NO.: ZJJY2339项下全棉女式夹克的浙江嘉兴洞天服装厂的货物实际出运信息，如表2-1所示。

表2-1　货物出运信息

品名	女式夹克
数量	Style No. L357：2 250件
	Style No. L358：2 268件
装箱率	9件/纸箱
纸箱重量	毛重10千克/箱，净重9千克/箱
纸箱尺寸	45厘米 × 45厘米 × 58厘米

在接受改证后，信用证修改书成了原信用证的组成部分，并替代原信用证对应条款而使其失效。为了以后更好地操作业务，可以把信用证修改书替代原信用证对应条款，产生的一份新信用证如下。

MT 700		ISSUE OF A DOCUMENTARY CREDIT
SENDER		BANK OF CHINA, HAMBURG BRANCH, GERMANY
RECEIVER		BANK OF HANG ZHOU, HANGZHOU, CHINA
SEQUENCE OF TOTAL	27 :	1 / 1
FORM OF DOC. CREDIT	40A:	IRREVOCABLE
DOC. CREDIT NUMBER	20 :	FFF237699
DATE OF ISSUE	31C:	230331
APPLICABLE RULES	40E:	UCP LATEST VERSION
DATE AND PLACE OF EXPIRY	31D:	230603 CHINA
APPLICANT	50 :	SIK GMBH & CO. KG
		RATHAUSMARKT 66, 20095 HAMBURG, GERMANY
BENEFICIARY	59 :	ZHEJIANG JINYUAN IMPORT AND EXPORT CO., LTD.
		118 XUEYUAN STREET, HANGZHOU, CHINA
AMOUNT	32B:	CURRENCY USD AMOUNT 54 000.00
PERCENTAGE CREDIT AMOUNT TOLERANCE	39A:	05/05

AVAILABLE WITH/BY	41D：ANY BANK IN CHINA, BY NEGOTIATION
DRAFTS AT ...	42C：AT SIGHT
DRAWEE	42A：BANK OF CHINA, NEW YORK
PARTIAL SHIPMENT	43P：PROHIBITED
TRANSSHIPMENT	43T：ALLOWED
PORT OF LOADING/ AIRPORT OF DEPARTURE	44E：CHINESE MAIN PORT
PORT OF DISCHARGE	44F：HAMBURG GERMANY
LATEST DATE OF SHIPMENT	44C：230519
DESCRIPTION OF GOODS AND/OR SERVICES	45A：4 500 PIECES OF LADIES JACKET

45A：4 500 PIECES OF LADIES JACKET

STYLE NO.	QUANTITY	UNIT PRICE	AMOUNT
L357	2 250PCS	USD12.00/PC	USD27 000.00
L358	2 250PCS	USD12.00/PC	USD27 000.00

AT CIF HAMBURG, GERMANY AS PER INCOTE-RMS® 2020

DOCUMENTS REQUIRED 46A：+ COMMERCIAL INVOICE SIGNED IN TRIPLICATE.

+ PACKING LIST IN TRIPLICATE.

+ CERTIFICATE OF ORIGIN CERTIFIED BY CHAMBER OF COMMERCE OR CCPIT.

+ FULL SET (3/3) OF CLEAN 'ON BOARD' OCEAN BILLS OF LADING MADE OUT TO ORDER, BLANK ENDORSED, MARKED FREIGHT PREPAID AND NOTIFY APPLICANT.

+ INSURANCE POLICY/CERTIFICATE IN DUPLICATE ENDORSED IN BLANK FOR 110% INVOICE VALUE, COVERING ALL RISKS OF CIC OF PICC INCL. WAREHOUSE TO WAREHOUSE AND I.O.P AND SHOWING THE CLAIMING CURRENCY IS THE SAME AS THE CURRENCY OF CREDIT.

+ CERTIFICATE OF QUALITY ISSUED BY THE CUSTOMS, P.R. CHINA CERTIFYING THAT ALL PRODUCTS WILL BE MADE OUT OF AZO FREE, PAH FREE AND PHTHALATES FREE MATERIALS.

ADDITIONAL CONDITIONS 47A:	+ SHIPPING ADVICE SHOWING THE NAME OF THE CARRYING VESSEL, DATE OF SHIPMENT, MARKS, QUANTITY, NET WEIGHT AND GROSS WEIGHT OF THE SHIPMENT TO APPLICANT WITHIN 3 DAYS AFTER THE DATE OF BILL OF LADING.
	+ DOCUMENTS DATED PRIOR TO THE DATE OF THIS CREDIT ARE NOT ACCEPTABLE.
	+ THE NUMBER AND THE DATE OF THIS CREDIT AND THE NAME OF ISSUING BANK MUST BE QUOTED ON ALL DOCUMENTS.
	+ MORE OR LESS 5 PCT OF QUANTITY OF GOODS IS ALLOWED.
	+ TRANSSHIPMENT ALLOWED AT HONGKONG ONLY.
	+ SHORT FORM/CHARTER PARTY/THIRD PARTY BILL OF LADING ARE NOT ACCEPTABLE.
	+ SHIPMENT MUST BE EFFECTED BY 1×40'FULL CONTAINER LOAD. B/L TO SHOW EVIDENCE OF THIS EFFECT IS REQUIRED.
	+ ONE COPY OF BILL OF LADING, COMMERCIAL INVOICE AND PACKING LIST SHOULD BE MAILED TO THE APPLICANT BY DHL WITHIN THREE DAYS AFTER BILL OF LADING DATE, BENEFICIARY'S CERTIFICATE TO THIS EFFECT IS REQUIRED.
	+ ALL PRESENTATIONS CONTAINING DISCREPANCIES WILL ATTRACT A DISCREPANCY FEE OF USD60.00 PLUS TELEX COSTS OR OTHER CURRENCY EQUIVALENT. THIS CHARGE WILL BE DEDUCTED FROM THE BILL AMOUNT WHETHER OR NOT WE ELECT TO CONSULT THE APPLICANT FOR A WAIVER.
CHARGES 71D:	ALL CHARGES AND COMMISSIONS OUTSIDE GERMANY ARE FOR ACCOUNT OF BENEFICIARY EXCLUDING REIMBURSING FEE.

PERIOD FOR PRESENTATION IN DAYS	48	:	015
CONFIRMATION INSTRUCTIONS	49	:	WITHOUT
REIMBURSING BANK	53A	:	BANK OF CHINA，NEW YORK
INSTRUCTIONS TO THE PAYING/ACCEPTING/ NEGOTIATING BANK	78	:	ALL DOCUMENTS ARE TO BE REMITTED IN TWO LOTS BY COURIER TO BANK OF CHINA HAMBURG BRANCH，TRADE FINANCE SERVICES，RATHAUSMARKT 5, 20095 HAMBURG, GERMANY.

任务分解

外贸单证员陈红应按照"正确、完整、及时、简明和整洁"的制单要求，完成以下工作任务：

任务 1　制作商业发票

任务 2　制作装箱单

素养点：

精益求精单证观

任务完成 <<<<<<<<<<<<<<<<<<<<<<<<<<<<<<<<<<<<<<<<<<<<<<<<<<<<<<<<<<<<

任务 1　制作商业发票

制作商业发票如下：

ZHEJIANG JINYUAN IMPORT AND EXPORT CO., LTD. 118 XUEYUAN STREET, HANGZHOU, CHINA COMMERCIAL INVOICE			
To:	SIK GMBH & CO. KG RATHAUSMARKT 66, 20095 HAMBURG, GERMANY	Invoice No.:	JY23018
		Invoice Date:	MAY 6, 2023
		S/C No.:	ZJJY2339
		S/C Date:	MAR. 25, 2023

From:	SHANGHAI, CHINA	To:	HAMBURG, GERMANY		
L/C No.:	FFF237699	Issued By:	BANK OF CHINA, HAMBURG BRANCH		
Date of Issue:	MAR. 31, 2023				
Marks and Numbers	Number and Kind of Package Description of Goods	Quantity	Unit Price		Amount
SIK ZJJY2339 L357/ L358 HAMBURG, GERMANY C/NO.: 1-502	CIF HAMBURG, GERMANY AS PER INCOTERMS® 2020 LADIES JACKET STYLE NO. L357 STYLE NO. L358 PACKED IN 9PCS/ CTN, TOTALLY FIVE HUNDRED AND TWO CARTONS ONLY.	2 250PCS 2 268PCS	USD12.00/PC USD12.00/PC		USD27 000.00 USD27 216.00
	TOTAL:	4 518PCS			USD 54 216.00
SAY TOTAL:	U.S. DOLLARS FIFTY FOUR THOUSAND TWO HUNDRED AND SIXTEEN ONLY.				
	ZHEJIANG JINYUAN IMPORT AND EXPORT CO., LTD. 王 立				

1. 发票名称

根据 ISBP745 的规定，若信用证只要求发票而未做进一步定义，则提交"发票"（Invoice）、"商业发票"（Commercial Invoice）、"海关发票"（Customs Invoice）、"税务发票"（Tax Invoice）、"领事发票"（Consular Invoice）等形式的发票都可以接受，但是"临时发票"（Provisional Invoice）、"形式发票"（Pro-forma Invoice）或类似的发票是不可接受的，除非信用证另有授权；当信用证要求提交商业发票时，标为"发票"和"商业发票"的单据都是可以接受的。

本业务填写为：

由于信用证中发票条款要求的单据名称是"COMMERCIAL INVOICE"，所以发票名称可以是 COMMERCIAL INVOICE，也可以是 INVOICE。

2. 出单人名称和地址

根据 UCP600 的规定，若信用证无另外规定，商业发票的出单人为受益人。发票的顶端往往要有醒目的出单人名称和详细地址，出单人名称的字号要大于正文字号，而其地址往往要比正文部分字号略小一点。无须提供地址中的电传或传真号码等内容，如果提供，也不必与信用证中的相同。

有许多出口企业在印刷空白发票时就印刷上这些内容，或将这些内容编入计算机程序一并打印。如果是这样，则外贸单证员无须填写此栏。

本业务填写为：

根据信用证中"59"栏目，在商业发票单据的顶端填写出单人名称、地址为：

ZHEJIANG JINYUAN IMPORT AND EXPORT CO., LTD.

118 XUEYUAN STREET, HANGZHOU, CHINA

3. 受单人或抬头名称和地址

根据UCP600的规定，若信用证无另外规定，商业发票的受单人或抬头为开证申请人。无须提供地址中的电传或传真号码等内容，如果提供，也不必与信用证中的相同。

本业务填写为：

根据信用证中"50"栏目，在商业发票单据左上角"TO"的后面填写受单人名称和地址为：

SIK GMBH & CO. KG

RATHAUSMARKT 66, 20095 HAMBURG, GERMANY

4. 发票号码、发票日期、信用证号码、合同号码等参考信息

发票号码由出口商统一编制，一般采用顺序号，便于查对。

发票日期应早于提单日期，但不能迟于信用证有效期。根据UCP600的规定，如果L/C没有特殊规定，银行可以接受签发日期早于开证日期的发票。

信用证号码参照信用证缮制。

外贸合同是一笔业务的基础，内容较完善的发票应包括合同号，合同号应与信用证上列明的一致。一笔交易有几份合同，都应打在发票上。

本业务填写为：

Invoice No.:	JY23018
Invoice Date:	MAY 6, 2023
S/C No.:	ZJJY2339
S/C Date:	MAR. 25, 2023

5. 起运地和目的地

本栏目为非必需栏目，可以省略。如不省略，起运地和目的地均应明确具体列明，不能笼统，如来证要求"从中国港口运至日本港口"，在缮制发票时要打明具体港名，如From Shanghai To Osaka(大阪)。有重名的港口，根据来证规定加打国名。

发票的起讫地应与提单一致。如果货物需要转运，转运地点也应明确地表示出来。例如：货物从中国上海经荷兰鹿特丹转船至英国伦敦。这一栏目填写如下：

From Shanghai, China to London, U.K. with transshipment (W/T) at Rotterdam, Holland.

本业务填写为：

From SHANGHAI, CHINA To HAMBURG, GERMANY

6. 唛头和数量

凡是来证有指定唛头的，必须逐字按照规定制唛。如无指定，出口商可自行设计唛头，唛头一般以简明、易于识别为原则。唛头内容包括名称的缩写、合同号(或发票号)、目的港、件号。如无唛头，可打上N/M（No Mark）。

本业务填写为：

微课：制作商业发票的唛头

SIK

ZJJY2339

L357/ L358

HAMBURG, GERMANY

C/NO.： 1–502

7. 包装数量和种类、货物描述

发票中的货物描述必须与信用证规定一致，但并不要求如同镜子反射般那样一致。货物细节可以在发票中的若干地方表示，合并在一起与信用证规定一致即可。如货物描述中的单价、数量和金额等可以显示在对应的栏目中。在其他一切单据中，货物描述可使用与信用证中的货物描述无矛盾的统称。由此可见，信用证对发票描述的要求高于其他单据。

发票中的货物描述必须反映实际装运的货物。例如，信用证的货物描述显示两种货物，如9辆卡车和9辆摩托车，如果信用证不禁止分批装运，而发票表明只装运了5辆摩托车，是可以接受的。当然，列明信用证规定的全部货物描述，然后注明实际装运货物的发票也是可以接受的。

本业务填写为：

Number and Kind of Package
Description of Goods

```
                    LADIES JACKET
                    STYLE NO. L357
                    STYLE NO. L358
PACKED IN 9 PCS/CTN, TOTALLY FIVE HUNDRED AND TWO CARTONS ONLY.
```

8. 数量、单价和金额

当"约""大概""大约"或类似的词语用于信用证数量、单价和金额时，应理解为有关数量、单价和金额不超过10%的增减幅度。值得注意的是，商品的计量单位一定要与单价中的计量单位一致。

单价由计价货币、单价数额、计量单位和贸易术语四部分组成。如果信用证中写明了贸易术语的来源，则发票必须表明相同的来源。如信用证条款规定，CIF SINGAPORE INCOTERMS® 2020，那么CIF SINGAPORE和CIF SINGAPORE INCOTERMS都不符合信用证的要求，只有CIF SINGAPORE INCOTERMS® 2020符合信用证的要求。发票必须显示信用证要求的折扣或扣减。发票还可以显示信用证未规定的与预付款或折扣等有关的扣减额。

金额必须准确计算，正确缮打，并认真复核，特别要注意小数点的位置是否正确，金额和数量的横乘、竖加是否有矛盾。

发票金额一般不应超过信用证金额，但当采用部分金额信用证方式支付、部分金额其他付款方式支付时（例如，90%的合同金额采用即期信用证支付和10%的合同金额采用前T/T支付），开具发票金额就可能超过信用证规定的金额。根据UCP600的规定，按指定行事的指定银行、保兑行（如有的话）或开证行可以接受金额大于信用证允许金额的商业发票，其决定对有关各方均有约束力，只要该银行对超过信用证允许金额的部分未作承付或者议付。

本业务填写为：

Quantity	Unit Price	Amount
CIF HAMBURG, GERMANY AS PER INCOTERMS®2020		
2 250PCS	USD12.00/PC	USD27 000.00
2 268PCS	USD12.00/PC	USD27 216.00
4 518PCS		USD54 216.00

9. 发票上加各种证明

国外来证有时要求在发票上加注各种费用金额、特定号码、有关证明句，一般可将这些内容打在发票商品栏以下的空白处，大致有以下几种情况：

（1）加注运费、保险费和FOB金额。

（2）注明特定号码。如配额许可证号码。

（3）缮打证明句。如有些来证要求加注非木质包装证明句。

（4）有些来证要求过分苛刻，如来证要求卖方在列出一系列详细费用，包括成本、海洋运费、内陆运费、包装费、银行费、外包装费、码头和港口费、转运费以后，再给出CFR价的总额。对这样的要求，应根据实际情况考虑是否接受，如果难以办到，就应及时要求对方修改条款。

本业务填写为：

根据信用证"47A"栏目条款："THE NUMBER AND THE DATE OF THIS CREDIT AND THE NAME OF ISSUING BANK MUST BE QUOTED ON ALL DOCUMENTS."因此本栏目应填写：

L/C No: FFF237699

Date of Issue: MAR.31, 2023

Issued By: BANK OF CHINA, HAMBURG BRANCH

10. 出单人签名

商业发票只能由信用证中规定的受益人出具，除非信用证另有规定。如果以影印、自动、计算机处理或复写方法制作的发票作为正本，应在发票上注明"正本"（ORIGINAL）字样，并由出单人签字。

UCP600规定商业发票可不必签字，但有时来证规定发票需要签字的，还是要签字，如SIGNED COMMERCIAL INVOICE...。在无手签要求的情况下，可以使用印鉴，但若来证要求"MANUALLY SIGNED"或"HAND SIGNED"等，则必须手签。

本业务填写为：

由于信用证中发票条款的签字要求是"SIGNED IN INK"，因此外贸单证员需在商业发票右下角盖上公司章（往往是条形章），在审核单据无误后，让公司授权签名的人进行手签。

ZHEJIANG JINYUAN IMPORT AND EXPORT CO., LTD.

王 立

11. 发票份数

发票有正副本之分，发票正副本份数的确定方法包括：①当信用证规定"发票若干份 Invoice in X Copies"时，如发票有三份，则提交至少一份正本发票；②当信用证规定"一份发票 One Invoice"或"发票一份 Invoice in One Copy"时，则需提交一份正本发票；③当信用证规定"发票的一份 One Copy of Invoice"时，则提交一份副本发票即为符合要求，当然也可提交一份正本发票。

本业务的操作为：

至少出具一份正本，共三份。

任务 2　制作装箱单

制作装箱单如下：

ZHEJIANG JINYUAN IMPORT AND EXPORT CO., LTD. 118 XUEYUAN STREET, HANGZHOU, CHINA							
PACKING LIST							
To:	SIK GMBH & CO. KG RATHAUSMARKT 66, 20095 HAMBURG, GERMANY		Invoice No.:		JY23018		
			Invoice Date:		MAY 6, 2023		
			S/C No.:		ZJJY2339		
			S/C Date:		MAR. 25, 2023		
From:	SHANGHAI, CHINA		To:		HAMBURG, GERMANY		
L/C No.:	FFF237699		Issued By:		BANK OF CHINA, HAMBURG BRANCH		
Date of Issue:	MAR. 31, 2023						
Marks and Numbers	Number and Kind of Package, Description of Goods	Quantity	Package	G.W	N.W	Meas.	
SIK ZJJY2339 L357/ L358 HAMBURG, GERMANY C/NO.：1-502	LADIES JACKET STYLE NO. L357 STYLE NO. L358 PACKED IN 9 PCS/CTN, SHIPPED IN 1×40'FCL.	2 250PCS 2 268PCS	250CTNS 252CTNS	2 500KGS 2 520KGS	2 250KGS 2 268KGS	29.363M^3 29.597M^3	
TOTAL:		4 518PCS	502CTNS	5 020KGS	4 518KGS	58.960M^3	
SAY TOTAL:	FIVE HUNDRED AND TWO CARTONS ONLY.						

1. 单据名称

单据名称应符合信用证规定。如信用证要求提供重量单，则名称应写为"WEIGHT LIST"；如信用证要求提供尺码单，则名称应写为"MEASUREMENT LIST"。

本业务填写为：PACKING LIST。

2. 抬头

除非信用证特别要求，否则银行可接受装箱单表面无抬头（即无开证申请人名称和地址）的表示。

本业务填写为：SIK GMBH & CO. KG

RATHAUSMARKT 66, 20095 HAMBURG, GERMANY

3. 号码和日期

本栏目一般填写发票号码和日期，如信用证未做规定，也可不注明出单日。

本业务填写为：JY23018，MAY. 6, 2023

4. 唛头和数量

填写唛头，且须与发票、信用证及实物印刷品完全一致。

本业务填写为：

SIK

ZJJY2339

L357/ L358

HAMBURG, GERMANY

C/NO.：1–502

5. 包装数量和种类、货物描述

装箱单中所表明的货物应为发票中所描述的货物，但也可用与其单据无矛盾的统称表示。

本业务填写为：

Number and Kind of Package Description of Goods	Quantity
LADIES JACKET STYLE NO. L357 STYLE NO. L358 PACKED IN 9 PCS/CTN, SHIPPED IN 1 × 40'FCL.	2 250PCS 2 268PCS

6. 包装数量、净重、毛重和体积

填写商品的包装数量、净重和毛重。注意净重和毛重以千克为单位，保留整数；体积是以立方米为单位，且保留三位小数。

本业务填写为：

Package	G.W	N.W	Meas.
250CTNS	2 500KGS	2 250KGS	29.363M^3
252CTNS	2 520KGS	2 268KGS	29.597M^3

7. 其他

根据信用证中关于装箱单的特殊要求条款，制作时应在装箱单上注明。如"所有单据注明信用证号码、开证日期和开证行名称"等。

本业务填写为：

L/C No: FFF237699

Date of Issue: MAR. 31, 2023

Issued By: BANK OF CHINA, HAMBURG BRANCH

8. 签署

当信用证没有规定装箱单签名时，可以不盖章签名，当然也可以盖章签名。

本业务填写为：不盖章签名。

知识要点 <<<<<<<<<<<<<<<<<<<<<<<<<<<<<<<<<<<<<<<<<<<<<<<<<<<<<<<<<<<<<<<<

（一）商业发票

1. 商业发票的含义

商业发票是卖方(出口商)向买方(进口商)开具的载有交易货物名称、数量、价格等内容的总清单，是装运货物的总说明。它虽不是物权凭证，但作为买卖双方交接货物、结算货款的主要单据，它对该笔交易做出详细的叙述，既是贸易不可缺少的单据，也是信用证项下单据的中心单据。

微课：商业发票的含义和作用

2. 商业发票的作用

（1）交易的证明文件。发票是对一笔交易的全面叙述，它详细列明了货物名称、数量、单价、总值、重量和规格等内容，它能使进口商识别所装的货物是否属于某笔订单，是否按照合同规定的内容和要求装运所需货物。所以发票是最重要的履约证明文件。

（2）记账的凭证。发票是销售货物的凭证，世界各国的企业都凭发票记账。对出口商来说，通过发票可以了解销售收入、核算盈亏、掌握经济效益。对进口商来说，同样根据发票逐笔记账、按时结算货款、履行合同义务。

（3）报关征税的依据。在货物装运前，出口商需向海关递交商业发票等单据向海关报关，发票中载明的价值和有关货物的说明是计税和统计的依据，因此它是海关验关放行的重要凭证之一。国外进口商进行进口申报时同样需向当地海关当局呈送发货人的发票，海关凭以核算税金，并使进口商得以迅速清关提货。

（4）替代汇票。在信用证不要求使用跟单汇票时，开证行应根据发票金额付款，这时发票就代替了汇票。在其他不用汇票结汇的业务中（如汇款方式），也用发票替代汇票进行结算。

除了以上几点以外，发票还作为统计、投保、理赔、出口退税等业务的重要凭证。

3. 发票份数的表示方法

发票份数的表示方法见表2-2。

表2-2 发票份数的表示方法

In Duplicate	2-Fold	2 copies	一式两份
In Triplicate	3-Fold	3 copies	一式三份
In Quadruplicate	4-Fold	4 copies	一式四份
In Quintuplicate	5-Fold	5 copies	一式五份
In Sextuplicate	6-Fold	6 copies	一式六份
In Septuplicate	7-Fold	7 copies	一式七份
In Octuplicate	8-Fold	8 copies	一式八份
In Nonuplicate	9-Fold	9 copies	一式九份
In Decuplicate	10-Fold	10 copies	一式十份

4. 发票的认证条款

如SIGNED COMMERCIAL INVOICE IN 3-FOLD ORIGINAL OF WHICH SHOULD BE CERTIFIED BY CHAMBER OF COMMERCE OR CCPIT AND LEGALIZED BY U.A.E. EMBASSY/CONSULATE AT BENEFICIARY'S COUNTRY.

条款大意是：签字发票一式三份，其中一份正本需由受益人所在国的商会或贸促会认证,再经阿拉伯联合酋长国大使馆或领事馆认证。此类条款应尽可能改证取消，因为认证需时较长，且费用较高，就很容易错过信用证的交单有效期，易遭银行拒付。如不能取消，核算成本时应将认证费用考虑在内，并留足交单期。

5. 发票需由收货人回签条款

如COMMERCIAL INVOICE IN DUPLICATE DULY SIGNED BY BENEFICIARY AND COUNTERSIGNED BY MR. WHITE AS APPLICANT'S LEGAL REPRESENTIVE WHICH AUTOGRAPHS SIGNATURE WE ARE SENDING YOU BY DHL AS AN INTEGRAL PART OF THIS L/C.

条款大意是：受益人签字发票一式两份，该发票需由作为申请人合法代表的怀特先生回签，我们用DHL将他的亲笔签名快递给您，并将其作为信用证不可分割的一部分。该条款风险较大，因这样导致能否安全及时收汇的主动权完全掌握在回签人手里，大大降低了信用证的银行信用，故受益人应尽可能争取取消此类条款。

素养点：
风险意识

6. UCP600有关商业发票的条款

（1）UCP600第18条a款规定，商业发票必须看似由受益人出具（第38条规定的情形除外）；必须出具成以申请人为抬头（第38条g款规定的情形除外）；必须与信用证的货币相同；无须签名。b款规定，按指定行事的被指定银行、保兑行（如有的话）或开证行可以接受金额大于信用证允许金额的商业发票，只要该银行承付或议付的金额并未超过信用证允许金额。其决定对有关各方均有约束力。c款规定，商业发票上的货物、服务或履约行为的描述应与信用证中的描述一致。

（2）UCP600第17条a款规定，信用证规定的每种单据必须至少提交一份正本。b款规定，银行应将任何带有看似出单人的原始签名、标记、印戳或标签的单据视为正本，除非该单据注明其不是正本。c款规定，除非单据本身另有注明，下列情形中，银行也将其视为正本单据：i. 单据看来是出单人手写、打印、穿孔或盖章；ii. 单据看来使用了出单人的原始信笺；iii. 单据声明为正本单据，除非该项声明看来不是针对被提交的单据。d款规定，如果信用证要求提交单据的副本，提交正本或副本均可。e款规定，如果信用证使用诸如"in duplicate""in two fold""in two copies"等用语要求提交多份单据，则提交至少一份正本，其余为副本即可满足要求。除非单据本身另有说明。

（3）UCP600第30条a款规定，"约"或"大约"用于信用证规定的金额、数量或单价时，应解释为允许有关金额、数量或单价有不超过10%的增减幅度。b款规定，如果信用证未以包装单位件数或货物自身件数的方式规定货物的数量，货物的数量允许有不超过5%的增减幅度，只要支取金额不超过信用证金额。c款规定，如果信用证规定了货物数量，该数量已全部装运，如果信用证规定了单价，该单价并未降低，或当第30条b款不适用时，则即使不允许分批装运，也允许支取金额有不超过5%的减幅。若信用证规定有具体的增减幅度或使用了第30条a款提及的用语限定了数量，则该减幅不适用。

（二）包装单据

1. 包装单据的含义

包装单据是指一切记载或描述商品包装情况的单据，也是商业发票的补充单据。

2. 包装单据的种类

包装单据包括以下三种主要种类：

（1）装箱单（Packing List）。装箱单又称包装单，是表明出口货物的包装形式、包装内容、数量、重量、体积或件数的单据。其主要用途是作为海关验货、公证行核对和进口商提货点数的凭证。装箱单还可作为商业发票补充文件，用以补充说明各种不同规格货物所装的箱号及各箱的重量、体积、尺寸等内容。装箱单并无固定的格式和内容，只能由出口人根据货物的种类和进口商的要求仿照商业发票的大体格式来制作。但在一般情况下，装箱单除有合同编号、发票号码外，还应包括：商品的名称、唛头、装箱编号、包装类型、颜色与尺寸搭配、货物数量、包装数量、重量、体积等。若要求提供详细包装单，则必须提供尽可能详细的装箱内容，描述每件包装的细节，包括商品的货号、色号、尺寸搭配、毛净重及包装尺码。

（2）重量单（Weight List）。重量单又称磅码单，是用于以重量计量、计价的商品清单。一般列明每件包装商品的毛重和净重、整批货物的总毛重和总净重；有的还需增列皮重；按公量计量、计价的商品，则需列明公量及计算公量的有关数据。凡提供重量单的商品，一般无须提供包装单。

（3）尺码单（Measurement List）。尺码单又称体积单，是着重记载货物包装件的长、宽、高及总体积的清单。供买方及承运人了解货物的尺码，以便合理运输、储存及计算运费。

 题测验 <<<<<<<<<<<<<<<<<<<<<<<<<<<<<<<<<<<<<<<<<<<<<<<<<<<<<<<<<

（一）单项选择题

1. 根据UCP600的规定，除非另有规定，商业发票的出单人和抬头人应该（　　　）。

  A. 均为受益人   B. 均为开证申请人

  C. 分别为受益人和开证申请人 D. 分别为开证申请人和受益人

2. 信用证中规定：数量为10 000KGS，单价为USD1.00/KG，FOB SHANG-HAI, CHINA，金额为USD10 000.00，则受益人允许装运的数量是（　　　　）。

    A. 9 000~10 000KGS　　　　　　B. 9 000~11 000KGS

    C. 9 500~10 000KGS　　　　　　D. 9 500~10 500KGS

3. 发票上的货物数量应该与信用证一致，如信用证在数量前使用"约""大约"时，应该理解为（　　　　）。

    A. 货物数量有不超过5%的增减幅度

    B. 货物数量有不超过10%的增减幅度

    C. 货物数量有不超过3%的增减幅度

    D. 货物数量不得增减

（二）多项选择题

1. 如果信用证条款规定"all documents must show L/C No., L/C date and S/C No."，那么我们制单时，必须注明（　　　　）。

    A. 信用证号码　　　　　　　　B. 开证行的名称

    C. 合同的号码　　　　　　　　D. 开证的日期

2. （　　　　）属于非正式发票。

    A. 商业发票　　B. 预开发票　　C. 形式发票　　D. 海关发票

3. 在信用证方式下，制单正确需要做到（　　　　）。

    A. 单单一致　　B. 单货一致　　C. 单约一致　　D. 单证一致

4. 常见的包装单据有（　　　　）。

    A. 装箱单　　　B. 重量单　　　C. 尺码单　　　D. 出货单

（三）判断题

1. 如果合同和信用证中均未规定具体唛头，则填写发票时，"唛头"一栏可以空白不填。（　　　　）

2. 信用证中注明"Invoice in three copies"，受益人向银行交单时，提供三张副本发票，此做法违反信用证的规定。（　　　　）

3. 发票中的货物描述可以使用统称。（　　　　）

能力实训 <<<<<<<<<<<<<<<<<<<<<<<<<<<<<<<<<<<<<<<<<<<<<<<<<<<<<<<<<<<<

◆能力实训1：前T/T+即期L/C支付方式下制作商业发票和装箱单操作

上接学习情境一中的能力实训："前T/T+L/C支付方式下审证和改证业务

操作",福建宫平进出口有限公司提出的改证申请得到英国Kevin Footwear Inc. 的同意,修改后的信用证内容如下:

MT 700	ISSUE OF A DOCUMENTARY CREDIT
SEQUENCE OF TOTAL	27 : 1 / 1
FORM OF DOC. CREDIT	40A: IRREVOCABLE
DOC. CREDIT NUMBER	20 : BOCL20230625
DATE OF ISSUE	31C: 230505
APPLICABLE RULES	40E: UCP LATEST VERSION
DATE AND PLACE OF EXPIRY	31D: 230915 CHINA
APPLICANT	50 : KEVIN FOOTWEAR INC.
	NO. 1 CAT RD., LONDON, U.K.
BENEFICIARY	59 : FUJIAN GONGPING I/E CO., LTD.
	NO. 5 RENMIN RD., FUZHOU, CHINA
AMOUNT	32B: CURRENCY USD AMOUNT 102 144.00
AVAILABLE WITH/BY	41D: ANY BANK IN CHINA,
	BY NEGOTIATION
DRAFTS AT ...	42C: AT SIGHT
DRAWEE	42A: BANK OF CHINA, LONDON
TRANSSHIPMENT	43T: ALLOWED
PORT OF LOADING/ AIRPORT OF DEPARTURE	44E: XIAMEN, CHINA
PORT OF DISCHARGE	44F: LONDON, U.K.
SHIPMENT PERIOD	44D: 2 400 PAIRS OF ARTICLE NO. 5001 AND 2 400 PAIRS OF ARTICLE NO. 5002 SHIPPED IN JUL. 2023; 2 400 PAIRS OF ARTICLE NO. 5001 AND 2 400 PAIRS OF ARTICLE NO. 5002 SHIPPED IN AUG. 2023
DESCRIPTION OF GOODS AND/OR SERVICES	45A: PAC BOOTS AS PER ORDER NO.8778
	ART. NO. QUANTITY UNIT PRICE AMOUNT
	5001 4 800PAIRS USD15.60/PAIR USD74 880.00
	5002 4 800PAIRS USD14.80/PAIR USD71 040.00
	AT CFR LONDON, U.K. AS PER INCOTERMS® 2020
DOCUMENTS REQUIRED	46A: + SIGNED IN INK INVOICE IN QUADRUPLI-CATE.

		+ FULL SET OF CLEAN ON BOARD OCEAN BILLS OF LADING MARKED "FREIGHT PRE-PAID" MADE OUT TO ORDER OF ISSUING BANK NOTIFYING THE APPLICANT. + PACKING LIST IN QUADRUPLICATE. + CERTIFICATE OF ORIGIN CERTIFIED BY CHAMBER OF COMMERCE OR CCPIT. + SHIPPING ADVICE SHOWING THE NAME OF THE CARRYING VESSEL, DATE OF SHIPMENT, MARKS, QUANTITY, NET WEIGHT AND GROSS WEIGHT OF THE SHIPMENT TO THE APPLICANT WITHIN 1 DAY AFTER THE DATE OF BILL OF LADING.
ADDITIONAL CONDITIONS	47A：	+ ALL DOCUMENTS MUST INDICATE THE NUMBER OF THIS CREDIT. + ALL PRESENTATIONS CONTAINING DIS-CREPANCIES WILL ATTRACT A DISCREPANCY FEE OF USD50.00 PLUS TELEX COSTS OR OTHER CURRENCY EQUIVALENT. THIS CHARGE WILL BE DEDUCTED FROM THE BILL AMOUNT WHETHER OR NOT WE ELECT TO CONSULT THE APPLICANT FOR A WAIVER.
CHARGES	71D：	ALL CHARGES OUT OF ISSUING BANK ARE FOR ACCOUNT OF BENEFICIARY.
CONFIRMATION INSTRUCTIONS	49 ：	WITHOUT
INSTRUCTIONS TO THE PAYING/ACCEPTING/ NEGOTIATING BANK	78 ：	ALL DOCUMENTS ARE TO BE REMITTED IN TWO LOTS BY COURIER TO BANK OF CHINA, LONDON, 90 CANNON STREET, LONDON EC4N 6HA, U.K.

2023年6月28日，福建宫平进出口有限公司外贸单证员陶勇从英国 Kevin Footwear Inc. 的外贸业务员处获得第一批货物出运信息。

（1）品名、规格、数量：雪地靴，ART. NO. 5001：2 400双；ART. NO. 5002：2 400双。

（2）包装：

规格	纸箱尺寸	每箱净重	每箱毛重	装箱量
ART. NO. 5001	70厘米×46厘米×40厘米	12.6千克	17.3千克	6双/箱
ART. NO. 5002	70厘米×46厘米×40厘米	10千克	14.6千克	6双/箱

（3）商业发票号码：23GP0101。

（4）商业发票日期：2023年6月30日。

（5）SHIPPING MARKS: N/M。

▲请外贸单证员陶勇完成以下工作任务：

1. 制作商业发票。

2. 制作装箱单。

◆能力实训2：远期L/C支付方式下制作商业发票和装箱单操作

2023年4月29日，南京辉皇食品有限公司（NANJING HUIHUANG FOODS CO., LTD.）外贸单证员方萍根据以下信用证条款、UCP600、ISBP745和货物实际装运信息，制作商业发票和装箱单。

1. 信用证

MT 700	ISSUE OF A DOCUMENTARY CREDIT
APPLICATION HEADER	RJHISARI
	*ALRAJHI BANKING AND INVESTMENT
	*CORPORATION
	*RIYADH (HEAD OFFICE)
SEQUENCE OF TOTAL 27	: 1 / 1
FORM OF DOC. CREDIT 40A	: IRREVOCABLE
DOC. CREDIT NUMBER 20	: LC123
DATE OF ISSUE 31C	: 230317
DATE/PLACE OF EXPIRY 31D	: 230527 CHINA
APPLICANT 50	: RED FLOWER TRADING CO.
	P.O. BOX 536, RIYADH 22766, SAUDI ARABIA
	TEL: 00966-1-4659215 FAX: 00966-1-4659217
BENEFICIARY 59	: NANJING HUIHUANG FOODS CO., LTD.
	YUN MANSION RM3908 NO.85 FUZI RD., NANJING
	210005, CHINA
	TEL: 0086-25-84715000 FAX: 0086-25-84711111
AMOUNT 32B	: CURRENCY USD AMOUNT 13 600.00

PERCENTAGE CREDIT AMOUNT TOLERANCE	39A：10/10
AVAILABLE WITH/BY	41D：ANY BANK IN CHINA, BY NEGOTIATION
DRAFTS AT ...	42C：30 DAYS AFTER B/L DATE
DRAWEE	42A：RJHISARI *ALRAJHI BANKING AND INVESTMENT *CORPORATION *RIYADH (HEAD OFFICE)
PARTIAL SHIPMENTS	43P：NOT ALLOWED
TRANSSHIPMENT	43T：NOT ALLOWED
PORT OF LOADING/ AIRPORT OF DEPARTURE	44E：CHINESE MAIN PORT, CHINA
PORT OF DISCHARGE	44F：DAMMAM PORT, SAUDI ARABIA
LATEST DATE OF SHIPMENT	44C：230517
GOODS DESCRIPTION	45A：ABOUT 1 700 CARTONS CANNED MUSHROOM PIECES & STEMS 24 TINS × 220 GRAMS NET WEIGHT (G.W. 420 GRAMS) AT USD8.00 PER CARTON, ROSE BRAND, CIF DAMMAM PORT, SAUDI ARABIA AS PER INCOTERMS® 2020, AS PER S/C NO. UY-90, DATED FEB. 22, 2023.
DOCUMENTS REQUIRED	46A：+ SIGNED COMMERCIAL INVOICE MANUALLY IN TRIPLICATE AND MUST SHOW BREAK DOWN OF THE AMOUNT AS FOLLOWS: FOB VALUE, FREIGHT CHARGES, PREMIUM AND TOTAL AMOUNT CIF. + FULL SET CLEAN ON BOARD BILLS OF LADING MADE OUT TO THE ORDER OF ALRAJHI BANKING AND INVESTMENT CORPORATION, MARKED FREIGHT PREPAID AND NOTIFY APPLICANT, INDICATING THE FULL NAME, ADDRESS AND TEL NO. OF THE CARRYING VESSEL'S AGENT AT THE PORT OF DISCHARGE. + SIGNED PACKING LIST MANUALLY IN TRIPLICATE.

		+ INSURANCE POLICY IN DUPLICATE ENDORSED IN BLANK COVERING W.P.A. OF CIC OF PICC.
		+ INSPECTION (HEALTH) CERTIFICATE FROM THE CUSTOMS. P.R. CHINA STATING GOODS ARE FIT FOR HUMAN BEING.
		+ CERTIFICATE OF ORIGIN DULY CERTIFIED BY CCPIT, STATING THE NAME OF THE MANUFACTURERS OR PRODUCERS AND THAT GOODS EXPORTED ARE WHOLLY OF CHINESE ORIGIN.
		+ THE PRODUCTION DATE OF THE GOODS NOT TO BE EARLIER THAN HALF MONTH AT TIME OF SHIPMENT. BENEFICIARY MUST CERTIFY THE SAME.
ADDITIONAL CONDITIONS	47A:	+ A DISCREPANCY FEE OF USD50.00 WILL BE IMPOSED ON EACH SET OF DOCUMENTS PRESENTED FOR NEGOTIATION UNDER THIS L/C WITH DISCREPANCY. THE FEE WILL BE DEDUCTED FROM THE BILL AMOUNT.
CHARGES	71D:	ALL CHARGES OUTSIDE SAUDI ARABIA ON BENEFICIARIES' ACCOUNT INCLUDING REIMBURSING COMMISSION, DISCREPANCY FEE (IF ANY) AND COURIER CHARGES.
PERIOD FOR PRESENTATION IN DAYS	48 :	WITHIN 10 DAYS AFTER THE DATE OF SHIPMENT, BUT WITHIN THE VALIDITY OF THIS CREDIT.
CONFIRMATION INSTRUCTIONS	49 :	WITHOUT
REIMBURSING BANK	53D:	ALRAJHI BANKING AND INVESTMENT CORPORATION RIYADH (HEAD OFFICE)
INSTRUCTIONS TO THE PAYING/ACCEPTING/ NEGOTIATING BANK	78 :	DOCUMENTS TO BE DESPATCHED IN ONE LOT BY COURIER. ALL CORRESPONDENCE TO BE SENT TO ALRAJHI BANKING AND INVESTMENT CORPORATION RIYADH (HEAD OFFICE)
SENDER TO RECEIVER INFORMATION	72Z:	REIMBURSEMENT IS SUBJECT TO ICC URR 525.

2. 货物实际装运信息

（1）数量：1 750纸箱。

（2）纸箱尺寸：30厘米×25厘米×20厘米。

（3）商业发票号码：2023NHT098。

（4）商业发票日期：2023年4月29日。

（5）SHIPPING MARKS:

　　　　　　RFT

　　　　　　ROSE BRAND

　　　　　　RIYADH

　　　　　　C/NO: 1–UP

（6）装运港：上海港。

（7）国外运费：2 000美元。

（8）国外保费：80美元。

（9）南京辉皇食品有限公司的法人代表：章胜。

▲请外贸单证员方萍完成以下工作任务：

1. 制作商业发票。

2. 制作装箱单。

◆能力实训3：前T/T+即期D/P支付方式下制作商业发票和装箱单操作

2023年5月13日，青岛联江有限公司（Qingdao Lianjiang Co., Ltd.）与日本Taka Co., Ltd.就门把手和水平仪出口签订合同如下：

QINGDAO LIANJIANG CO., LTD.

No.2 Taiping St. Qingdao, China

Tel: 0086-532-88391926 Fax: 0086-532-88391928

S/C No.: 2023072　　　　　　　　　　　　　　　　Date: May 13, 2023

SALES CONTRACT

TO: Taka Co., Ltd.

　12-15, Aza shinbo, Ohaza Yamaya, Osaka, Japan

　Tel: 0081-665-39-3123　　Fax: 0081-665-39-3133

Dear sirs,

We hereby confirm having sold to you the following goods on terms and conditions as specified below:

1. Commodity & Specification	2. Quantity	3. Unit Price	4. Amount
FOB Qingdao, China as per INCOTERMS® 2020			
(1) Door Handle			
Article No.DH5010	4 500 pairs	USD8.80/ pair	USD39 600.00
Article No.DH5020	4 500 pairs	USD8.50/ pair	USD38 250.00
(2) Spirit Level			
Article No.19161	8 820 pcs	USD2.00/ pc	USD17 640.00
Article No.19163	14 700 pcs	USD2.20/ pc	USD32 340.00
Total			USD127 830.00
Total Contract Value: U.S.DOLLARS ONE HUNDRED TWENTY SEVEN THOUSAND EIGHT HUNDRED THIRTY ONLY.			

5. Packing: Door Handle packed in 20 pairs/carton, Spirit Level packed in 60 pieces/carton.

6. Marks: TAKA in a circle/OSAKA.

7. Shipment: Shipped from Qingdao, China to Osaka, Japan not later than Jun. 30, 2023; Partial shipment and transshipment are prohibited.

8. Payment: 20% of proceeds paid by T/T before May 27, 2023, 80% of proceeds paid by D/P at sight.

Our Bank: Bank of China, Qingdao Branch.

　　　No. 25 Shandong Rd. Qingdao, China

A/C No.: 80020002700605309

THE BUYER:　　　　　　　**THE SELLER:**

　　TAKA CO., LTD.　　　　　　QINGDAO LIANJIANG CO., LTD.

　　　　TAKA　　　　　　　　　　　　　　　联 江

2023年5月19日，青岛联江有限公司收到日本Taka Co., Ltd.电汇过来的29 787美元预付款后安排生产。6月14日，外贸单证员刘美从日本Taka Co., Ltd的外贸业务员处获得按合同规定数量出运货物的信息如下：

（1）包装：

①门把手。

规格	纸箱尺寸	每箱净重	每箱毛重	装箱量
Art. No. DH5010	57厘米×31厘米×31厘米	17.5千克	18.5千克	20副/箱
Art. No. DH5020	57厘米×31厘米×31厘米	17千克	18千克	20副/箱

② 水平仪。

规格	纸箱尺寸	每箱净重	每箱毛重	装箱量
Art. No. 19161	60厘米×32厘米×30厘米	15千克	16千克	60台/箱
Art. No. 19163	80厘米×32厘米×30厘米	16千克	17千克	60台/箱

（2）商业发票号码：LJ23071。

（3）商业发票日期：2023年6月14日。

▲请外贸单证员刘美完成以下工作任务：

1. 制作商业发票。

2. 制作装箱单。

[调查研究与善作善成]

1. 调研主题

风险意识与商业发票软条款。

2. 调研步骤

（1）以小组为单位，调研搜集与商业发票软条款相关的资料和风险案例。

（2）根据调研资料，讨论研究形成调研报告。

（3）根据调研报告制作PPT。

（4）每组派代表在课堂上分享本组调研成果。

3. 调研成果

（1）调研报告。

（2）PPT。

【学习目标】

素养目标：

● 具备防范提单流通转让的风险意识

● 树立零差错、高效率、求极致的精益求精单证观

技能目标：

● 能够填制订舱委托书

● 能够办理订舱

知识目标：

● 熟悉出口托运操作流程

● 掌握集装箱的装箱方式

【思维导图】

项目背景

　　2023年5月6日，浙江金苑进出口有限公司外贸单证员陈红根据信用证关于海运提单的条款"+ FULL SET (3/3) OF CLEAN 'ON BOARD' OCEAN BILLS OF LADING MADE OUT TO ORDER, BLANK ENDORSED, MARKED FREIGHT PREPAID AND NOTIFY APPLICANT." "+ THE NUMBER AND THE DATE OF THIS CREDIT AND THE NAME OF ISSUING BANK MUST BE QUOTED ON ALL DOCUMENTS."，以及浙江嘉兴洞天服装厂提供的货物出货信息、基本信息、商业发票和装箱单，制作订舱委托书并办理订舱手续。

1. 基本信息

浙江嘉兴洞天服装厂的仓库地址：浙江省嘉兴市洞天路99号

联系人：王琴　联系电话：0573-98989899

浙江海洲国际货运代理有限公司　联系人：高美

联系电话和传真：0571-56789009/0571-56789008

2. 商业发票

<table>
<tr>
<td colspan="5" style="text-align:center">ZHEJIANG JINYUAN IMPORT AND EXPORT CO., LTD.
118 XUEYUAN STREET, HANGZHOU, CHINA

COMMERCIAL INVOICE</td>
</tr>
<tr>
<td>To:</td>
<td>SIK GMBH & CO. KG
RATHAUSMARKT 66, 20095 HAMBURG, GERMANY</td>
<td colspan="3">
Invoice No.: JY23018
Invoice Date: MAY 6, 2023
S/C No.: ZJJY2339
S/C Date: MAR. 25, 2023
</td>
</tr>
</table>

Marks and Numbers	Number and Kind of Package Description of Goods	Quantity	Unit Price	Amount
From: SHANGHAI, CHINA		To: HAMBURG, GERMANY		
L/C No.: FFF237699		Issued By: BANK OF CHINA, HAMBURG BRANCH		
Date of Issue: MAR. 31, 2023				

Marks and Numbers	Number and Kind of Package Description of Goods	Quantity	Unit Price	Amount
SIK ZJJY2339 L357/ L358 HAMBURG, GERMANY C/NO.：1-502	CIF HAMBURG, GERMANY AS PER INCOTERMS® 2020 LADIES JACKET STYLE NO. L357 STYLE NO. L358 PACKED IN FIVE HUNDRED AND TWO CARTONS ONLY.	 2 250PCS 2 268PCS	 USD12.00/PC USD12.00/PC	 USD27 000.00 USD27 216.00
	TOTAL:	4 518PCS		USD 54 216.00
SAY TOTAL:	U.S. DOLLARS FIFTY FOUR THOUSAND TWO HUNDRED AND SIXTEEN ONLY.			

ZHEJIANG JINYUAN IMPORT AND EXPORT CO., LTD.

王 立

3. 装箱单

ZHEJIANG JINYUAN IMPORT AND EXPORT CO., LTD.						
118 XUEYUAN STREET, HANGZHOU, CHINA						
PACKING LIST						
To:	SIK GMBH & CO. KG RATHAUSMARKT 66, 20095 HAMBURG, GERMANY	Invoice No.:	JY23018			
		Invoice Date:	MAY 6, 2023			
		S/C No.:	ZJJY2339			
		S/C Date:	MAR. 25, 2023			
From:	SHANGHAI, CHINA	To:	HAMBURG, GERMANY			
L/C No.:	FFF237699	Issued by:	BANK OF CHINA, HAMBURG BRANCH			
Date of Issue:	MAR. 31, 2023					
Marks and Numbers	Number and Kind of Package Description of Goods	Quantity	Package	G.W	N.W	Meas.
SIK ZJJY2339 L357/ L358 HAMBURG, GERMANY C/NO.：1-502	LADIES JACKET STYLE NO. L357 STYLE NO. L358 PACKED IN 9 PCS/ CTN, SHIPPED IN $1 \times 40'$ FCL.	2 250PCS 2 268PCS	250CTNS 252CTNS	2 500KGS 2 520KGS	2 250KGS 2 268KGS	29.363M^3 29.597M^3
	TOTAL:	4 518PCS	502CTNS	5 020KGS	4 518KGS	58.960M^3
SAY TOTAL:	FIVE HUNDRED AND TWO CARTONS ONLY.					

任务分解

外贸单证员陈红要完成如下工作任务：

任务1　上网查找船期和比较运价，选择一家国际货运代理公司

任务2　制作订舱委托书

任务3　办理订舱手续

任务完成 <<<<<<<<<<<<<<<<<<<<<<<<<<<<<<<<<<<<<<<<<<<<<<<<<<<<<<<<<<<

任务1　上网查找船期和比较运价，选择一家国际货运代理公司

外贸单证员陈红登录中国国际海运网。

首先，进入船期查询，输入上海装运港、汉堡目的港和中欧航线，查到若干家国际货运代理公司的船期。

其次，点击各国际货运代理公司网站或进行电话联系，获得上海港至汉堡港的运价表。

最后，通过比较，2023年5月6日，外贸单证员选择浙江海洲国际货运代理有限公司代理中远集装箱运输有限公司2023年5月12日的船期，船名为EVER LIVELY，航次为0392W，报价为USD9000/40'。

任务2　制作订舱委托书

外贸单证员陈红根据"正确、完整、及时、简明和整洁"的制单要求，制作订舱委托书如下。

素养点：
精益求精单证观

订舱委托书

2023 年 5 月 6 日

托运人	ZHEJIANG JINYUAN IMPORT AND EXPORT CO., LTD. 118 XUEYUAN STREET, HANGZHOU, CHINA		合同号	ZJJY2339
			发票号	JY23018
			信用证号	FFF237699
			运输方式	BY SEA
收货人	TO ORDER		启运港	SHANGHAI
			目的港	HAMBURG
			装运期限	NOT LATER THAN MAY 19, 2023
通知人	SIK GMBH & CO. KG RATHAUSMARKT 66, 20095 HAMBURG, GERMANY TEL: 0049-40-3410766 FAX: 0049-40-3410767		可否转运	YES, ONLY VIA H.K.
			可否分批	NO
			运费支付方式	PREPAID
			正本提单份数	3 COPIES
唛头	货名	包装件数	总毛重	总体积
SIK ZJJY2339 L357/ L358 HAMBURG, GERMANY C/NO.: 1-502	LADIES JACKET	502CTNS	5020KGS	58.960M^3

注意事项	1. 请订中远集装箱运输有限公司 2023 年 5 月 12 日船期，船名为 EVER LIVELY，航次为 0392W，1×40GP FCL，门到门。 2. 仓库地址：浙江省嘉兴市洞天路 99 号浙江嘉兴洞天服装厂 　　联系人：王琴　电话：0573-98989899 3. 提单上要显示以下内容： （1）L/C NO.: FFF237699 （2）L/C DATE：MAR. 31, 2023 （3）NAME OF ISSUING BANK：BANK OF CHINA, HAMBURG BRANCH

受托人：	委托人：
浙江海洲国际货运代理有限公司	ZHEJIANG JINYUAN IMPORT AND EXPORT CO., LTD.
电话：0571-56789009 传真：0571-56789008	电话：0571-86739177　传真：0571-86739178
联系人：高美	联系人：陈红

1. 参考业务编号

该栏目填写合同号、发票号和信用证号等参考业务编号。

本业务填写为：

合同号	发票号	信用证号
ZJJY2339	JY23018	FFF237699

2. 托运人

该栏目填写托运人名称和地址。

订舱委托书中的托运人是货主，在信用证结算方式下，托运人栏目填写受益人名称和地址；在汇款和托收结算方式下，一般填写外贸合同卖方的名称和地址。

本业务填写为：

ZHEJIANG JINYUAN IMPORT AND EXPORT CO., LTD.

118 XUEYUAN STREET, HANGZHOU, CHINA

3. 收货人

该栏目根据信用证或合同的规定，填写收货人的名称和地址。

收货人也称为提单抬头，包括记名抬头、不记名抬头和指示抬头三种类型。采用记名抬头时，如规定 Consigned to A Company，则收货人栏目填写特定的收货人名称 A Company，相应的提单不能流通转让，因此很少使用；采用不记名抬头时，则收货人栏目空着不填或填 To the holder/bearer，相应的提单无须背书即可流通转让，风险很大，因此也很少使用。实务中使用最多的是指示抬头，收货人栏目填写 To order，To order of shipper，To order of issuing bank，To order of negotiating bank 等。

本业务填写为：TO ORDER

4. 通知人

通知人是船公司在货物到达目的港时发送到货通知的收件人。通知人接到承运人的到货通知后，通知收货人去办理换单提货。

在信用证结算方式下，本栏目要严格按照信用证要求填写通知人的名称、地址，往往还填写联系电话和传真。在汇款和托收结算方式下，本栏目一般填写进口商的名称、地址、联系电话和传真。若收货人是记名抬头，则本栏目往往填写 Same as the consignee。

因为信用证规定通知人为开证申请人，所以本栏目填写为：

SIK GBMH & CO. KG

RATHAUSMARKT 66, 20095 HAMBURG, GERMANY

素养点：
风险意识

微课：制作
订舱委托书
的收货人和
通知人

TEL: 0049-40-3410766　　FAX: 0049-40-3410767

5. 运输方式

本栏目填写海洋运输、航空运输、铁路运输等运输方式。

本业务填写为：BY SEA

6. 启运港和目的港

本栏目根据合同或信用证规定填写启运港和目的港名称。

本业务填写为：

启运港	目的港
SHANGHAI	HAMBURG

7. 可否转运和可否分批

若合同或信用证规定了转运港，则要标出转运港，否则只要标注是否允许转运即可；若信用证没有规定是否允许转运，则根据UCP600规定，允许转运。

关于分批装运，只要标注是否允许分批装运即可；若信用证没有规定是否允许分批装运，则根据UCP600规定，允许分批装运。

本业务的填写：

可否转运	可否分批
YES, ONLY VIA H.K.	NO

8. 运费支付方式

在CFR、CPT、CIF、CIP贸易术语下，运费预付Freight prepaid；在FOB和FCA贸易术语下，运费到付Freight collect/Freight payable at destination。

本业务填写为：PREPAID

9. 正本提单份数

若信用证未规定正本提单份数，一般要求2~3份正本，当然只有1份正本也是允许的。

本业务填写为：3 COPIES

10. 货名

该栏目填写商品名称，可以填写统称。

本业务填写为：LADIES JACKET

11. 唛头、包装件数

该栏目根据装箱单填写唛头和包装件数。

本业务填写为：

唛头：

SIK

ZJJY2339

L357/ L358

HAMBURG, GERMANY.

C/NO.：1-502

包装件数：502CTNS

12. 总毛重和总体积

该栏目根据装箱单填写总毛重和总体积。

本业务填写为：

总毛重	总体积
5 020KGS	58.960M³

13. 装运期限和预订船期

该栏目按照合同或信用证规定填写装运期限，但同时要结合实际备货情况在"注意事项"栏目写明预订船期。

本业务填写为：

装运期限：NOT LATER THAN MAY 19, 2023

预订船期：请订2023年5月12日船期。

14. 预配箱量

该栏目是根据货物的性质、总毛重和总体积填写合理的箱型和箱数。

若合同或信用证已规定箱型和箱数，则照办；若无规定，则根据货物的性质、总毛重和总体积确定合理的箱型和箱数，常见的箱型有20英尺柜、40英尺柜、45英尺柜、40英尺高柜等。订箱数时，可以订整箱，不足一箱时也可订拼箱。

本业务填写为：1×40GP FCL

15. 集装箱装箱方式

该栏目填写门到门、内装箱或自拉自送等集装箱装箱方式。若选择门到门，往往同时要标注工厂货物仓库地点、联系人名字、电话号码等提货信息；若选择内装箱和自拉自送，则要标注货代公司传真、进仓地址和编号。

本业务填写为：门到门，仓库地址为浙江省嘉兴市洞天路99号浙江嘉兴洞天服装厂，联系人是王琴，联系电话是0573-98989899。

16. 特殊条款

该栏目往往填写提单的特殊条款和对集装箱的冷冻、熏蒸等特殊要求。

本业务填写为：

提单上要显示以下内容：

（1）L/C NO.: FFF237699

（2）L/C DATE: MAR. 31, 2023

（3）NAME OF ISSUING BANK: BANK OF CHINA, HAMBURG BRANCH

以上12—15项内容，在有些订舱委托书中是分栏填写的，也有合并填写在"注意事项"或"声明事项"栏目。

17. 委托人

委托人进行盖章签名，写上联系人名称、电话和传真号码。

本业务填写为：

委托人：ZHEJIANG JINYUAN IMPORT AND EXPORT CO., LTD.

联系人：陈红

电　话：0571-86739177

传　真：0571-86739178

任务3　办理订舱手续

外贸单证员把订舱委托书传真给浙江海洲国际货运代理有限公司，指示该代理向中远集装箱运输有限公司订2023年5月12日的船期，船名为EVER LIVELY，航次为0392W，1个40英尺集装箱整箱。

知识要点

（一）选择国际货运代理公司

外贸企业办理海上货物运输托运业务，既可以自行办理，也可以委托国际货运代理公司办理。外贸企业通常会委托专业的国际货运代理公司来办理，因为这样做不仅可以获得专业的货运服务，还可以获得更为优惠的运价。

选择国际货运代理公司时，外贸企业主要权衡国际货运代理公司的海运报价、货代服务及公司实力等主要因素。托运化工产品、冷冻产品、食品、危险品、粉末以及液体状态物品等特殊商品时，还应了解国际货运代理公司是否有能力办理这些特殊商品的出口托运业务，是否能提供相应的冷冻柜、干冻柜、平板柜、开顶柜等特殊服务。

（二）出口托运操作流程

在实务中，出口货物运输以海运和空运为主，下面着重介绍海运和空运的托运操作流程。

1. 出口货物海运托运操作流程

出口货物海运托运操作流程根据运输货物的形式不同，可以分为件杂货班轮托运与集装箱货物托运两类，绝大部分是集装箱货物托运，因此下面重点介绍集装箱货物托运操作流程。

（1）外贸企业填制订舱委托书，委托国际货运代理公司办理货物运输的相关手续。

（2）国际货运代理公司接受外贸企业的委托，填制托运单，向船公司提出订舱申请。

（3）船公司同意承运后，将装货单、配舱回单等退还给国际货运代理公司，要求托运人（外贸企业）将货物按规定时间送达指定码头仓库。

（4）国际货运代理公司通知外贸企业已订舱。

（5）外贸企业或其国际货运代理公司自船公司的空箱堆场按订舱规定的数量提取空箱装箱，装箱方式可以分为门到门、内装箱及自拉自送三种。

（6）外贸企业将货物按规定时间交至码头仓库，交至理货公司，完成货物集港任务。

（7）码头堆场接收指定货物后签发场站收据给国际货运代理公司。

（8）外贸企业准备好报关单据后寄送国际货运代理公司，由其委托报关行向海关报关，海关审查合格后，在装货单上盖放行章，货物报关完成。

（9）待运货物按要求装上指定载货船舶。

（10）国际货运代理公司进入船舶代理公司系统打印海运提单确认书，通过传真或电邮向外贸企业确认。经外贸企业确认后，国际货运代理公司在海运提单申领单上盖章后，凭此到船舶代理公司处领取正本海运提单，再寄给外贸企业。

2. 出口货物空运托运流程

（1）托运和预配舱。外贸企业填写"国际货物托运委托书"，作为货主委托国际货运代理公司承办航空货物出口托运的依据，然后国际货运代理公司填制托运单向航空公司办理出口订舱托运手续。国际货运代理公司对相关单证进行审核后，进行预配舱，初步确定航班和日期并通知货主交单、交货。

（2）收运货物。国际货运代理公司对货主送进仓的货物需进行称重、丈量，清点、核对数量，核对唛头并贴分标签工作。对于特殊货物，包括鲜活易腐品、贵重物品、冷冻品、危险品，需按照航空公司的要求检查货物的包装、品质等是否符合各种运输规定。

（3）正式订舱。国际货运代理公司根据实际接收并已被海关放行的货物，按待运货物的数量、重量、体积与实际舱位进行配舱，并向航空公司吨控部门正式订舱。经吨控部门确认舱位后，国际货运代理公司领取集装器装货。

（4）装板出库，航空签单。经由航空公司确认舱位的货物，国际货运代理公司填制该货物的总运单并送交航空公司签发。在准备文件的同时将货物装在航空集装器上，并缮制集装货物组装记录。最后，将货、总运单和随机文件一起交航空公司验收，等待装运。

（三）集装箱的装箱方式

集装箱整箱运输中货物的装箱方式可以分为门到门、内装箱和自拉自送三种方式。

微课：集装
箱装箱方式

（1）门到门。门到门是指国际货运代理公司为客户提供货物运输的门到门服务，即国际货运代理公司从承运人处提取空箱，送至客户所在地，将货物装箱、封铅，再由国际货运代理公司将重箱自客户所在地运至港区集港，安排货物装船运输至目的地，由国际货运代理公司在进口地的代理或分支机构负责将货物送至进口商仓库或进口商指定的其他地方，实现货物运输的门到门方式。

（2）内装箱。内装箱是指国际货运代理公司将空箱提回自己的货运站，向客户发出"发货通知书"或"进仓通知书"，要求客户在指定期限内将指定货物送至指定货运站，在货运站内完成货物装箱，并封铅，然后向客户出具"货物进仓接受单"或"入库单"，再由国际货运代理公司安排重箱送至港区的方式。

（3）自拉自送。自拉自送是指国际货运代理公司完成订舱，并向承运人提出用箱申请后，由客户自己派车队提取空箱，送至客户货物存储地，并在货物装箱后，由客户将货物按港区要求集港。

习题测验 <<<<<<<<<<<<<<<<<<< <<<<<<<<<<<<<<<<<<<<<<<<<<<<<<<<<

（一）单项选择题

1. 交易按FOB条件达成，缮制海运订舱委托书时运费支付方式一栏中，应注明（　　　）。

A. FREIGHT PREPAID

B. FREIGHT COLLECT

C. FREIGHT PAID

D. FREIGHT IN ADVANCE

2. 出口货物采用整箱装时，外贸企业一般选择的集装箱的装箱方式为（　　）。

A. 内装箱　　　　　　　　B. 门到门

C. 港至港　　　　　　　　D. 自拉自送

3. 制作海运订舱委托书时，发货人一般为（　　）。

A. 通知人　　　　　　　　B. 货运代理人

C. 进口商　　　　　　　　D. 出口商

4 在信用证结算方式下，制作海运订舱委托书时，收货人应以（　　）为准填写。

A. 信用证　　　　　　　　B. 合同

C. 发票　　　　　　　　　D. 装箱单

（二）判断题

1. 关于船公司、船期、航线和箱数等订舱信息，一般出现在订舱委托书的注意事项中。（　　）

2. 在FOB、CIF、CFR情形下，我方出口商都可以自行确定信得过的货运代理，办理出口货物托运手续。（　　）

3. 如果托运的两种货物件数分别为100纸箱、50麻袋，则总件数为150件。（　　）

能 力实训 <<<<<<<<<<<<<<<<<<<<<<<<<<<<<<<<<<<<<<<<<<<<<<<<<<<

◆能力实训1：前T/T+即期L/C支付方式下制作订舱委托书和办理订舱操作

上接学习情境二中的能力实训1：前T/T+即期L/C支付方式下制作商业发票和装箱单操作，2023年6月28日，福建宫平进出口有限公司外贸单证员陶勇根据信用证、商业发票、装箱单和其他信息，制作订舱委托书，委托福建双牛国际货运代理有限公司办理订舱手续。

1. 信用证

MT 700		ISSUE OF A DOCUMENTARY CREDIT
SEQUENCE OF TOTAL	27 :	1 / 1
FORM OF DOC. CREDIT	40A:	IRREVOCABLE
DOC. CREDIT NUMBER	20 :	BOCL20230625
DATE OF ISSUE	31C:	230505
APPLICABLE RULES	40E:	UCP LATEST VERSION
DATE AND PLACE OF EXPIRY	31D:	230915 CHINA
APPLICANT	50 :	KEVIN FOOTWEAR INC. NO. 1 CAT RD., LONDON, U.K.
BENEFICIARY	59 :	FUJIAN GONGPING I/E CO., LTD. NO. 5 RENMIN RD., FUZHOU, CHINA
AMOUNT	32B:	CURRENCY USD AMOUNT 102 144.00
AVAILABLE WITH/BY	41D:	ANY BANK IN CHINA, BY NEGOTIATION
DRAFTS AT ...	42C:	AT SIGHT
DRAWEE	42A:	BANK OF CHINA，LONDON
TRANSSHIPMENT	43T:	ALLOWED
PORT OF LOADING/ AIRPORT OF DEPARTURE	44E:	XIAMEN, CHINA
PORT OF DISCHARGE	44F:	LONDON, U.K.
SHIPMENT PERIOD	44D:	2 400 PAIRS OF ARTICLE NO. 5001 AND 2 400 PAIRS OF ARTICLE NO. 5002 SHIPPED IN JUL. 2023; 2 400 PAIRS OF ARTICLE NO. 5001 AND 2 400 PAIRS OF ARTICLE NO. 5002 SHIPPED IN AUG. 2023
DESCRIPTION OF GOODS AND/OR SERVICES	45A:	PAC BOOTS AS PER ORDER NO.8778 ART. NO. QUANTITY UNIT PRICE AMOUNT 5001 4 800PAIRS USD15.60/PAIR USD74 880.00 5002 4 800PAIRS USD14.80/PAIR USD71 040.00 AT CFR LONDON, U.K. AS PER INCOTERMS® 2020
DOCUMENTS REQUIRED	46A:	+ SIGNED IN INK INVOICE IN QUADRUPLICATE.

		+ FULL SET OF CLEAN ON BOARD OCEAN BILLS OF LADING MARKED "FREIGHT PREPAID" MADE OUT TO ORDER OF ISSUING BANK NOTIFYING THE APPLICANT.
		+ PACKING LIST IN QUADRUPLICATE.
		+ CERTIFICATE OF ORIGIN CERTIFIED BY CHAMBER OF COMMERCE OR CCPIT.
		+ SHIPPING ADVICE SHOWING THE NAME OF THE CARRYING VESSEL, DATE OF SHIPMENT, MARKS, QUANTITY, NET WEIGHT AND GROSS WEIGHT OF THE SHIPMENT TO THE APPLICANT WITHIN 1 DAY AFTER THE DATE OF BILL OF LADING.
ADDITIONAL CONDITIONS	47A:	+ ALL DOCUMENTS MUST INDICATE THE NUMBER OF THIS CREDIT.
		+ ALL PRESENTATIONS CONTAINING DISCREPANCIES WILL ATTRACT A DISCREPANCY FEE OF USD50.00 PLUS TELEX COSTS OR OTHER CURRENCY EQUIVALENT. THIS CHARGE WILL BE DEDUCTED FROM THE BILL AMOUNT WHETHER OR NOT WE ELECT TO CONSULT THE APPLICANT FOR A WAIVER.
CHARGES	71D:	ALL CHARGES OUT OF ISSUING BANK ARE FOR ACCOUNT OF BENEFICIARY.
CONFIRMATION INSTRUCTIONS	49 :	WITHOUT
INSTRUCTIONS TO THE PAYING/ACCEPTING/ NEGOTIATING BANK	78 :	ALL DOCUMENTS ARE TO BE REMITTED IN TWO LOTS BY COURIER TO BANK OF CHINA, LONDON, 90 CANNON STREET, LONDON EC4N 6HA, U.K.

2. 商业发票

FUJIAN GONGPING I/E CO., LTD.

NO. 5 RENMIN RD., FUZHOU, CHINA

TEL：0086-591-73757622 FAX：0086-591-73757626

COMMERCIAL INVOICE

To:	KEVIN FOOTWEAR INC. NO. 1 CAT RD., LONDON, U.K.		Invoice No.:	23GP0101
			Invoice Date:	JUN. 28, 2023
			S/C No.:	GP2399
			S/C Date:	APR. 19, 2023
From:	XIAMEN, CHINA	To:	LONDON, U.K.	

Marks and Numbers	Number and Kind of Package Description of Goods	Quantity	Unit Price	Amount
N/M	CFR LONDON, U.K. AS PER INCOTERMS® 2020			
	PAC BOOTS			
	ART. NO. 5001	2 400PAIRS	USD15.60/PAIR	USD37 440.00
	ART. NO. 5002	2 400PAIRS	USD14.80/PAIR	USD35 520.00
	AS PER ORDER NO.8778			
	PACKED IN 800 CARTONS.			
	TOTAL:	4 800PAIRS		USD 72 960.00

SAY TOTAL:	U.S. DOLLARS SEVENTY TWO THOUSAND NINE HUNDRED AND SIXTY ONLY.

L/C NO. BOCL 20230625

FUJIAN GONGPING I/E CO., LTD.

王宫平

3. 装箱单

FUJIAN GONGPING I/E CO., LTD.						
NO. 5 RENMIN RD., FUZHOU, CHINA						
TEL：0086-591-73757622 FAX：0086-591-73757626						
PACKING LIST						
To:	KEVIN FOOTWEAR INC. NO. 1 CAT RD., LONDON, U.K.		Invoice No.:	23GP0101		
			Invoice Date:	JUN. 28, 2023		
			S/C No.:	GP2399		
			S/C Date:	APR. 19, 2023		
From:	XIAMEN, CHINA	To:	LONDON, U.K.			
Marks and Numbers	Number and Kind of Package Description of Goods	Quantity	Package	G.W	N.W	Meas.
N/M	PAC BOOTS ART. NO. 5001 ART. NO. 5002	2 400PAIRS 2 400PAIRS	400CTNS 400CTNS	6 920KGS 5 840KGS	5 040KGS 4 000KGS	51.52M^3 51.52M^3
	TOTAL:	4 800PAIRS	800CTNS	12 760KGS	9 040KGS	103.04M^3
SAY TOTAL:	EIGHT HUNDRED CARTONS ONLY.					
L/C NO. BOCL 20230625						

4. 其他信息

（1）要求订马士基航运公司2023年7月8日的船期，船名为MaerskSamia Maersk，航次为808，2个40英尺柜，门到门。

（2）仓库地址：福建省福州市北京路12号福州舒实制鞋厂

　　　　联系人：范亭亭

　　　　电　话：0591-89898989

▲请外贸单证员陶勇完成以下工作任务：

1. 制作订舱委托书。

2. 办理订舱手续。

◆能力实训2：远期L/C支付方式下制作订舱委托书和办理订舱操作

上接学习情境二中的能力实训2：远期L/C支付方式下制作商业发票和装

箱单操作，2023年4月29日，南京辉皇食品有限公司外贸单证员方萍根据以下的信用证、商业发票、装箱单和其他信息，制作订舱委托书和委托浙江双马国际货运代理有限公司南京分公司办理订舱手续。

1. 信用证

MT 700		ISSUE OF A DOCUMENTARY CREDIT
APPLICATION HEADER		RJHISARI *ALRAJHI BANKING AND INVESTMENT *CORPORATION *RIYADH (HEAD OFFICE)
SEQUENCE OF TOTAL	27 :	1 / 1
FORM OF DOC. CREDIT	40A:	IRREVOCABLE
DOC. CREDIT NUMBER	20 :	LC123
DATE OF ISSUE	31C:	230317
DATE/PLACE OF EXPIRY	31D:	230527 CHINA
APPLICANT	50 :	RED FLOWER TRADING CO. P.O. BOX 536, RIYADH 22766, SAUDI ARABIA TEL: 00966-1-4659215 FAX: 00966-1-4659217
BENEFICIARY	59 :	NANJING HUIHUANG FOODS CO., LTD. YUN MANSION RM3908 NO.85 FUZI RD., NANJING 210005, CHINA TEL: 0086-025-84715000 FAX: 0086-025-84711111
AMOUNT	32B:	CURRENCY USD AMOUNT 13 600.00
PERCENTAGE CREDIT AMOUNT TOLERANCE	39A:	10/10
AVAILABLE WITH/BY	41D:	ANY BANK IN CHINA, BY NEGOTIATION
DRAFTS AT ...	42C:	30 DAYS AFTER B/L DATE
DRAWEE	42A:	RJHISARI *ALRAJHI BANKING AND INVESTMENT *CORPORATION *RIYADH (HEAD OFFICE)
PARTIAL SHIPMENTS	43P:	NOT ALLOWED

TRANSSHIPMENT	43T：NOT ALLOWED
PORT OF LOADING/ AIRPORT OF DEPARTURE	44E：CHINESE MAIN PORT
PORT OF DISCHARGE	44F：DAMMAM PORT, SAUDI ARABIA
LATEST DATE OF SHIPMENT	44C：230517
GOODS DESCRIPTION	45A：ABOUT 1 700 CARTONS CANNED MUSHROOM PIECES & STEMS 24 TINS × 220 GRAMS NET WEIGHT (G.W. 420 GRAMS) AT USD8.00 PER CARTON, ROSE BRAND, CIF DAMMAM PORT, SAUDI ARABIA AS PER INCOTERMS® 2020, AS PER S/C NO. UY90, DATED FEB. 22, 2023.
DOCUMENTS REQUIRED	46A：+ SIGNED COMMERCIAL INVOICE MANUALLY IN TRIPLICATE AND MUST SHOW BREAK DOWN OF THE AMOUNT AS FOLLOWS: FOB VALUE, FREIGHT CHARGES, PREMIUM AND TOTAL AMOUNT CIF. + FULL SET CLEAN ON BOARD BILLS OF LADING MADE OUT TO THE ORDER OF ALRAJHI BANKING AND INVESTMENT CORPORATION., MARKED FREIGHT PREPAID AND NOTIFY APPLICANT, INDICATING THE FULL NAME, ADDRESS AND TEL NO. OF THE CARRYING VESSEL'S AGENT AT THE PORT OF DISCHARGE. + SIGNED PACKING LIST MANUALLY IN TRIPLICATE. +INSURANCE POLICY IN DUPLICATE ENDORSED IN BLANK COVERING W.P.A. OF CIC OF PICC. + INSPECTION (HEALTH) CERTIFICATE FROM THE CUSTOMS, P.R. CHINA STATING GOODS ARE FIT FOR HUMAN BEINGs.

		+ CERTIFICATE OF ORIGIN DULY CERTIFIED BY CCPIT., STATING THE NAME OF THE MANUFA-CTURERS OR PRODUCERS AND THAT GOODS EXPORTED ARE WHOLLY OF CHINESE ORIGIN. + THE PRODUCTION DATE OF THE GOODS NOT TO BE EARLIER THAN HALF MONTH AT TIME OF SHIPMENT. BENEFICIARY MUST CERTIFY THE SAME.
ADDITIONAL CONDITIONS	47A：	+A DISCREPANCY FEE OF USD50.00 WILL BE IMPOSED ON EACH SET OF DOCUMENTS PRESENTED FOR NEGOTIATION UNDER THIS L/C WITH DISCREPANCY. THE FEE WILL BE DEDUCTED FROM THE BILL AMOUNT.
CHARGES	71D：	ALL CHARGES OUTSIDE SAUDI ARABIA ON BENEFICIARIES' ACCOUNT INCLUDING REIMBURSING COMMISSION, DISCREPANCY FEE (IF ANY) AND COURIER CHARGES.
PERIOD FOR PRESENTATION IN DAYS	48 ：	010
CONFIRMATION INSTRUCTIONS	49 ：	WITHOUT
REIMBURSING BANK	53D：	ALRAJHI BANKING AND INVESTMENT CORPO-RATION.RIYADH (HEAD OFFICE)
INSTRUCTIONS TO THE PAYING/ACCEPTING NEGOTIATING BANK	78 ：	DOCUMENTS TO BE DESPATCHED IN ONE LOT BY COURIER. ALL CORRESPONDENCE TO BE SENT TO ALRAJHI BANKING AND INVESTMENT CORPORATION RIYADH (HEAD OFFICE)
SENDER TO RECEIVER INFORMATION	72Z：	REIMBURSEMENT IS SUBJECT TO ICC URR 525.

2. 商业发票

<table>
<tr><td colspan="5" align="center">NANJING HUIHUANG FOODS CO., LTD.
YUN MANSION RM3908 NO.85 FUZI RD., NANJING 210005, CHINA
TEL: 0086-025-84715000 FAX: 0086-025-84711111

COMMERCIAL INVOICE</td></tr>
<tr>
<td colspan="3">To: RED FLOWER TRADING CO.
P.O. BOX 536, RIYADH 22766, SAUDI ARABIA
TEL: 00966-1-4659215
FAX: 00966-1-4659217</td>
<td colspan="2">
Invoice No.: 2023NHT098
Invoice Date: APR. 29, 2023
S/C No.: UY90
S/C Date: FEB. 22, 2023
</td>
</tr>
<tr>
<td colspan="2">From: SHANGHAI, CHINA</td>
<td colspan="3">To: DAMMAM PORT, SAUDI ARABIA</td>
</tr>
<tr>
<td>Marks and Numbers</td>
<td>Number and Kind of Package Description of Goods</td>
<td>Quantity</td>
<td>Unit Price</td>
<td>Amount</td>
</tr>
<tr>
<td>RFT
ROSE
BRAND
RIYADH
C/NO:
1-1750</td>
<td>CIF DAMMAM PORT, SAUDI ARABIA AS PER INCOTERMS® 2020

CANNED MUSHROOM PIECES & STEMS 24 TINS × 220 GRAMS NET WEIGHT (G.W. 420 GRAMS), ROSE BRAND</td>
<td>1 750CTNS</td>
<td>USD8.00/CTN</td>
<td>USD14 000.00</td>
</tr>
<tr>
<td colspan="2" align="right">TOTAL:</td>
<td>1 750CTNS</td>
<td></td>
<td>USD14 000.00</td>
</tr>
<tr>
<td colspan="5">SAY TOTAL: U.S. DOLLARS FOURTEEN THOUSAND ONLY.</td>
</tr>
<tr>
<td colspan="5">FOB VALUE：USD12 920.00
FREIGHT CHARGES：USD2 000.00
PREMIUM：USD80.00

NANJING HUIHUANG FOODS CO., LTD.
章 胜</td>
</tr>
</table>

3. 装箱单

<table>
<tr><td colspan="7">NANJING HUIHUANG FOODS CO., LTD.
YUN MANSION RM3908 NO.85 FUZI RD., NANJING 210005, CHINA
TEL: 0086-025-84715000 FAX: 0086-025-84711111</td></tr>
<tr><td colspan="7" align="center">PACKING LIST</td></tr>
<tr><td>To:</td><td colspan="3">RED FLOWER TRADING CO.
P.O. BOX 536, RIYADH 22766,
SAUDI ARABIA
TEL: 00966-1-4659215
FAX: 00966-1-4659217</td><td>Invoice No.:
Invoice Date:
S/C No.:
S/C Date:</td><td colspan="2">2023NHT098
APR. 29, 2023
UY90
FEB. 22, 2023</td></tr>
<tr><td>From:</td><td colspan="2">SHANGHAI, CHINA</td><td>To:</td><td colspan="3">DAMMAM PORT, SAUDI ARABIA</td></tr>
<tr><td>Marks and Numbers</td><td>Number and Kind of Package Description of Goods</td><td>Quantity</td><td>Package</td><td>G.W</td><td>N.W</td><td>Meas.</td></tr>
<tr><td>RFT ROSE BRAND RIYADH
C/NO: 1-1750</td><td>CANNED MUSHROOM PIECES & STEMS</td><td>1 750CTNS</td><td>1 750CTNS</td><td>17 640KGS</td><td>9 240KGS</td><td>26.25M^3</td></tr>
<tr><td colspan="2" align="right">TOTAL:</td><td>1 750CTNS</td><td>1 750CTNS</td><td>17 640KGS</td><td>9 240KGS</td><td>26.25M^3</td></tr>
<tr><td>SAY TOTAL:</td><td colspan="6">ONE THOUSAND SEVEN HUNDRED AND FIFTY CARTONS ONLY.</td></tr>
<tr><td colspan="7" align="right">NANJING HUIHUANG FOODS CO., LTD.
章 胜</td></tr>
</table>

4. 其他信息

要求订中海集装箱运输有限公司 2023 年 5 月 7 日的船期，船名为 XIN OU ZHOU，航次为 3311，1 个 20 英尺柜，内装箱。

▲请外贸单证员方萍完成以下工作任务：

1. 制作订舱委托书。

2. 办理订舱手续。

◆能力实训 3：前 T/T+ 即期 D/P 支付方式下制作订舱委托书和办理订舱操作

上接学习情境二中的能力实训 3：前 T/T+ 即期 D/P 支付方式下制作商业发票和装箱单操作，2023 年 6 月 14 日，青岛联江有限公司外贸单证员刘美根据以下外贸合同、商业发票、装箱单和其他信息，制作订舱委托书，并委托浙江海洲国际货运代理有限公司办理订舱手续。

1. 外贸合同

QINGDAO LIANJIANG CO., LTD.

No.2 Taiping St. Qingdao, China

Tel: 0086-532-88391926　Fax: 0086-532-88391928

S/C No.: 2023072　　　　　　　　　　　　　　　　Date: May 13, 2023

SALES CONTRACT

TO: Taka Co., Ltd.

12-15, Aza shinbo, Ohaza Yamaya, Osaka, Japan

Tel: 0081-665-39-3123　Fax: 0081-665-39-3133

Dear sirs,

We hereby confirm having sold to you the following goods on terms and conditions as specified below:

1. Commodity & Specification	2. Quantity	3. Unit Price	4. Amount
FOB Qingdao, China as per INCOTERMS® 2020			
(1) Door Handle			
Article No.DH5010	4 500 pairs	USD8.80/ pair	USD39 600.00
Article No.DH5020	4 500 pairs	USD8.50/ pair	USD38 250.00
(2) Spirit Level			
Article No.19161	8 820 pcs	USD2.00/ pc	USD17 640.00
Article No.19163	14 700 pcs	USD2.20/ pc	USD32 340.00
Total			USD127 830.00
Total Contract Value: U.S.DOLLARS ONE HUNDRED TWENTY SEVEN THOUSAND EIGHT HUNDRED THIRTY ONLY.			

5. Packing: Door Handle packed in 20 pairs/carton, Spirit Level packed in 60 pieces/carton.

6. Marks: TAKA in a circle/OSAKA.

7. Shipment: Shipped from Qingdao, China to Osaka, Japan not later than Jun. 30, 2023; Partial shipment and transshipment are prohibited.

8. Payment: 20% of proceeds paid by T/T before May 27, 2023, 80% of proceeds paid by D/P at sight.

Our Bank: Bank of China, Qingdao Branch.

　　　　No. 25 Shandong Rd. Qingdao, China

A/C No.: 80020002700605309

THE BUYER:　　　　　　　THE SELLER:

　　TAKA CO., LTD.　　　　　　QINGDAO LIANJIANG CO., LTD.

　　TAKA　　　　　　　　　　　　　　　　联　江

2. 商业发票

<table>
<tr><td colspan="5" align="center">QINGDAO LIANJIANG CO., LTD.
No.2 Taiping St. Qingdao, China
Tel: 0086-532-88391926 Fax: 0086-532-88391928

COMMERCIAL INVOICE</td></tr>
<tr>
<td>To:</td>
<td colspan="2">Taka Co., Ltd.
12-15, Aza shinbo, Ohaza Yamaya, Osaka, Japan
Tel: 0081-665-39-3123
Fax: 0081-665-39-3133</td>
<td>Invoice No.:
Invoice Date:
S/C No.:
S/C Date:</td>
<td>LJ23071
Jun. 14, 2023
2023072
May 13, 2023</td>
</tr>
<tr>
<td>From:</td>
<td colspan="2">Qingdao, China</td>
<td>To:</td>
<td>Osaka, Japan</td>
</tr>
<tr>
<td>Marks and Numbers</td>
<td>Number and Kind of Package Description of Goods</td>
<td>Quantity</td>
<td>Unit Price</td>
<td>Amount</td>
</tr>
<tr>
<td rowspan="2">TAKA

OSAKA</td>
<td colspan="4" align="center">FOB Qingdao, China as per INCOTERMS® 2020</td>
</tr>
<tr>
<td>(1) Door Handle
   Article No.DH5010
   Article No.DH5020
(2) Spirit Level
   Article No.19161
   Article No.19163</td>
<td>
4 500 pairs
4 500 pairs

8 820 pcs
14 700 pcs</td>
<td>
USD8.80/ pair
USD8.50/ pair

USD2.00/ pc
USD2.20/ pc</td>
<td>
USD39 600.00
USD38 250.00

USD17 640.00
USD32 340.00</td>
</tr>
<tr>
<td colspan="2" align="center">TOTAL:</td>
<td></td>
<td></td>
<td>USD127 830.00</td>
</tr>
<tr>
<td>SAY TOTAL:</td>
<td colspan="4">U.S.DOLLARS ONE HUNDRED TWENTY SEVEN THOUSAND EIGHT HUNDRED THIRTY ONLY.</td>
</tr>
<tr>
<td colspan="5" align="right">QINGDAO LIANJIANG CO., LTD.
联 江</td>
</tr>
</table>

3. 装箱单

QINGDAO LIANJIANG CO., LTD.						
No.2 Taiping St. Qingdao, China						
Tel: 0086-532-88391926 Fax: 0086-532-88391928						
PACKING LIST						

To:	Taka Co., Ltd. 12-15, Aza shinbo, Ohaza Yamaya, Osaka, Japan Tel: 0081-665-39-3123 Fax: 0081-665-39-3133		Invoice No.:	LJ23071		
			Invoice Date:	Jun. 14, 2023		
			S/C No.:	2023072		
			S/C Date:	May 13, 2023		
From:	Qingdao, China	To:	Osaka, Japan			
Marks and Numbers	Number and Kind of Package Description of Goods	Quantity	Package	G.W	N.W	Meas.
TAKA OSAKA	(1) Door Handle Article No.DH5010 Article No.DH5020 (2) Spirit Level Article No.19161 Article No.19163	 4 500 pairs 4 500 pairs 8 820 pcs 14 700 pcs	 225ctns 225ctns 147ctns 245ctns	 4 162.5kgs 4 050kgs 2 352kgs 4 165kgs	 3 937.5kgs 3 825kgs 2 205kgs 3 920kgs	 12.325M^3 12.325M^3 8.467M^3 18.816M^3
TOTAL:			842ctns	14 729.5kgs	13 887.5kgs	51.933M^3
SAY TOTAL:	EIGHT HUNDRED AND FORTY TWO CARTONS ONLY.					

4. 其他信息

（1）要求订中国外运公司2023年6月21日的船期，船名为COSCO RAN，航次为499E，青岛港口装1个20英尺柜，宁波港口装1个20英尺柜，要求同一艘船同一航次，门到门。

（2）青岛港门把手货物仓库地址：日照市龙门镇玉珊路9号日照市龙门

五金厂

联系人：邵鹏

电　话：0532-89214452

宁波港水平仪货物仓库地址：慈溪市采网路76号慈溪市天山五金厂

联系人：郑丽

电　话：0574-69698779

▲请外贸单证员刘美完成以下工作任务：

1. 制作订舱委托书。

2. 办理订舱手续。

[调查研究与善作善成]

1. 调研主题

风险意识与提单抬头。

2. 调研步骤

（1）以小组为单位，调研搜索与提单抬头相关的资料和风险案例。

（2）根据调研资料，讨论研究形成调研报告。

（3）根据调研报告制作PPT。

（4）每组派代表在课堂上分享本组调研成果。

3. 调研成果

（1）调研报告。

（2）PPT。

【学习目标】

素养目标：

● 具备守法意识

● 树立环保意识和安全意识

● 树立零差错、高效率、求极致的精益求精单证观

技能目标：

● 能够制作报检委托书

● 能够制作出境货物报检单

● 能够办理报检

知识目标：

● 熟悉报检和报检单位

● 掌握法定检验

● 熟悉出口商品检验检疫一般程序

● 熟悉检验检疫证书

【思维导图】

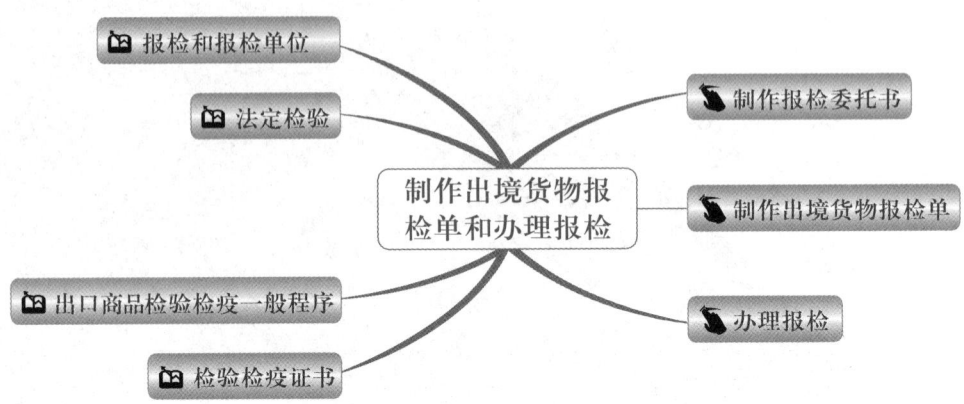

项目背景

　　2023年5月6日，浙江金苑进出口有限公司外贸单证员陈红收到浙江海洲国际货运代理有限公司的通知，已按要求订妥舱位：中远集装箱运输有限公司2023年5月12日船期，船名为EVER LIVELY，航次为0392W，1个40英尺集装箱整箱。因为女式夹克6204320090的监管证件代码是无，即不属于法定检验商品，但是信用证规定："CERTIFICATE OF QUALITY ISSUED BY THE CUSTOMS, P. R. CHINA CERTIFYING THAT ALL PRODUCTS WILL BE MADE OUT OF AZO FREE, PAH FREE AND PHTHALATES FREE MATERIALS"，所以浙江金苑进出口有限公司外贸单证员陈红需委托浙江嘉兴洞天服装厂向嘉兴市海关办理品质证书。

任务分解

外贸单证员陈红的工作任务包括：

任务1　制作报检委托书

5月6日，外贸单证员陈红要根据下面的商业发票、装箱单和其他信息制作报检委托书，委托浙江嘉兴洞天服装厂向嘉兴市海关报检。

1. 商业发票

同学习情境三项目背景中的商业发票。

2. 装箱单

同学习情境三项目背景中的装箱单。

3. 其他信息

浙江金苑进出口有限公司的登记号为3800708678，属国有资产经营有限责任公司；浙江嘉兴洞天服装厂地址为：浙江省嘉兴市洞天路99号，邮编314000，登记号为3800709345，属私营有限责任公司，法人代表是周天，联系人是王琴，联系电话是0573-80907698。

任务2　制作出境货物报检单和办理出口报检

5月6日，浙江嘉兴洞天服装厂外贸单证员王琴在收到浙江金苑进出口有限公司的报检委托书和随附单据后，按照"正确、完整、及时、简明和整洁"的制单要求，制作出境货物报检单，向嘉兴市海关办理报检，办理品质证书。

素养点：
精益求精单证观

任务完成　<<<<<<<<<<<<<<<<<<<<<<<<<<<<<<<<<<<<<<<<<<<<<<<<<<<<<<<<<<<<

任务1　制作报检委托书

浙江金苑进出口有限公司外贸单证员陈红制作如下报检委托书。

外贸单证员陈红把制作的报检委托书、商业发票、装箱单、信用证和外贸合同等单据寄给浙江嘉兴洞天服装厂委托其代为报检，办理品质证书。与此同时，一定要提醒浙江嘉兴洞天服装厂，品质证书上要显示以下内容：

L/C NO.: FFF237699

DATE: MAR. 31, 2023

ISSUING BANK: BANK OF CHINA, HAMBURG BRANCH

素养点：
守法意识

报检委托书

嘉兴市海关：

本委托人声明，保证遵守《中华人民共和国进出口商品检验法》《中华人民共和国进出境动植物检疫法》《中华人民共和国国境卫生检疫法》《中华人民共和国食品卫生法》等有关法律、法规的规定和检验检疫机构制定的各项规章制度。如有违法行为，自愿接受检验检疫机构的处罚并负法律责任。本委托人所委托受委托人向检验检疫机构提交的"报检单"和随附各种单据所列内容是真实无讹的。具体委托情况如下：

本单位将于 2023 年 5 月间出口如下货物：

品　　　名：	女式夹克	数（重）量：	4 518件
合　同　号：	ZJJY2339	信用证号：	FFF237699

特委托浙江嘉兴洞天服装厂（地址：浙江省嘉兴市洞天路99号）代表本公司办理本批货物所有的检验检疫事宜，请贵局按有关法律规定予以办理。

委托单位名称(签章)：浙江金苑进出口 有限公司	受委托单位名称(签章)：浙江嘉兴洞天 服装厂
单位地址：浙江省杭州市 学源街118号	单位地址：浙江省嘉兴市 洞天路99号
邮政编码：310018	邮政编码：314000
法人代表：王立	法人代表：周天
本批货物业务联系人：陈红	本批货物业务联系人：王明
联系电话：0571-86739177	联系电话：0573-80907698
企业性质：国有资产经营 有限责任公司	企业性质：私营有限责任公司
日　　　期：2023年5月6日	日　　　期：2023年5月6日

本委托书有效期至2023年8月6日

任务2　制作出境货物报检单和办理出口报检

第一步：制作出境货物报检单

浙江嘉兴洞天服装厂外贸单证员王琴通过登录中国国际贸易单一窗口，点击"出境检验检疫申请"，填写如下各栏目内容：

1. 填写基本信息

（1）申请单位。本栏目填写申请单位名称及登记号。

本业务填写为：浙江嘉兴洞天服装厂　3800709345

（2）联系人及电话。

本业务填写为：王琴 0573-80907698

（3）发货人。本栏目填写发货人名称及登记号。

本业务填写为：浙江金苑进出口有限公司　3800708678

（4）收货人。本栏目填写收货人的中外文名称、中文名称选填。

本业务填写为：SIK GMBH & CO. KG

基本信息								
企业流水号			检验检疫类别					
申请受理机关	嘉兴海关		企业资质	企业资质类别编号		资质名称		◀◀▶▶ ⋯
申请单位 3800709345	浙江嘉兴洞天服装厂		申请人员	编号	王琴	联系人	王琴	057380907698
发货人 3800708678	浙江金苑进出口有限公司		发货人英文					
收货人 收货人代码	收货人中文		SIK GMBH & CO. KG			收货人地址		

2. 填写商品信息

（1）货物名称和HS编码。

本业务填写为：棉制其他女式上衣　6204320090

（2）用途。从以下选项中选择符合实际出境货物的用途来填报：种用或繁殖，食用，奶用，观赏或演艺，伴侣动物，实验，药用，饲用，食品包装材料，食品加工设备，食品添加剂，介质土，食品容器，食品洗涤剂，食品消毒剂，仅工业用途，化妆品，化妆品原料，肥料，保健品，治疗、预防、诊断，科研，其他。

本业务填写为：其他

（3）申请数量。是指以商品编码计量标准项下的实际检验检疫数量。本栏目按实际申请检验检疫的数/重量填写。

本业务填写为：4 518件

（4）货物总值。是指出境货物的商业总值及币种。

本业务填写为：54 216.00美元

（5）包装种类及数量。

本业务填写为：502纸箱

（6）产地。在出境货物报检单中指货物生产地、加工制造地的名称。

本业务填写为：嘉兴市市辖区

（7）生产单位名称及注册号。

本业务填写为：浙江嘉兴洞天服装厂 3800709345。

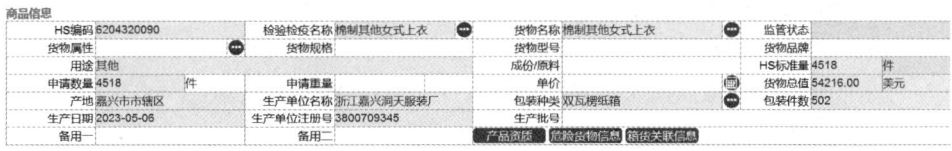

（8）生产日期。

本业务填写为：2023年5月6日

3. 其他基本信息

（1）运输方式。从以下选项中选择合适的运输方式填报：水路运输，铁路运输，公路运输，航空运输，旅客携带，管道运输，其他运输。

本业务填写为：水路运输。

（2）运输工具名称及号码。本栏目填写载运出境货物运输工具的名称和编号。若不知道运输工具名称及号码，本栏目可不填写。

（3）贸易方式。从以下选项中选择合适的运输方式来填报：一般贸易，来料加工，进料加工，易货贸易，补偿贸易，边境小额贸易，无偿援助，外商投资，其他贸易性货物，样品，对外承包工程进出口货物，暂时进出口留购货物，保税区进出境仓储、转口货物，保税区进出区货物，出口加工区进出境货物，出口加工区进出区货物，退运货物，过境货物，暂时进出口货物，展览品，其他非贸易性货物，旅游购物，边民互市，小额贸易，修理物品，外航公务货，常驻机构公用，无代价抵偿，对外援助货物，军事装备，免税品，跨境电子商务，特殊监管区进出境/区货物。

本业务填写为：一般贸易

（4）离境口岸。

本业务填写为：上海

（5）到达口岸。

本业务填写为：汉堡

（6）输往国家。

本业务填写为：德国

（7）合同号。

本业务填写为：ZJJY2339

（8）特殊检验检疫要求。在合同或信用证中有关检验检疫的特殊条款及其他要求应填入此栏。

本业务填写为：

① ALL PRODUCTS WILL BE MADE OUT OF AZO FREE, PAH FREE AND PHTHALATES FREE MATERIALS.

② 品质证书上显示以下内容：

L/C NO.: FFF237699

DATE: MAR.31, 2023

ISSUING BANK: BANK OF CHINA, HAMBURG BRANCH

（9）标记号码。

本业务填写为：

SIK

ZJJY2339

L357/ L358

HAMBURG, GERMANY

C/NO.： 1-502

（10）所需单证。从以下选项中选择所需单证来填报：品质证书，重量证书，数量证书，兽医卫生证书，健康证书，卫生证书，动物卫生证书，植物检疫证书，熏蒸/消毒证书，出境货物换证凭单，入境货物检验检疫证明（申请出具），出境货物不合格通知单，集装箱检验检疫结果单，入境货物检验检疫证明（申请不出具），电子底账，入境货物调离通知单。

本业务填写为：品质证书。

（11）随附单据。从以下选项中选择随附单据来填报：合同，发票，信用证，装箱单，其他相关许可/审批文件，海关免税证明，进出口电池备案书，入/出境特殊物品卫生检疫审批单，代理报关委托书，换证凭单，厂检单，包装性能结果单，危险货物运输包装使用鉴定结果单，型式试验确认书，卫生注册证书，卫生登记证书，集装箱检验检疫结果单，出口产品质量许可证，实施金伯利进程国际证书制度注册登记证，出口打火机、点火枪类商品生产企业自我声明，出口烟花爆竹生产企业声明，其他单据，合格保证。

本业务填写为：合同，发票，信用证，装箱单，厂检单，包装性能结果单

基本信息(其他)						
领证机关		口岸机关		离境口岸	上海	运输方式	水路运输
运输工具名称		运输工具号码		目的机关		贸易方式	一般贸易
合同号	ZJJY2339	到达口岸	汉堡（德国）	输往国家(地区)	德国	存放地点	嘉兴市润天路99号
报关海关		海关注册号		发货日期	请选择日期		
关联检验检疫号码				关联理由			
特殊业务标识				特殊通关模式			
特殊检验检疫要求		(197字节)		标识号码		(54字节)	
所需单证	品质证书			随附单据	合同,发票,信用证,装箱单,厂检单,包装性能检验结果单		

4.集装箱信息

（1）集装箱规格。从以下选项中选择集装箱规格来填报：海运40英尺普通，海运45英尺普通，海运40英尺冷藏，海运45英尺冷藏，海运40英尺罐式，海运45英尺罐式，空运IKE，空运DPE，空运BJF，海运20英尺普通，海运25英尺普通，海运20英尺冷藏，海运25英尺冷藏，海运20英尺罐式，海运25英尺罐式，列车40英尺普通，列车40英尺冷藏，列车20英尺普通，列车20英尺冷藏，列车10英尺。

本业务填写为：海运40英尺普通

（2）集装箱数量。

本业务填写为：1

（3）集装箱箱号。

本栏目填写集装箱号。若不知道集装箱号，本栏目可不填写。

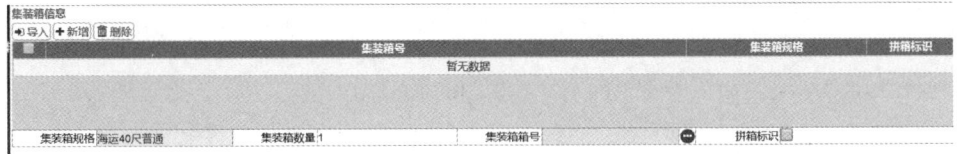

第二步：办理报检

浙江嘉兴洞天服装厂凭出境货物报检单、厂检单和浙江金苑进出口有限公司寄来的报检委托书、商业发票、装箱单、信用证、外贸合同向嘉兴市海关报检。2023年5月9日，货物检验通过后，嘉兴市海关发给浙江嘉兴洞天服装厂一张品质证书。

中华人民共和国海关

THE CUSTOMS P.R.CHINA

共1页第1页 Page 1 of Page 1

编号No.:333300216134508

QUALITY CERTIFICATE

发货人
Consignor ZHEJIANG JINYUAN IMPORT AND EXPORT CO., LTD.

收货人
Consignee SIK GMBH & CO. KG

品名
Description of Goods LADIES JACKET

报检数量/重量
Quantity/Weight Declared ***4518PCS

包装种类及数量
Number and Type of Packages ***502CTNS

运输工具
Means of Conveyance BY SEA

标记及号码
Marks & No.

SIK
ZJJY2339
L357/ L358
HAMBURG, GERMANY
C/NO.： 1-502

Results of Inspection:
Representative samples were taken at random from the whole consignment and inspected with the results as follows:
ALL PRODUCTS WERE MADE OUT OF AZO FREE, PAH FREE AND PHTHALATES FREE MATERIALS.

L/C NO.: FFF237699
DATE: MAR.31, 2023
ISSUING BANK: BANK OF CHINA, HAMBURG BRANCH

印章 Official Stamp	签证地点 Place of Issue HANGZHOU	签证日期 Date of Issue MAY 9, 2023
	授权签字人 Authorized Officer WEI JUNLING	签　名 Signature 魏军灵

我们已尽所知和最大能力实施上述检验，不能因我们签发本证书而免除卖方或其他方面根据合同和法律所承担的产品质量责任和其他责任。All inspections are carried out consciously to the best of our knowledge and ability. This certificate does not in any respect absolve the seller and other related parties from his contractual and legal obligations especially when product quality is concerned.

知识要点 <<<<<<<<<<<<<<<<<<<<<<<<<<<<<<<<<<<<<<<<<<<<<<<<<

（一）商检基础知识

1. 出入境检验检疫的含义

出入境检验检疫是指海关作为政府的一个行政部门，以保护国家整体利益和社会效益为衡量标准，以法律、行政法规、国际惯例或进口国法规要求为准则，对出入境货物、交通运输工具、人员及其事项等进行检验检疫、管理及认证，并提供官方检验检疫证明、居间检验检疫公证和鉴定证明的全部活动。

2. 商检机构的种类

在国际贸易中，商检机构大致可以分为官方检验机构、半官方检验机构和非官方检验机构。

（1）官方检验机构。官方检验机构是指由国家或地方政府投资，按照国家有关法律、行政法规对进出口商品的质量检验工作实施法定检验检疫和监督管理的机构。这是每个主权国家为了保护本国利益而采取强制性措施所设立的，如中华人民共和国海关总署、英国标准协会等。

（2）半官方检验机构。半官方检验机构是指由国家批准设立的公证检验机构。它由政府授权，使其代表政府行使商品检验鉴定工作或某一方面检验管理工作，作为国家行政执法部门实施监督管理的有效依据，如美国安全实验所（UL）。

（3）非官方检验机构。非官方检验机构是指由私人创办的、具有专业检验鉴定技术能力的公证行或检验公司，如英国劳氏船级社。

3. 我国的商品检验机构

（1）海关。海关是主管全国质量、计量、出入境商品检验、出入境卫生检疫、出入境动植物检疫、进出口食品安全和认证认可、标准化等工作，并行使行政执法职能的机构。

（2）中国检验认证集团。中国检验认证集团（简称"中国中检"）是经国务院批准设立的以"检验、检测、认证、标准、计量"为主业的综合性检验认证机构。中检集团的服务对象包括企业、机构、政府及个人，服务范围涵盖石油、化矿、农产品、工业品、消费品、食品、汽车、建筑，以及物流、零售等重要行业。目前，中国中检的运营网络覆盖40余个国家和地区，遍布全球主要港口、城市及货物集散地。

4. 国外著名的商品检验机构及其业务范围

在国际上，被世界广泛认可的检验机构很多。除了政府设立的官方商品检验机构外，由商会、协会、同业公会或私人设立的半官方或非官方商品检验机构，担负着很多检验和鉴定工作，并取得了很高的信誉。信誉的提高让它们逐渐成为重要的国外检验机构。例如：

（1）瑞士SGS集团。瑞士SGS集团，旧称瑞士通用公证行，是当今世界上最大的检验检测公司，总部设在日内瓦，是专门从事检验、实验、质量保证和质量认证的国际性公司。

（2）英国英之杰检验集团（IITS）。英国英之杰检验集团是一个国际性的商品检验组织，集团主要成员有英国嘉碧集团、天祥集团、英特泰克国际服务有限公司、英之杰劳埃德代理公司等。英之杰检验集团与中国商检机构建立了业务合作往来关系，并签订了委托检验协议。

（3）日本海事鉴定协会（NKKK）。日本海事鉴定协会是日本最大的综合性商品检验鉴定机构。NKKK与中国商检机构签订了长期的委托检验协议，相互之间多年来有着密切的合作关系与业务往来，并共同组建了日中商品检查株式会社从事检验鉴定业务，以及进行经常性的技术交流。

（二）报检和报检单位

1. 报检的含义

报检是指进出口商品的收发货人或其代理人根据《商检法》及其实施条例等有关法律、行政法规的规定，在海关规定的地点和期限内向海关申请对其进出口商品实施法定检验的程序。

2. 报检的依据

（1）《中华人民共和国进出口商品检验法》及实施条例。

（2）《中华人民共和国进出境动植物检疫法》及实施条例。

（3）《中华人民共和国国境卫生检疫法》及实施细则。

（4）《中华人民共和国食品卫生法》。

（5）其他与出入境检验检疫相关的法规。

3. 报检单位

出入境检验检疫报检单位有两类：自理报检单位和代理报检单位。

（1）自理报检单位。自理报检单位是指经报检单位工商注册所在地辖区海关审查合格，办理过备案登记手续并取得报检单位代码后，自行办理相关报检/申报手续的境内企业法人或其他报检单位。

（2）代理报检单位。代理报检单位是指经海关注册登记，受出口货物生产企业，进出口货物发货人、收货人，对外贸易关系人等的委托，依法代为办理出入境检验检疫报检/申请事宜的，在工商行政管理部门注册登记的境内企业法人。

4. 电子报检

电子报检是指报检人使用电子报检软件通过检验检疫业务服务平台将报检数据以电子报文方式传输给海关，经海关业务管理系统和检务人员的处理后，将受理报检信息反馈给报检人，实现远程办理出入境检验检疫报检的行为。电子报检的一般工作流程如下：

（1）报检环节。

① 对报检数据的审核按照"先机审、后人审"的程序进行。企业发送电子报检数据后，海关总署电子审单中心按照计算机系统数据规范性和有关要求，对数据进行自动审核。对不符合要求的，反馈错误信息；对符合要求的，将报检信息传输给受理报检人员。该受理报检人员进行再次审核，符合规定的将成功受理的报检信息同时反馈给报检单位和施检部门，并提示报检单位与相应的施检部门联系检验检疫事项。

② 出境货物电子报检后，报检员应按受理报检要求，在机构施检时交报检单和随附单据。

③ 入境货物电子报检后，报检员按报检要求，在领"入境货物通关单"时交报检单和附件。

④ 电子报检人对已发送的报检申请需要更改或撤销报检时，应另外发送更改或撤销申请，海关按有关规定办理。

（2）施检环节。报检单位接到"查验施检"信息后，按信息中的提示与施检部门联系检验检疫的具体事项，如检验检疫时间、内容、地点等。在现场检验检疫时，持打印报检单和随附单据提交施检人员审核，不符合要求的，施检人员将要求企业立即更改，并反馈信息给受理报检部门。

（3）计收费。计费由电子审单系统自动完成，接到施检部门转来的全套单据后,对照单据进行计算复核。报检单位一般按月交纳检验检疫等有关费用,报检单位也可以逐票支付。

(4)签证放行。对于核准符合检验检疫要求的进出境货物,海关按规定放行。

(三)电子转单

"电子转单"是指通过系统网络,将产地海关和口岸海关的相关信息相互连通,对出境货物产地海关将已经检验检疫合格的相关电子信息传输到出境口岸海关,对入境货物入境口岸海关将已经同意的入境货物通关相关电子信息传输到目的地海关实施检验检疫的监管模式。

1. 出境电子转单程序

(1)产地检验检疫合格后,检验检疫机构及时将相关信息传送到电子转单中心。传送内容包括报检信息、签证信息、其他相关信息。

(2)产地海关向出境检验检疫关系人以书面方式提供"报检号、转单号和密码"。

(3)出境地检验检疫关系人凭报检号、转单号及密码,在出境口岸海关申请出境货物通关。

(4)出境口岸海关应出境关系人的申请,提取电子转单信息,同意出境货物通关,并将处理信息反馈给电子转单中心。

(5)按口岸查验管理规定需要核查货证的,出境检验检疫关系人应配合出境口岸海关完成核查工作。

2. 入境电子转单程序

(1)对入境口岸办理通关手续、需要到目的地实施检验检疫的货物,口岸海关通过网络将相关信息传送到电子转单中心。传送内容包括报检信息签证信息和相关内容。

(2)入境口岸海关以书面方式向入境关系人提供"报检号、转单号和密码"。

(3)目的地海关应按时接收电子转单中心发出的相关电子信息并反馈收到的信息。

(4)入境地检验检疫关系人凭报检号、转单号及密码向目的地口岸海关申请检验检疫。

(5)目的地海关根据电子转单信息,对入境检验检疫关系人未在规定期限内办理报检的,将有关信息通过电子转单中心反馈给口岸海关,采取相关处理。

（四）法定检验

1. 法定检验的含义

法定检验，又称强制性检验，是指为了保护人类健康和安全，保护动物或者植物的生命和健康，保护环境，防止欺诈行为，维护国家安全，由海关依照国家法律和行政法规规定的程序，对与国计民生关系重大的、必须实施检验的进出口商品实施的强制性检验。

2. 法定检验的范围

按照《商检法》及实施条例和我国其他有关法律法规规定，海关实施法定检验的范围如下：

（1）对列入必须实施检验的进出口商品目录（即法检目录）的进出口商品的检验是法定检验的主要范围。

（2）对进出口食品的卫生检验。

（3）对出口危险货物包装容器的性能鉴定和使用鉴定以及法定检验商品的一般运输包装鉴定。

（4）对装运出口易腐烂变质食品、冷冻品的船舱、集装箱等运载工具的适载检验。

（5）对有关国际条约规定须经海关的进出口商品的检验。

（6）对其他法律、行政法规规定须经海关检验的进出口商品的检验。

（7）海关对法检目录以外的进出口商品实施的抽查检验和监督管理。

3. 法定检验的标准和方式

（1）法定检验的检验标准。根据《商检法》及实施条例对列入法检目录的进出口商品，规定法定检验的检验标准为：①按照国家技术规范的强制性要求进行检验；②没有国家技术规范强制性要求的，参照国外有关标准进行检验。

国家技术规范包括海关根据对外贸易和商品检验的实际需要，制定进出口商品检验的行业标准。

在执行法定检验的检验标准时，应掌握"就高不就低"的原则。当法律、行政法规规定的强制性标准高于合同约定标准时，按强制性标准检验；当法律、行政法规规定的强制性标准低于合同约定标准时，按合同约定标准检验，即"就高不就低"。

（2）法定检验的方式。海关对进出口商品实施法定检验时，根据实际情况不同，确定不同的检验方式。

① 自检。指商检人员亲自实施检验，直接抽取样品检测，使用海关的检测设备对样品进行检测，或使用报检单位的检测设备进行检测。

② "共同检验"或"组织检验"。指由商检人员与报验单位的检验

素养点：
环保意识
安全意识

微课：法定
报检

技术人员共同实施的检验，或由商检人员组织指导报检单位的检验人员检验。

③认可检验。指由海关培训出口产品生产企业或供货单位的检验人员，对合格者发给认可证件，由报检单位认可检验员自行检验其进出口商品。海关对报检单位和认可检验员实施监督管理，认可其检验结果，必要时可凭其检验报告，核发检验证书。

④免检。为保证进出口商品质量，鼓励优质商品进出口，促进对外经济贸易的发展，根据《商检法》及其实施条例的有关规定，均做出了免验规定，具备质量长期稳定等免检条件的进出口商品收货人、发货人，可以申请对其进出口的法定检验商品予以免检，经海关组织专家审查考核合格，发给免检证书，可以批准免予检验。这项职能目前由海关行使。

（五）出境货物检验检疫工作程序

出境货物检验检疫工作程序是先检验检疫，后放行通关，即法定检验检疫出境货物的发货人或其代理人向海关报检，海关受理报检和计收费。出境货物检验检疫一般包括以下程序。

1. 报检

海关在对每一批出口货物进行检验之前，都必须首先受理报检。报检和海关受理报检，是检验工作的起始程序。海关应当在规定期限内检验完毕，并出具检验证单。

海关对于违反《商检法》和其他法律、行政法规规定，对实施法定检验的出口货物故意漏报检或逃避检验的违法行为，应依法给予违法行为人以批评教育或者罚款，直至通过司法机关追究其法律责任。

（1）报检条件。

①已经生产加工完毕并完成包装、刷唛、准备发运的整批出口货物。

②已经经过生产企业检验合格，并出具厂检合格单的出口货物。

③对于执行质量许可制度的出口货物，必须具有海关颁发的质量许可证或卫生注册登记证。

④必须备齐各种相互吻合的单证。

上述四个条件必须同时具备。

（2）报检范围。

①国家法律、行政法规规定必须由海关实施检验检疫的。

②对外贸易合同约定须凭海关签发的证书进行结算的。

③有关国家条约规定必须检验检疫的。

（3）报检时限和地点。

①出境货物最迟应在出口报关或装运前7天报检，对于个别检验检疫周

期较长的货物，应留有相应的检验检疫时间。

② 需隔离检疫的出境动物在出境前60天预报，隔离前7天报检。

③ 法定检验检疫货物，除活动物需由出境口岸海关检验检疫外，原则上应坚持产地检验检疫。

（4）出境货物预报检。为了方便对外贸易，海关对某些经常出口的、非易腐烂变质、非易燃易爆的货物予以接受预先报检，这样既有利于检验检疫工作的开展，又有利于防止内地的不合格货物运抵口岸。需要申请办理预报检的范围有：

① 整批出口的货物。对于已生产的整批出口货物，生产厂家已检验合格及经营单位已验收合格，货已全部备齐，堆存于仓库，但尚未签订外贸合同或虽已签订合同，但信用证尚未到达，不能确定出运数量、运输工具、唛头的，为了使货物在信用证到达后及时出运，可以办理预报检。

② 分批出口的货物。需要分批装运出口的货物，整批货物可办理预报检。出口货物检验检疫合格后，海关签发"出境货物换证凭条"。正式装运出口时，可在检验检疫有效期内逐批向海关申请办理放行手续。放行时，海关查验合格后，在"出境货物换证凭条"的登记栏内对货物的数量予以登记核销。

（5）重新报检。

① 重新报检的范围。报检人在向海关办理了报检手续，并领取了检验检疫证单后，凡有下列情况之一的应重新报检：

a. 超过检验检疫有效期限的。

b. 变更输入国家或地区，并有不同检验检疫要求的。

c. 改换包装或重新拼装的。

d. 已撤销报检的。

② 重新报检的要求。

a. 按规定填写"出境货物报检单"，交付有关函电等证明单据。

b. 交还原发的证书或证单，不能交还的应按有关规定办理。

（6）报检时应提供的单证。商品出境时，应填制和提供"出境货物报检单"，并提供外贸合同、销售确认书或订单；信用证或有关函电；生产单位出具的厂检结果单原件；海关签发的"出境货物运输包装性能检验结果单"正本。下列情况下报检时应按要求提供相关物品和材料。

① 凭样品成交的，还须提供样品。

② 经预检的商品，在向海关办理换证放行手续时，应提供海关签发的"出境货物换证凭条"正本。

③ 产地与报关地不一致的出境商品，在向报关地海关申请报检时，应提

交产地海关签发的"出境货物换证凭条"。

④ 按照国家法律、行政法规的规定，实行卫生注册和质量许可的出境商品，必须提供经海关批准的注册编号或许可证编号。

⑤ 危险商品出境时，必须提供"出境货物运输包装性能检验结果单"正本和"出境危险货物运输包装使用鉴定结果单"正本。

⑥ 特殊商品出境时，根据法律法规规定应提供有关审批文件。

2. 抽检

抽检即抽样检验，是指从待检货物中抽取一些商品进行检验，并用检验的结果对全批商品进行判断，确定其是否符合合同、信用证和有关国家技术规范、标准的规定。被抽出检验的单位商品为样品，全部商品组成样本。样本所含的样品多少称为样本大小。

海关对出口商品的检验大多采用抽样检验的方法进行。即从整个出口批次中抽取代表性样品，以样品质量判断整批货物的质量。

3. 检验

对出口商品进行检验鉴定的方法一般包括感官检验、仪器分析、物理检验、化学检验，以及生物检验等。采用感官检验方法进行检验的项目有商品的规格型号、等级、标牌、色泽、气味、音质、外观质量等检验；采用仪器分析方法进行检验的项目有家用电器的性能、汽车轮胎的抗磨度等检测；采用物理检验方法进行检验的项目有商品力学性能、电器安全性能等检测；采用化学检验方法进行检验的项目有商品成分及其含量的定性分析和定量分析；采用生物检验方法进行检验的项目有食品的微生物学检验和生物试验等。

4. 出口查验

"出口查验"也叫"口岸查验"，是指产地海关预检合格的商品，在出口发运前由签证或放行地海关实施的核查活动。经产地海关预检合格并签发"换证凭条"的出口商品，途中经过运输和装卸，货物到达口岸后，可能发生货损货差，所以，必须经口岸海关派人对货物的批次和包装等情况进行查验，合格后才予以放行。

5. 签证

海关在对出口商品实施法定检验以后，对检验合格的商品由海关签发"检验证书"，或在"出口货物报关单"上加盖检验印章。检验不合格的，由海关签发"不合格通知单"。

6. 放行

（1）法定检验出口商品的放行。法定检验出口商品经海关检验合格后，报检人持检验申请单、外销合同、发票、装箱单、换证凭条和报关单（一式两份），向出口地海关办理放行手续。海关审核单证无误后，在"报关单"上加盖放行章，或签发"放行通知单"，或签发注有"限国内通关使用"字样的检验证书。

另外，值得注意的是，如果出口商品经海关检验合格并签发了商检证书，海关就可予以放行。

（2）"免检"出口法定检验商品的放行。按照《商检法》及实施条例的相关规定，对取得出口法定检验商品免检的申请人，在免检有效期内，凭免检证书、外销合同、信用证及该商品的品质证书、厂检合格单或样品、礼品、展品证明书等文件，到海关办理免检放行手续，交纳手续费，海关就可予以放行。

（六）检验检疫证书

1. 含义

检验检疫证书（Inspection Certificate）是指由政府机构或公证机构对进出口商品检验检疫或鉴定后，根据检验结果或鉴定项目出具并且签署的书面声明，是证明货物已检验达标并评述检验结果的书面单证。

2. 种类

根据进出境货物不同的检验检疫要求、鉴定项目和不同作用，海关签发不同的检验检疫证书、凭单、监管类单证、报告单和记录报告，共有85种以上。常见的有以下几种：

（1）出入境检验检疫品质证书（Quality Certificate），证明进出口商品品名、规格、等级、成分、性能等产品质量的实际情况。

（2）出入境检验检疫数量证书（Quantity Certificate），证明进出口商品的数量、重量，如毛重、净重等。

（3）出入境检验检疫植物检疫证书（Phytosanitary Certificate），证明植物基本不带有其他的有害物，因此符合输入国或地区的植物要求。

（4）出入境检验检疫动物检疫证书（Animal Health Certificate），是证明出口动物产品经过检验检疫合格的书面证件，它适用于冻畜肉、冻禽、皮张、肠衣等商品，且必须由主任兽医签署。

（5）出入境检验检疫卫生证书（Sanitary Certificate），是证明可供食用的出口动物产品、食品等经过卫生检疫或检验合格的证件，例如肠衣、罐头食品、乳制品等。

（6）熏蒸/消毒证书（Fumigation/Disinfection Certificate），证明出口动植物产品、木制品等已经过消毒或熏蒸处理，保证安全卫生，例如猪鬃、针叶木、马尾、羽毛、山羊毛、羽绒制品等。

（7）出境货物运输包装性能检验结果单，适用于经检验合格的出境货物包装性能检验。

（8）残损鉴定证书（Inspection Certificate on Damaged Cargo），是证明进口商品残损情况的证书，供索赔时使用。

（9）包装检验证书（Inspection Certificate of Packing），是用于证明进出口商品包装情况的证书。

（10）温度检验证书（Certificate of Temperature），是证明出口冷冻商品温度的证书。

（11）船舶检验证书（Inspection Certificate on Tank /Hold）是证明出口商品的船舶清洁、牢固、冷藏效能及其他装运条件是否符合保护承载商品的质量和数量完整与安全要求的证书。

（12）货载衡量检验证书（Inspection Certificate on Cargo Weight and Measurement），是证明进口商品的重量、体积吨位的证书，是计算运费和制订配载计划的依据。

<<<<<<<<<<<< 题测验 <<<<<<<<<<<<<<<<<<<<<<<<<<<<<<<<<<<<<<<<<<<<

（一）单项选择题

1. 一般情况下，报检委托书应由（　　　）负责填写。

    A. 代理报检单位　　　　　　　　B. 报检委托方

    C. 海关　　　　　　　　　　　　D. 进口货物收货人

2. 出境货物最迟应于报关或出境装运前（　　　）天向检验检疫机构申请报检。

    A. 1　　　　　　　　　　　　　B. 3

    C. 5　　　　　　　　　　　　　D. 7

（二）多项选择题

1. （　　　　　）是出境货物报检单中必须填写的随附单据。

    A. 合同　　　　　　　　　　　　B. 信用证

    C. 商业发票　　　　　　　　　　D. 装箱单

    E. 厂检单

2. 报检单上的货物用途可以填写（　　　　　）。

    A. 药用　　　　　　　　　　　　B. 食用

    C. 奶用　　　　　　　　　　　　D. 其他

（三）判断题

1. 我国实施"先报检，后报关"的通关模式。（　　　）

2. 办理出境货物电子报检时，收货人中文名栏目必须填写。（　　　）

3. 对于非法定检验的进出口商品，检验检疫机构无权实施检验检疫。（　　　）

能力实训 <<<<<<<<<<<<<<<<<<<<<<<<<<<<<<<<<<<<<<<<<<<<<<<<<<<<<<<<<

◆能力实训1：假远期L/C支付方式下制作出境货物报检单和办理报检操作

2023年7月5日，浙江金苑进出口有限公司外贸单证员林霞收到浙江双马国际货运代理有限公司的通知，已按要求订妥中远海运集装箱运输有限公司7月12日YM UTMOST船，航次为050W，5个20英尺的集装箱。因为加饭酒2206001000的监管证件代码是B，即出境货物通关单属于法定检验商品，所以浙江金苑进出口有限公司委托浙江福正绍兴酒有限公司外贸单证员王强在7月5日，根据下面的信用证、商业发票、装箱单和其他信息制作出境货物报检单，向绍兴市海关报检。

1. 信用证

SEQUENCE OF TOTAL	27：	1 / 1
FORM OF DOCUMENTARY CREDIT	40A：	IRREVOCABLE
DOCUMENTARY CREDIT NUMBER	20：	BOCL20230902
DATE OF ISSUE	31C：	230530
APPLICABLE RULES	40E：	UCP LATEST VERSION
DATE AND PLACE OF EXPIRY	31D：	230730 CHINA
APPLICANT	50：	BEK FOODS INC. NO. 66 UNION ST., LUTON LU,3AN,U.K.
BENEFICIARY	59：	ZHEJIANG JINYUAN IMPORT AND EXPORT CO., LTD. 118 XUEYUAN STREET, HANGZHOU, CHINA

AMOUNT	32B:	CURRENCY USD AMOUNT 136 800.00
PERCENTAGE CREDIT AMOUNT TOLERANCE	39A:	05/05
AVAILABLE WITH/BY	41D:	THE AGRICULTURAL BANK OF CHINA, NANJING BRANCH BY NEGOTIATION
DRAFTS AT ...	42C:	AT 90 DAYS AFTER SIGHT
DRAWEE	42A:	ISSUING BANK
PARTIAL SHIPMENT	43P:	PROHIBITED
TRANSSHIPMENT	43T:	PROHIBITED
PORT OF LOADING/ AIRPORT OF DEPARTURE	44E:	SHANGHAI, CHINA
PORT OF DISCHARGE	44F:	FELIXSTOWE, U.K.
LATEST DATE OF SHIPMENT	44C:	230715
DESCRIPTION OF GOODS AND/OR SERVICES	45A:	3 600CTNS OF SHAOXING RICE WINE, ALCOHOL CONTENT:15 PERCENT, 12BTLS/CTN, 750ML/BTL, AT USD38.00/CTN, CIF FELIXSTOWE, U.K. AS PER INCOTERMS®2020
DOCUMENTS REQUIRED	46A:	+ COMMERCIAL INVOICE SIGNED IN INK IN QUINTUPLICATE CERTIFYING THAT THE GOODS SHIPPED ARE AS PER CONTRACT NUMBER ZJJY2378 DATED MAY 16, 2023. + PACKING LIST IN QUINTUPLICATE. + CERTIFICATE OF ORIGIN CERTIFIED BY CHAMBER OF COMMERCE OR CCPIT. + FULL SET OF CLEAN ON BOARD OCEAN BILLS OF LADING MADE OUT TO THE ORDER OF ISSUING BANK, MARKED "FREIGHT PREPAID" AND NOTIFYING APPLICANT

BEARING LC NO. AND DATE. SHORT FORM
OF BILL OF LADING IS NOT ACCEPTABLE.

+ INSURANCE POLICY/CERTIFICATE
IN DUPLICATE MADE OUT TO ORDER
ENDORSED IN BLANK FOR 110% INVOICE
VALUE, COVERING FPA AND CLASH &
BREAKAGE CLAUSE OF CIC OF PICC AND
SHOWING THE CLAIMING CURRENCY IS
THE SAME AS THE CURRENCY OF CREDIT.

+ BENEFICIARY'S CERTIFICATE CERTIFYING
THAT ONE COPY OF BILL OF LADING,
COMMERCIAL INVOICE AND PACKING
LIST RESPECTIVELY HAVE MAILED TO
THE APPLICANT BY DHL WITHIN THREE
WORKING DAYS AFTER BILL OF LADING
DATE.

+ CERTIFICATE'S CERTIFIED COPY OF
FAX DISPATCHED TO THE APPLICANT
WITHIN THREE DAYS AFTER SHIPMENT
ADVISING L/C NUMBER, NAME, QUANTITY
AND AMOUNT OF GOODS, NUMBER OF
PACKAGES, CONTAINER NUMBER, NAME OF
VESSEL AND VOYAGE NUMBER, AND DATE
OF SHIPMENT.

ADDITIONAL CONDITIONS　47A：+ALL DOCUMENTS SHOULD BE DATED ON
OR LATER OF THIS L/C AND BEAR THE L/C
NUMBER AND DATE.

+ SHIPMENT TO BE EFFECTED NOT EARLIER
THAN 7 DAYS BEFORE LATEST DATE OF
SHIPMENT AS PER THIS CREDIT.

+ MORE OR LESS 5 PERCENT OF QUANTITY
OF GOODS IS ALLOWED.

+ BENEFICIARY'S USANCE DRAFTS MUST
BE NEGOTIATED AT SIGHT BASIS AND
ACCEPTANCE COMMISSION AND DISCOUNT
CHARGE ARE FOR APPLICANT'S ACCOUNT.

		+ ALL PRESENTATIONS CONTAINING DISCREPANCIES WILL ATTRACT A DISCREPANCY FEE OF USD50.00 PLUS TELEX COSTS OR OTHER CURRENCY EQUIVALENT. THIS CHARGE WILL BE DEDUCTED FROM THE BILL AMOUNT WHETHER OR NOT WE ELECT TO CONSULT THE APPLICANT FOR A WAIVER.
CHARGES	71D:	ALL BANK CHARGES OUTSIDE U.K. ARE FOR ACCOUNT OF BENEFICIARY.
PERIOD FOR PRESENTATION IN DAYS	48 :	015
CONFIRMATION INSTRUCTIONS	49 :	WITHOUT
INSTRUCTIONS TO THE PAYING/ ACCEPTING/ NEGOTIATING BANK	78 :	+ NEGOTIATION INVOLVING INVOICE EXCEEDING L/C AMOUNT IS STRICTLY PROHIBITED. + ALL DOCUMENTS TO BE DESPATCHED IN ONE SET BY COURIER TO BANK OF CHINA, LONDON, 90 CANNON STR EET, LONDON EC4N 6HA, U.K. + UPON PRESENTATION TO US OF DRAFTS AND DOCUMENTS IN STRICT COMPLIANCE WITH TERMS AND CONDITIONS OF THIS CREDIT, WE WILL REMIT THE PROCEEDS ON DUE DATE AS PER THE NEGOTIATING BANK'S INSTRUCTIONS. + EXCEPT AS OTHERWISE EXPRESSLY STATED, THIS CREDIT IS SUBJECT TO UCP (2007 VERSION) ICC PUBLICATION 600.
SENDER TO RECEIVER INFORMATION	72Z:	PLEASE ADVISE AND ACKNOWLEDGE THE RECEIPT.

2. 商业发票

ZHEJIANG JINYUAN IMPORT AND EXPORT CO., LTD.				
118 XUEYUAN STREET, HANGZHOU, CHINA				
COMMERCIAL INVOICE				

To:	BEK FOODS INC.	Invoice No.:	JY23099
	NO. 66 UNION ST., LUTON LU,3AN,U.K.	Invoice Date:	JUL. 5, 2023
		S/C No.:	ZJJY2378
		S/C Date:	MAY 16, 2023

From:	SHANGHAI, CHINA	To:	FELIXSTOWE,U.K.
L/C No.:	BOCL20230902	Date of Issue:	MAY 30, 2023

Marks and Numbers	Number and Kind of Package Description of Goods	Quantity	Unit Price	Amount
BEK ZJJY2378 FELIXSTOWE CARTON NO.1-3630	CIF FELIXSTOWE,U.K. AS PER INCOTERMS®2020			
	SHAOXING RICE WINE ALCOHOL CONTENT:15 PERCENT 12BTLS/CTN, 750ML/BTL	3 630CTN	USD38.00/CTN	USD137 940.00
	TOTAL:	3 630CTN		USD137 940.00
SAY TOTAL:	SAY U.S. DOLLARS ONE HUNDRED THIRTY SEVEN THOUSAND NINE HUNDRED FORTY ONLY.			
	ZHEJIANG JINYUAN IMPORT AND EXPORT CO., LTD. 王立			

3. 装箱单

ZHEJIANG JINYUAN IMPORT AND EXPORT CO., LTD.							
118 XUEYUAN STREET, HANGZHOU, CHINA							
PACKING LIST							
To:	BEK FOODS INC. NO. 66 UNION ST., LUTON LU, 3AN, U.K.			Invoice No.:	JY23099		
				Invoice Date:	JUL. 5, 2023		
				S/C No.:	ZJJY2378		
				S/C Date:	MAY 16, 2023		
From:	SHANGHAI, CHINA		To:	FELIXSTOWE,U.K.			
L/C No.:	BOCL20230902		Date of Issue:	MAY 30, 2023			
Marks and Numbers	BEK ZJJY2378 FELIXSTOWE CARTON NO.1-3630						
Description of Goods	Qty. (Cartons)	N.W (Kgs)		G.W (Kgs)		Meas. (Cbm)	
		Per ctn.	Sub-total	Per ctn.	Sub-total	Per ctn.	Sub-total
SHAOXING RICE WINE ALCOHOL CONTENT:15 PERCENT 12BTLS/CTN, 750ML/BTL	3 630	9	32 670	11	39 930	0.036	130.68
TOTAL:	3 630	9	32 670	11	39 930	0.036	130.68
SAY TOTAL:	THREE THOUSAND SIX HUNDRED THIRTY CARTONS ONLY.						
SHIPPED IN 5 × 20FCL, 726CTNS/20FCL.							

4. 其他信息

（1）浙江福正绍兴酒有限公司的登记号为3800893345，属于私营有限责任公司。

（2）王强的联系电话：0575–90761304。

（3）货物的存放地点：绍兴市六一路87号。

▲请外贸单证员王强完成以下工作任务：

1. 制作出境货物报检单。

2. 办理报检手续。

◆能力实训2：远期L/C支付方式下制作出境货物报检单和办理报检操作

上接学习情境三中的能力实训2：远期L/C支付方式下制作订舱委托书和办理订舱操作，2023年4月29日，南京辉皇食品有限公司外贸单证员方萍收到浙江双马国际货运代理有限公司南京分公司的通知，已按要求订妥中海集装箱有限公司的舱位：5月7日船期，船名为Xin Ou Zhou，航次为3311，1个20英尺集装箱整箱。因为罐装蘑菇2003101100的监管证件代码是B，即出境货物通关单，属于法定检验商品，所以南京辉皇食品有限公司外贸单证员方萍在4月29日要根据下面的信用证、商业发票、装箱单和其他信息制作出境货物报检单，向南京市海关报检。

1. 信用证

MT 700		ISSUE OF A DOCUMENTARY CREDIT
APPLICATION HEADER		RJHISARI
		*ALRAJHI BANKING AND INVESTMENT CORPORATION
		*RIYADH (HEAD OFFICE)
SEQUENCE OF TOTAL	27 :	1 / 1
FORM OF DOC. CREDIT	40A :	IRREVOCABLE
DOC. CREDIT NUMBER	20 :	LC123
DATE OF ISSUE	31C :	230317
DATE/PLACE OF EXPIRY	31D :	230527 CHINA
APPLICANT	50 :	RED FLOWER TRADING CO.
		P.O. BOX 536, RIYADH 22766, SAUDI ARABIA
		TEL: 00966-1-4659215　FAX: 00966-1-4659217
BENEFICIARY	59 :	NANJING HUIHUANG FOODS CO., LTD.
		YUN MANSION RM3908 NO.85 FUZI RD., NANJING 210005, CHINA
		TEL: 0086-25-84715000　FAX: 0086-25-84711111
AMOUNT	32B :	CURRENCY USD AMOUNT 13 600.00
PERCENTAGE CREDIT AMOUNT TOLERANCE	39A :	10/10

AVAILABLE WITH/BY	41D:	ANY BANK IN CHINA,BY NEGOTIATION
DRAFTS AT ...	42C:	30 DAYS AFTER B/L DATE
DRAWEE	42A:	RJHISARI
		*ALRAJHI BANKING AND INVESTMENT CORPORATION
		*RIYADH (HEAD OFFICE)
PARTIAL SHIPMENTS	43P:	NOT ALLOWED
TRANSSHIPMENT	43T:	NOT ALLOWED
PORT OF LOADING/ AIR-PORT OF DEPARTURE	44E:	CHINESE MAIN PORT
PORT OF DISCHARGE	44F:	DAMMAM PORT, SAUDI ARABIA
LATEST DATE OF SHIPMENT	44C:	230517
GOODS DESCRIPTION	45A:	ABOUT 1 700 CARTONS CANNED MUSHROOM PIECES & STEMS 24 TINS X 220 GRAMS NET WEIGHT (G.W. 420 GRAMS) AT USD8.00 PER CARTON, ROSE BRAND, CIF DAMMAM PORT, SAUDI ARABIA AS PER INCOTERMS®2020, AS PER S/C NO. UY90, DATED FEB. 22, 2023.
DOCUMENTS REQUIRED	46A:	+ SIGNED COMMERCIAL INVOICE MANUALLY IN TRIPLICATE AND MUST SHOW BREAK DOWN OF THE AMOUNT AS FOLLOWS: FOB VALUE, FREIGHT CHARGES, PREMIUM AND TOTAL AMOUNT CIF.
		+ FULL SET CLEAN ON BOARD BILLS OF LADING MADE OUT TO THE ORDER OF ALRAJHI BANKING AND INVESTMENT CORPORATION, MARKED FREIGHT PREPAID AND NOTIFY APPLICANT, INDICATING THE FULL NAME, ADDRESS AND TEL NO. OF THE CARRYING VESSEL'S AGENT AT THE PORT OF DISCHARGE.
		+ SIGNED PACKING LIST MANUALLY IN TRIPLICATE.
		+INSURANCE POLICY IN DUPLICATE ENDORSED IN BLANK COVERING W.P.A. OF CIC OF PICC.

		+ INSPECTION (HEALTH) CERTIFICATE FROM THE CUSTOMS, P. R. CHINA STATING GOODS ARE FIT FOR HUMAN BEING. + CERTIFICATE OF ORIGIN DULY CERTIFIED BY CCPIT., STATING THE NAME OF THE MANUFACTURERS OR PRODUCERS AND THAT GOODS EXPORTED ARE WHOLLY OF CHINESE ORIGIN. + THE PRODUCTION DATE OF THE GOODS NOT TO BE EARLIER THAN HALF MONTH AT TIME OF SHIPMENT. BENEFICIARY MUST CERTIFY THE SAME.
ADDITIONAL CONDITIONS	47A：	+A DISCREPANCY FEE OF USD50.00 WILL BE IMPOSED ON EACH SET OF DOCUMENTS PRESENTED FOR NEGOTIATION UNDER THIS L/C WITH DISCREPANCY. THE FEE WILL BE DEDUCTED FROM THE BILL AMOUNT.
CHARGES	71D：	ALL CHARGES OUTSIDE SAUDI ARABIA ON BENEFICIARIES' ACCOUNT INCLUDING REIMBURSING COMMISSION, DISCREPANCY FEE (IF ANY) AND COURIER CHARGES.
PERIOD FOR PRESENTATION IN DAYS	48 ：	010
CONFIRMATION INSTRUCTIONS	49 ：	WITHOUT
REIMBURSING BANK	53D：	ALRAJHI BANKING AND INVESTMENT CORPORATION RIYADH (HEAD OFFICE)
INSTRUCTIONS TO THE PAYING/ACCEPTING/ NEGOTIATING BANK	78 ：	DOCUMENTS TO BE DESPATCHED IN ONE LOT BY COURIER. ALL CORRESPONDENCE TO BE SENT TO ALRAJHI BANKING AND INVESTMENT CORPORATION RIYADH (HEAD OFFICE)

SENDER TO RECEIVER 72Z: REIMBURSEMENT IS SUBJECT TO ICC URR
INFORMATION 525.

2. 商业发票

NANJING HUIHUANG FOODS CO., LTD.

YUN MANSION RM3908 NO.85 FUZI RD., NANJING 210005, CHINA

TEL: 0086-025-84715000 FAX: 0086-025-84711111

COMMERCIAL INVOICE

To:	RED FLOWER TRADING CO. P.O. BOX 536, RIYADH 22766, SAUDI ARABIA TEL: 00966-1-4659215 FAX: 00966-1-4659217		Invoice No.:	2023NHT098
			Invoice Date:	APR. 29, 2023
			S/C No.:	UY90
			S/C Date:	FEB. 22, 2023
From:	SHANGHAI, CHINA	To:	DAMMAM PORT, SAUDI ARABIA	
Marks and Numbers	Number and Kind of Package Description of Goods	Quantity	Unit Price	Amount
RFT ROSE BRAND RIYADH C/NO: 1-1750	CIF DAMMAM PORT, SAUDI ARABIA AS PER INCOTERMS®2020			
	CANNED MUSHROOM PIECES & STEMS 24 TINS × 220 GRAMS NET WEIGHT (G.W. 420 GRAMS), ROSE BRAND	1 750 CTNS	USD 8.00/CTN	USD 14 000.00
	TOTAL:	1 750 CTNS		USD 14 000.00
SAY TOTAL:	U.S. DOLLARS FOURTEEN THOUSAND ONLY.			

FOB VALUE：USD12 920.00

FREIGHT CHARGES：USD2 000.00

PREMIUM：USD80.00

NANJING HUIHUANG FOODS CO., LTD.

章　胜

3. 装箱单

NANJING HUIHUANG FOODS CO., LTD. YUN MANSION RM3908 NO.85 FUZI RD., NANJING 210005, CHINA TEL: 0086-025-84715000 FAX: 0086-025-84711111							
PACKING LIST							
To:	RED FLOWER TRADING CO. P.O. BOX 536, RIYADH 22766, SAUDI ARABIA TEL: 00966-1-4659215 FAX: 00966-1-4659217		Invoice No.:	2023NHT098			
			Invoice Date:	APR. 29, 2023			
			S/C No.:	UY90			
			S/C Date:	FEB. 22, 2023			
From:	SHANGHAI, CHINA	To:	DAMMAM PORT, SAUDI ARABIA				
Marks and Numbers	Number and Kind of Package Description of Goods	Quantity	Package	G.W	N.W	Meas.	
RFT ROSE BRAND RIYADH C/NO: 1-1750	CANNED MUSHROOM PIECES & STEMS	1 750CTNS	1 750CTNS	17 640KGS	9 240KGS	26.25M³	
	TOTAL:	1 750CTNS	1 750CTNS	17 640KGS	9 240KGS	26.25M³	
SAY TOTAL:	ONE THOUSAND SEVEN HUNDRED AND FIFTY CARTONS ONLY.						
	NANJING HUIHUANG FOODS CO., LTD. 章　胜						

4. 其他信息

南京辉皇食品有限公司的登记号为3201003850，属私营有限责任公司。

▲请外贸单证员方萍完成以下工作任务：

1. 制作出境货物报检单。

2. 办理报检手续。

［调查研究与善作善成］

1. 调研主题

环保意识与检验检疫证书。

2. 调研步骤

（1）以小组为单位，调研搜集与环保相关的检验检疫证书和案例。

（2）根据调研资料，讨论研究形成调研报告。

（3）根据调研报告制作PPT。

（4）每组派代表在课堂上分享本组调研成果。

3. 调研成果

（1）调研报告。

（2）PPT。

学习情境五　制作和申领原产地证操作

【学习目标】

素养目标:

● 培养诚实守信、爱岗敬业的品质

● 树立零差错、高效率、求极致的精益求精单证观

能力目标:

● 能够制作和申领一般原产地证

● 能够制作和申领RCEP产地证

知识目标:

● 熟悉原产地证的含义

● 熟悉原产地证的作用

● 熟悉原产地证的种类

【思维导图】

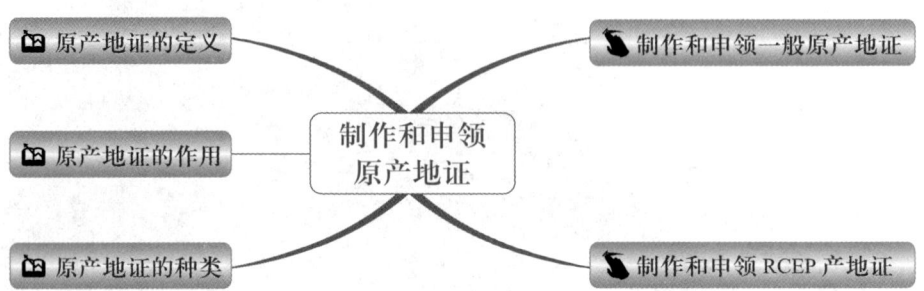

项目背景

2023年5月6日，浙江金苑进出口有限公司外贸单证员陈红根据L/C的规定"+ CERTIFICATE OF ORIGIN CERTIFIED BY CHAMBER OF COMMERCE OR CCPIT."，以及下面的商业发票、装箱单的要求制作一般原产地证，并向浙江省贸促会申领一般原产地证。

1. 商业发票

同学习情境三项目背景中的商业发票。

2. 装箱单

同学习情境三项目背景中的装箱单。

任务分解

在这一阶段，外贸单证员陈红要完成的工作任务包括：

任务1 制作一般原产地证

任务2 办理一般原产地证

任务完成 <<<<<<<<<<<<<<<<<<<<<<<<<<<<<<<<<<<<<<<<<<<<<<<<<<<<<

任务 1　制作一般原产地证

浙江金苑进出口有限公司的外贸单证员陈红通过登录浙江省贸促会的网站填写一般原产地证的各栏目内容。若向杭州海关申领原产地证，则可以通过中国国际贸易单一窗口填写一般原产地证并向其申领。

素养点：
精益求精单证观

按照"正确、完整、及时、简明和整洁"的制单要求，制作原产地证如下。

ORIGINAL

1. Exporter	Certificate No. 23C3301A1082/00023			
ZHEJIANG JINYUAN IMPORT AND EXPORT CO., LTD. 118 XUEYUAN STREET, HANGZHOU, CHINA	**CERTIFICATE OF ORIGIN** **OF** **THE PEOPLE'S REPUBLIC OF CHINA**			
2. Consignee				
SIK GMBH & CO. KG RATHAUSMARKT 66, 20095 HAMBURG, GERMANY				
3. Means of Transport and Route	5. For Certifying Authority Use Only			
SHIPPED FROM SHANGHAI, CHINA TO HAMBURG, GERMANY BY SEA				
4. Country / Region of Destination				
GERMANY				
6. Marks and Numbers	7. Number and Kind of Packages; Description of Goods	8. HS Code	9. Quantity	10. Number and Date of Invoices
SIK ZJJY2339 L357/ L358 HAMBURG, GERMANY C/NO.: 1-502	FIVE HUNDRED AND TWO (502) CARTONS OF LADIES JACKET. ***************** L/C NO.: FFF237699 DATE: MAR.31, 2023 ISSUING BANK: BANK OF CHINA, HAMBURG BRANCH	6204	4518PCS	JY23018 MAY 6, 2023

11. Declaration by the Exporter	12. Certification
The undersigned hereby declares that the above details and statements are correct, that all the goods were produced in China and that they comply with the Rules of Origin of the People's Republic of China.	It is hereby certified that the declaration by the exporter is correct.
浙江金苑进出口有限公司 ZHEJIANG JINYUAN IMPORT AND EXPORT CO., LTD. 王 立	
HANGZHOU，MAY 6, 2023	
Place and date, signature and stamp of authorized signatory	Place and date, signature and stamp of certifying authority

1. 出口方（Exporter）

本栏不得留空，填写出口方的名称、详细地址及国家（地区），一般可按有效外贸合同的卖方或发票出单人填打。若经其他国家或地区，需填写转口商名称时，可先在出口商后面加填英文VIA，然后再填写转口商名称、地址和国家。本业务根据学习情境二项目背景中的信用证的"59"栏目内容填写。

本业务填写的内容为：

ZHEJIANG JINYUAN IMPORT AND EXPORT CO., LTD.

118 XUEYUAN STREET, HANGZHOU, CHINA

2. 收货方（Consignee）

本栏应填写最终收货人的名称、详细地址及国家(地区)，通常是外贸合同中的买方或信用证规定的提单通知人。但由于贸易的需要，信用证会规定所有单证收货人一栏留空。在这种情况下，此栏应加注"TO WHOM IT MAY CONCERN"或"TO ORDER"，但不得留空。若需填写转口商名称时，可在收货人后面加填英文VIA，然后再填写转口商名称、地址、国家。本业务根据学习情境二项目背景中的信用证的"50"栏目内容填写。

本业务填写的内容为：

SIK GMBH & CO. KG.

RATHAUSMARKT 66, 20095 HAMBURG, GERMANY

3. 运输方式和路线（Means of Transport and Route）

本栏一般应填写装货、到货地点（始运港、目的港）及运输方式（如海运、陆运、空运）。转运货物应加上转运港，如 VIA HONGKONG。

本业务填写的内容为：

SHIPPED FROM SHANGHAI, CHINA TO HAMBURG, GERMANY BY SEA

4. 目的国或地区（Country/Region of Destination）

本栏填写货物运抵的最终目的国或地区。

本业务填写的内容为：

GERMANY

5. 签证机构用栏（For Certifying Authority Use Only）

本栏为签证机构在签发后发证书、补发证书或加注其他声明时使用。证书申领单位应将此栏留空。

6. 唛头及包装号（Marks and Numbers）

本栏所填唛头应与货物外包装上的唛头及发票上的唛头一致；应按照出口发票上所列唛头填写完整图案、文字标记及包装号码,不可简单地填写"按照发票"(AS PER INVOICE NO....)或"按照提单"(AS PER B/L NO....)；如货物无唛头应填写"无唛头（N/M 或 NO MARK）"。如唛头过多，此栏不够填写，可填打在第7、8、9、10栏截止线以下的空白处。如还不够，可在此栏填打上"SEE THE ATTACHMENT"，用附页填打所有唛头（附页的纸张尺寸要与原证书一样），在右上角打上证书号，并由申请单位和签证当局授权签字人分别在附页末页的右下角和左下角手签、盖印。附页手签的笔迹、地点、日期均与证书第11栏、第12栏相一致。

本业务填写的内容为：

SIK

ZJJY2339

L357/ L358

HAMBURG, GERMANY

C/NO.：1–502

7. 包装数量及种类；商品名称（Number and Kind of Packages; Description of Goods）

包装数量必须同时用英文和阿拉伯数字表示。商品名称必须具体填明，其详细程度应可在HS CODE的8位数字中准确归类，不能笼统地填"MACHINE""GARMENT"等；商品名称等项填完后，应在下一行加上"***"表示结束的符号，以防止加填伪造内容。国外信用证有时要求填具合同、信用证号码等，可加填在此栏空白处。

本业务填写的内容为：

FIVE HUNDRED AND TWO (502) CARTONS OF LADIES JACKET.

****

L/C NO. FFF237699

DATE: MAR.31, 2023

ISSUING BANK: BANK OF CHINA, HAMBURG BRANCH

8. HS Code

HS CODE 即为商品 HS 税目号。此栏要求填写 HS 编码，与报关单一致。若同一证书包含几种商品，则应将相应的税目号全部填写。此栏不得留空。

本业务填写的内容为：

6204320090

9. 毛重或其他数量（Quantity）

本栏应以商品的正常计量单位填写，如"只""件""双""台""打"等。以重量计算的则填毛重；只有净重的则填净重亦可，但要标上 N.W. (NET WEIGHT)。

本业务填写的内容为：

4518PCS

10. 发票号码及日期（Number and Date of Invoices）

本栏不得留空。月份一律用英文（可用缩写）表示，日期必须按照正式商业发票填具，发票日期不得迟于出货日期。

本业务填写的内容为：

JY23018

MAY 6, 2023

11. 出口商的声明、签字、盖章（Declaration by the Exporter）

出口商声明的内容已经印刷好为：The undersigned hereby declares that the above details and statements are correct, that all the goods were produced in China and that they comply with the Rules of Origin of the People's Republic of China.（下列签署人在此声明，上述货物的详细情况与声明是正确的，所有货物均在中国生产，完全符合中华人民共和国原产地规则。）

由申请单位的手签人员签字并盖章。本栏还必须填制申报地点和时间，日期不得早于发票日期(第10栏)。

本业务填写的内容为：

浙江金苑进出口有限公司

ZHEJIANG JINYUAN IMPORT AND EXPORT CO.,LTD.

王 立

12. 签证机构证明，签字盖章（Certification）

签证机构证明的内容已经印刷好为：It is hereby certified that the declaration by the exporter is correct.（兹证明出口商声明是正确的。）

所申请的证书，经签证机构审核人员审核无误后，由授权的签证人在此栏手签姓名并盖签机构章，证明签署的时间和地点。签发日期不得早于发票日期和申请日期。

本业务填写的内容为：

HANGZHOU，MAY 6, 2023

任务2　办理一般原产地证

外贸单证员陈红在网上审核通过后，向浙江省贸促会申领一般原产地证。浙江省贸促会工作人员审核通过后，在一般原产地证上盖章后生效。

ORIGINAL

1. Exporter	Certificate No. 23C3301A1082/00023			
ZHEJIANG JINYUAN IMPORT AND EXPORT CO., LTD. 118 XUEYUAN STREET, HANGZHOU, CHINA	**CERTIFICATE OF ORIGIN OF THE PEOPLE'S REPUBLIC OF CHINA**			
2. Consignee				
SIK GMBH & CO. KG RATHAUSMARKT 66, 20095 HAMBURG, GERMANY				
3. Means of Transport and Route	5. For Certifying Authority Use Only			
SHIPPED FROM SHANGHAI, CHINA TO HAMBURG, GERMANY BY SEA				
4. Country / Region of Destination				
GERMANY				
6. Marks and Numbers	7. Number and Kind of Packages; Description of Goods	8. HS Code	9. Quantity	10. Number and Date of Invoices

SIK ZJJY2339 L357/ L358 HAMBURG, GERMANY C/NO: 1-502	FIVE HUNDRED AND TWO (502) CARTONS OF LADIES JACKET. ********************* L/C NO.: FFF237699 DATE: MAR.31, 2023 ISSUING BANK: BANK OF CHINA, HAMBURG BRANCH	6204320090	4518PCS	JY23018 MAY 6, 2023
11. Declaration by the Exporter The undersigned hereby declares that the above details and statements are correct, that all the goods were produced in China and that they comply with the Rules of Origin of the People's Republic of China.		**12. Certification** It is hereby certified that the declaration by the exporter is correct.		
ZHEJIANG JINYUAN IMPORT AND EXPORT CO., LTD. 王 立		姜婷婷		
HANGZHOU，MAY 6, 2023		HANGZHOU，MAY 6, 2023		
Place and date, signature and stamp of authorized signatory		Place and date, signature and stamp of certifying authority		

<hr/>

<<<<<<<<<<<< **知** 识要点 <<<<<<<<<<<<<<<<<<<<<<<<<<<<<<<<<<<<<<<<<<

（一）原产地证明书的含义和作用

原产地证明书是证明产品真实来源地的商业文书，简称原产地证。其作用一是证明出口货物产地的书面文件；二是进口国海关作为实施差别关税、进口限制、不同进口配额和不同税率的依据；三是进出口通关和贸易统计的重要依据。

（二）原产地证的种类

1. 一般原产地证

一般原产地证（Certificate of Origin，C/O）是出口国根据一定原产地规则签发的证明货物原产地的证明文书。在我国一般原产地证有四种形式：① 海关出具的"中华人民共和国原产地证书"；② 贸促会出具的"中华人民共和国原产地证书"；③ 出口商出具的"原产地证书"；④ 生产厂家出具的"原产地证书"。

2. RCEP产地证

RCEP的英文全称是"Regional Comprehensive Economic Partnership"，中文全称是"区域全面经济伙伴关系协定"，是2012年由文莱、柬埔寨、老挝、新加坡、泰国、越南、马来西亚、缅甸、印度尼西亚、菲律宾东盟10国发起，历时8年，由包括中国、日本、韩国、澳大利亚、新西兰和东盟十国共15方成员制定的自由贸易协定。2020年11月15日，第四次区域全面经济伙伴关系协定领导人会议以视频方式举行，会后东盟十国和中国、日本、韩国、澳大利亚、新西兰共15个亚太国家正式签署了《区域全面经济伙伴关系协定》。《区域全面经济伙伴关系协定》的签署，标志着当前世界上人口最多、经贸规模最大、最具发展潜力的自由贸易区正式启航。2023年6月2日，RCEP对菲律宾正式生效，标志着RCEP对15个成员国都已全面生效。

在我国，RCEP产地证的签发机构是中国海关和中国国际贸易促进会。

3. 其他主要产地证

目前，除了一般原产地证和RCEP产地证以外，还有以下16种主要区域性产地证：

（1）亚太贸易协定原产地证（Certificate of Origin under the Asia-Pacific Trade Agreement），也称FORM B。亚太贸易协定包括中国、韩国、斯里兰卡、孟加拉国、印度、老挝6个成员国。

（2）中国-东盟自由贸易区优惠原产地证（Asean-China Free Trade Area Preferential Tariff Certificate of Origin），也称FORM E。中国-东盟自由贸易区包括中国、文莱、柬埔寨、印度尼西亚、老挝、马来西亚、缅甸、菲律宾、新加坡、泰国和越南11个成员国。

（3）中国-巴基斯坦自由贸易区优惠原产地证（Certificate of Origin China-Pakistan FTA），也称FORM P。

（4）中国-智利自由贸易区原产地证（Certificate of Origin Form F for China-Chile FTA），也称FORM F。

（5）中国-新加坡自由贸易协定原产地证(China-Singapore Free Trade Area Preferential Tariff Certificate of Origin），也称FORM X。

（6）中国-新西兰自由贸易区优惠原产地证（Certificate of Origin Form for the Free Trade Agreement between the Government of the People's Republic of China and the Government of New Zealand），也称FORM N。

微课：制作RCEP产地证

素养点：
诚信品质

（7）中国-秘鲁自由贸易协定原产地证（Certificate of Origin Form for China-Peru FTA），也称FORM R。

（8）中国-哥斯达黎加自由贸易区原产地证（Certificate of Origin Form for China-Costa Rica Free Trade Agreement），也称FORM L。

（9）海峡两岸经济合作框架协议（Economic Cooperation Framework Agreement，ECFA）原产地证。

（10）中国-澳大利亚自由贸易区原产地证（Certificate of Origin Form for China-Australia Free Trade Agreement），也称FORM U。

（11）中国-韩国自由贸易协定原产地证（Certificate of Origin Form for China-Korea FTA），也称FORM K。

（12）中国-冰岛自由贸易协定原产地证（Certificate of Origin Form for China-Iceland FTA）。

（13）中国-毛里求斯自由贸易协定原产地证（Certificate of Origin Form for China-Mauritius FTA）。

（14）中国-格鲁吉亚自由贸易协定原产地证（Certificate of Origin Form for China-Georgia FTA）。

（15）中国-柬埔寨自由贸易协定原产地证（Certificate of Origin Form for China-Cambodia FTA）。

（16）中国-瑞士自由贸易协定原产地证（Certificate of Origin Form for China-Swiss Confederation FTA）。

<<<<<<<<<<<<< 习 题测验 <<<<<<<<<<<<<<<<<<<<<<<<<<<<<<<<<

（一）单项选择题

1. 以下原产地证书有关日期填写错误的是（　　　）。

A. 发票June 24, 2023，出口商声明June 27, 2023，签证June 29, 2023，出运July 1, 2023

B. 发票June 24, 2023，出口商声明June 27, 2023，签证June 29, 2023，出运June 25, 2023

C. 发票June 24, 2023，出口商声明June 27, 2023，签证June 27, 2023，出运July 1, 2023

D. 发票June 24, 2023，出口商声明June 24, 2023，签证June 24, 2023，出运July 1, 2023

2. 下列国家中，（　　　）不给予来自我国的进口产品RCEP协议待遇。

　　A. 新加坡　　　　　　　　B. 日本

　　C. 马来西亚　　　　　　　D. 美国

3. 根据我国规定，企业应最迟于货物从报关出运前（　　　）天向签证机构申请办理一般原产地证书。

　　A. 3　　　　　　　　　　B. 5

　　C. 7　　　　　　　　　　D. 14

（二）判断题

1. 如信用证要求所有单据显示信用证号码等内容，通常在产地证"货物描述"栏内填完加注内容后，再加结束符。（　　　）

2. RCEP产地证适用于出口到印度的业务。（　　　）

3. 如申报日期迟于出运日期，则签证机构不予签发原产地证书。（　　　）

4. 由中国贸促会签发的一般原产地证的"运输方式"一栏中的装运港可以是香港和澳门。（　　　）

5. 一般原产地证只证明货物来源国家（地区），进口国海关征税时采用普通关税。（　　　）

6. 信用证规定所有单证收货人一栏留空，但产地证"收货人"一栏不得空白。（　　　）

7. 在信用证支付方式下，一般原产地证的制单依据主要包括信用证、商业发票和装箱单等。（　　　）

能 力实训 <<<<<<<<<<<<<<<<<<<<<<<<<<<<<<<<<<<<<<<<<<<<<<<<<<<<

◆ 能力实训1：前T/T+即期L/C支付方式下制作和办理一般原产地证的操作

上接学习情境三中的能力实训1：前T/T+即期L/C支付方式下制作订舱委托书和办理订舱操作。2023年6月28日，福建宫平进出口有限公司外贸单证员陶勇收到福建双牛国际货运代理有限公司的通知，已按要求订妥马士基航运公司的舱位：船期为2023年7月8日，船名为MaerskSamia Maersk，航次为808，2个40英尺集装箱整箱。7月4日，外贸单证员陶勇根据下面的信用证、商业发票、装箱单和其他信息制作一般原产地证，向福建省贸促会申请办理一般原产地证。

1. 信用证

MT 700		ISSUE OF A DOCUMENTARY CREDIT

SEQUENCE OF TOTAL	27 :	1 / 1
FORM OF DOC. CREDIT	40A :	IRREVOCABLE
DOC. CREDIT NUMBER	20 :	BOCL20230625
DATE OF ISSUE	31C :	230505
APPLICABLE RULES	40E :	UCP LATEST VERSION
DATE AND PLACE OF EXPIRY	31D :	230915 CHINA
APPLICANT	50 :	KEVIN FOOTWEAR INC.
		NO. 1 CAT RD., LONDON, U.K.
BENEFICIARY	59 :	FUJIAN GONGPING I/E CO., LTD.
		NO. 5 RENMIN RD., FUZHOU, CHINA
AMOUNT	32B :	CURRENCY USD AMOUNT 102 144. 00
AVAILABLE WITH/BY	41D :	ANY BANK IN CHINA,
		BY NEGOTIATION
DRAFTS AT ...	42C :	AT SIGHT
DRAWEE	42A :	BANK OF CHINA，LONDON
TRANSSHIPMENT	43T :	ALLOWED
PORT OF LOADING/ AIRPORT OF DEPARTURE	44E :	XIAMEN, CHINA
PORT OF DISCHARGE	44F :	LONDON, U.K.
SHIPMENT PERIOD	44D :	2 400 PAIRS OF ARTICLE NO. 5001 AND 2 400 PAIRS OF ARTICLE NO. 5002 SHIPPED IN JUL. 2023; 2 400 PAIRS OF ARTICLE NO. 5001 AND 2 400 PAIRS OF ARTICLE NO. 5002 SHIPPED IN AUG. 2023
DESCRIPTION OF GOODS AND/OR SERVICES	45A :	PAC BOOTS AS PER ORDER NO.8778

ART. NO.　QUANTITY　UNIT PRICE　　AMOUNT

5001　4 800PAIRS　USD15.60/PAIR　USD74 880.00

5002　4 800PAIRS　USD14.80/PAIR　USD71 040.00

AT CFR LONDON, U.K. AS PER INCOTERMS® 2020

DOCUMENTS REQUIRED	46A :	+ SIGNED IN INK INVOICE IN QUADRUPLICATE.

+ FULL SET OF CLEAN ON BOARD OCEAN

		BILLS OF LADING MARKED "FREIGHT PREPAID" MADE OUT TO ORDER OF ISSUING BANK NOTIFYING THE APPLICANT. + PACKING LIST IN QUADRUPLICATE. + CERTIFICATE OF ORIGIN CERTIFIED BY CHAMBER OF COMMERCE OR CCPIT. + SHIPPING ADVICE SHOWING THE NAME OF THE CARRYING VESSEL, DATE OF SHIPMENT, MARKS, QUANTITY, NET WEIGHT AND GROSS WEIGHT OF THE SHIPMENT TO THE APPLICANT WITHIN 1 DAY AFTER THE DATE OF BILL OF LADING.
ADDITIONAL CONDITIONS	47A :	+ ALL DOCUMENTS MUST INDICATE THE NUMBER OF THIS CREDIT. + ALL PRESENTATIONS CONTAINING DISCREPANCIES WILL ATTRACT A DISCREPANCY FEE OF USD50.00 PLUS TELEX COSTS OR OTHER CURRENCY EQUIVALENT. THIS CHARGE WILL BE DEDUCTED FROM THE BILL AMOUNT WHETHER OR NOT WE ELECT TO CONSULT THE APPLICANT FOR A WAIVER.
CHARGES	71D :	ALL CHARGES OUT OF ISSUING BANK ARE FOR ACCOUNT OF BENEFICIARY.
CONFIRMATION INSTRUCTIONS	49 :	WITHOUT
INSTRUCTIONS TO THE PAYING / ACCEPTING / NEGOTIATING BANK	78 :	ALL DOCUMENTS ARE TO BE REMITTED IN TWO LOTS BY COURIER TO BANK OF CHINA, LONDON, 90 CANNON STREET, LONDON EC4N 6HA, U.K.

2. 商业发票

<table>
<tr><td colspan="6" align="center">FUJIAN GONGPING I/E CO., LTD.
NO. 5 RENMIN RD., FUZHOU, CHINA
TEL：0086-591-73757622 FAX：0086-591-73757626

COMMERCIAL INVOICE</td></tr>
<tr><td>To:</td><td colspan="3">KEVIN FOOTWEAR INC.
NO. 1 CAT RD., LONDON, U.K.</td><td>Invoice No.:</td><td>23GP0101</td></tr>
<tr><td></td><td colspan="3"></td><td>Invoice Date:</td><td>JUN. 28, 2023</td></tr>
<tr><td></td><td colspan="3"></td><td>S/C No.:</td><td>GP2399</td></tr>
<tr><td></td><td colspan="3"></td><td>S/C Date:</td><td>APR. 19, 2023</td></tr>
<tr><td>From:</td><td colspan="2">XIAMEN, CHINA</td><td>To:</td><td colspan="2">LONDON, U.K.</td></tr>
<tr><td>Marks and Numbers</td><td>Number and Kind of Package
Description of Goods</td><td>Quantity</td><td>Unit Price</td><td colspan="2">Amount</td></tr>
<tr><td>N/M</td><td colspan="5">CFR LONDON, U.K. AS PER INCOTERMS® 2020</td></tr>
<tr><td></td><td>PAC BOOTS
ART. NO. 5001
ART. NO. 5002
AS PER ORDER NO.8778
PACKED IN 800 CARTONS.</td><td>2 400PAIRS
2 400PAIRS</td><td>USD15.60/PAIR
USD14.80/PAIR</td><td colspan="2">USD37 440.00
USD35 520.00</td></tr>
<tr><td></td><td align="right">TOTAL:</td><td>4 800PAIRS</td><td></td><td colspan="2">USD 72 960.00</td></tr>
<tr><td>SAY TOTAL:</td><td colspan="5">U.S. DOLLARS SEVENTY TWO THOUSAND NINE HUNDRED AND SIXTY ONLY.</td></tr>
<tr><td colspan="6">L/C NO. BOCL20230625

FUJIAN GONGPING I/E CO., LTD.
王宫平</td></tr>
</table>

3. 装箱单

<table>
<tr><td colspan="8" align="center">FUJIAN GONGPING I/E CO., LTD.
NO. 5 RENMIN RD., FUZHOU, CHINA
TEL：0086-591-73757622　FAX：0086-591-73757626

PACKING LIST</td></tr>
<tr><td>To:</td><td colspan="3">KEVIN FOOTWEAR INC.
NO. 1 CAT RD., LONDON, U.K.</td><td colspan="2">Invoice No.:</td><td colspan="2">23GP0101</td></tr>
<tr><td colspan="4" rowspan="3"></td><td colspan="2">Invoice Date:</td><td colspan="2">JUN. 28, 2023</td></tr>
<tr><td colspan="2">S/C No.:</td><td colspan="2">GP2399</td></tr>
<tr><td colspan="2">S/C Date:</td><td colspan="2">APR. 19, 2023</td></tr>
<tr><td>From:</td><td colspan="2">XIAMEN, CHINA</td><td>To:</td><td colspan="4">LONDON, U.K.</td></tr>
<tr><td>Marks and Numbers</td><td>Number and Kind of Package Description of Goods</td><td>Quantity</td><td>Package</td><td colspan="2">G.W</td><td>N.W</td><td>Meas.</td></tr>
<tr><td>N/M</td><td>PAC BOOTS
ART. NO. 5001
ART. NO. 5002</td><td>2 400PAIRS
2 400PAIRS</td><td>400CTNS
400CTNS</td><td colspan="2">6 920KGS
5 840KGS</td><td>5 040KGS
4 000KGS</td><td>51.52M^3
51.52M^3</td></tr>
<tr><td></td><td align="right">TOTAL:</td><td>4 800PAIRS</td><td>800CTNS</td><td colspan="2">12 760KGS</td><td>9 040KGS</td><td>103.04M^3</td></tr>
<tr><td>SAY TOTAL:</td><td colspan="7">EIGHT HUNDRED CARTONS ONLY.</td></tr>
<tr><td colspan="8">L/C NO. BOCL 20230625</td></tr>
</table>

4. 其他信息

雪地靴的原材料都是来自中国，HS编码为6403120090。

▲请外贸单证员陶勇完成以下工作任务：

1. 制作一般原产地证。

2. 办理一般原产地证。

◆能力实训2：远期L/C支付方式下制作和办理一般原产地证操作

上接学习情境四中的能力实训2：远期L/C支付方式下制作出境货物报检单和办理报检操作，南京辉皇食品有限公司外贸单证员方萍在2023年4月29日，根据下面的信用证、商业发票和装箱单制作一般原产地证，向南京市贸促会申请办理一般原产地证。

1. 信用证

MT 700	ISSUE OF A DOCUMENTARY CREDIT
APPLICATION HEADER	RJHISARI
	*ALRAJHI BANKING AND INVESTMENT
	CORPORATION
	*RIYADH (HEAD OFFICE)
SEQUENCE OF TOTAL	27 : 1 / 1
FORM OF DOC. CREDIT	40 A : IRREVOCABLE
DOC. CREDIT NUMBER	20 : LC123
DATE OF ISSUE	31 C : 230317
DATE/PLACE OF EXPIRY	31 D : 230527 CHINA
APPLICANT	50 : RED FLOWER TRADING CO.
	P.O. BOX 536, RIYADH 22766, SAUDI ARABIA
	TEL: 00966-1-4659215 FAX: 00966-1-4659217
BENEFICIARY	59 : NANJING HUIHUANG FOODS CO., LTD.
	YUN MANSION RM3908 NO.85 FUZI RD.,
	NANJING 210005, CHINA
	TEL: 0086-025-84715000 FAX: 0086-025-84711111
AMOUNT	32B : CURRENCY USD AMOUNT 13 600.00
PERCENTAGE CREDIT	39A : 10/10
AMOUNT TOLERANCE	
AVAILABLE WITH/BY	41D : ANY BANK IN CHINA,
	BY NEGOTIATION
DRAFTS AT ...	42C : 30 DAYS AFTER B/L DATE
DRAWEE	42A : RJHISARI
	*ALRAJHI BANKING AND INVESTMENT
	*CORPORATION
	*RIYADH (HEAD OFFICE)
PARTIAL SHIPMENTS	43P : NOT ALLOWED
TRANSSHIPMENT	43T : NOT ALLOWED

PORT OF LOADING/ AIRPORT OF DEPARTURE	44E : CHINESE MAIN PORT
PORT OF DISCHARGE	44F : DAMMAM PORT, SAUDI ARABIA
LATEST DATE OF SHIPMENT	44C : 230517
GOODS DESCRIPTION	45A : ABOU T 1 700 CARTONS CANNED MUSHROOM PIECES & STEMS 24 TINS × 220 GRAMS NET WEIGHT (G.W. 420 GRAMS) AT USD8.00 PER CARTON, ROSE BRAND, CIF DAMMAM PORT, SAUDI ARABIA AS PER INCOTERMS® 2020, AS PER S/C NO. UY90, DATED FEB. 22, 2023.
DOCUMENTS REQUIRED	46A : +SIGNED COMMERCIAL INVOICE MANUALLY IN TRIPLICATE AND MUST SHOW BREAK DOWN OF THE AMOUNT AS FOLLOWS: FOB VALUE, FREIGHT CHARGES, PREMIUM AND TOTAL AMOUNT CIF.
	+ FULL SET CLEAN ON BOARD BILLS OF LADING MADE OUT TO THE ORDER OF ALRAJHI BANKING AND INVESTMENT CORPORATION, MARKED FREIGHT PREPAID AND NOTIFY APPLICANT, INDICATING THE FULL NAME, ADDRESS AND TEL NO. OF THE CARRYING VESSEL'S AGENT AT THE PORT OF DISCHARGE.
	+ SIGNED PACKING LIST MANUALLY IN TRIPLICATE.
	+ INSURANCE POLICY IN DUPLICATE ENDORSED IN BLANK COVERING W.P.A. OF CIC OF PICC.
	+ INSPECTION (HEALTH) CERTIFICATE FROM THE CUSTOMS, P. R. CHINA STATING GOODS ARE FIT FOR HUMAN BEING.
	+ CERTIFICATE OF ORIGIN DULY CERTIFIED BY CCPIT, STATING THE NAME OF THE MANUFACTURERS OR PRODUCERS AND

		THAT GOODS EXPORTED ARE WHOLLY OF CHINESE ORIGIN.
		+ THE PRODUCTION DATE OF THE GOODS NOT TO BE EARLIER THAN HALF MONTH AT TIME OF SHIPMENT. BENEFICIARY MUST CERTIFY THE SAME.
ADDITIONAL CONDITIONS	47A :	+A DISCREPANCY FEE OF USD50.00 WILL BE IMPOSED ON EACH SET OF DOCUMENTS PRESENTED FOR NEGOTIATION UNDER THIS L/C WITH DISCREPANCY. THE FEE WILL BE DEDUCTED FROM THE BILL AMOUNT.
CHARGES	71D :	ALL CHARGES OUTSIDE SAUDI ARABIA ON BENEFICIARIES' ACCOUNT INCLUDING REIMBURSING COMMISSION, DISCRE-PANCY FEE (IF ANY) AND COURIER CHARGES.
PERIOD FOR PRESENTATION IN DAYS	48 :	010
CONFIRMATION INSTRUCTIONS	49 :	WITHOUT
REIMBURSING BANK	53D :	ALRAJHI BANKING AND INVESTMENT CORPORATION RIYADH (HEAD OFFICE)
INSTRUCTIONS TO THE PAYING / ACCEPTING / NEGOTIATING BANK	78 :	DOCUMENTS TO BE DESPATCHED IN ONE LOT BY COURIER. ALL CORRESPONDENCE TO BE SENT TO ALRAJHI BANKING AND INVESTMENT CORPORATION RIYADH (HEAD OFFICE).
SENDER TO RECEIVER INFORMATION	72Z :	REIMBURSEMENT IS SUBJECT TO ICC URR 525.

2. 商业发票

NANJING HUIHUANG FOODS CO., LTD. YUN MANSION RM3908 NO.85 FUZI RD., NANJING 210005, CHINA TEL: 0086-025-84715000 FAX: 0086-025-84711111 COMMERCIAL INVOICE					

To:	RED FLOWER TRADING CO. P.O. BOX 536, RIYADH 22766, SAUDI ARABIA TEL: 00966-1-4659215 FAX: 00966-1-4659217		Invoice No.:	2023NHT098	
				Invoice Date:	APR. 29, 2023
				S/C No.:	UY90
				S/C Date:	FEB. 22, 2023
From:	SHANGHAI, CHINA		To:	DAMMAM PORT, SAUDI ARABIA	
Marks and Numbers	Number and Kind of Package Description of Goods	Quantity	Unit Price	Amount	
RFT ROSE BRAND RIYADH C/NO: 1-1750	CIF DAMMAM PORT, SAUDI ARABIA AS PER INCOTERMS® 2020 CANNED MUSHROOM PIECES & STEMS 24 TINS × 220 GRAMS NET WEIGHT (G.W. 420 GRAMS), ROSE BRAND	1 750CTNS	USD8.00/CTN	USD14 000.00	
	TOTAL:	1 750CTNS		USD14 000.00	
SAY TOTAL:	U.S. DOLLARS FOURTEEN THOUSAND ONLY.				
FOB VALUE：USD12 920.00 FREIGHT CHARGES：USD2 000.00 PREMIUM：USD80.00 <div align="right">NANJING HUIHUANG FOODS CO., LTD.</div> <div align="right">章　胜</div>					

3. 装箱单

NANJING HUIHUANG FOODS CO., LTD.						
YUN MANSION RM3908 NO.85 FUZI RD., NANJING 210005, CHINA						
TEL: 0086-025-84715000 FAX: 0086-025-84711111						
PACKING LIST						
To:	RED FLOWER TRADING CO. P.O. BOX 536, RIYADH 22766, SAUDI ARABIA TEL: 00966-1-4659215 FAX: 00966-1-4659217		Invoice No.:	2023NHT098		
			Invoice Date:	APR. 29, 2023		
			S/C No.:	UY90		
			S/C Date:	FEB. 22, 2023		
From:	SHANGHAI, CHINA	To:	DAMMAM PORT, SAUDI ARABIA			
Marks and Numbers	Number and Kind of Package Description of Goods	Quantity	Package	G.W	N.W	Meas.
RFT ROSE BRAND RIYADH C/NO: 1-1750	CANNED MUSHROOM PIECES & STEMS	1 750CTNS	1 750CTNS	17 640KGS	9 240KGS	26.25M^3
	TOTAL:	1 750CTNS	1 750CTNS	17 640KGS	9 240KGS	26.25M^3
SAY TOTAL:	ONE THOUSAND SEVEN HUNDRED AND FIFTY CARTONS ONLY.					
	NANJING HUIHUANG FOODS CO., LTD. 章 胜					

▲请外贸单证员方萍完成以下工作任务：

1. 制作一般原产地证。

2. 办理一般原产地证。

◆能力实训3：前T/T+即期D/P支付方式下制作和办理一般原产地证操作

上接学习情境三中的能力实训3：前T/T+即期D/P支付方式下制作订舱委托书和办理订舱操作，2023年6月14日，青岛联江有限公司外贸单证员刘美收到浙江海洲国际货运代理有限公司的通知，已按要求订妥中国外运公司船期为2023年6月21日，船名为COSCO RAN，航次为499E，青岛港口装1个20英尺柜，宁波港口装1个20英尺柜。6月14日，外贸单证员刘美根据下面的外贸合同、商业发票、装箱单和其他信息制作RCEP产地证，向青岛市贸促会申请办理RCEP产地证。

1. 外贸合同

QINGDAO LIANJIANG CO., LTD.

No.2 Taiping St. Qingdao, China

Tel: 0086-532-88391926 Fax: 0086-532-88391928

S/C No.: 2023072　　　　　　　　　　　　　　　Date: May 13, 2023

SALES CONTRACT

TO: Taka Co., Ltd.

12-15, Aza shinbo, Ohaza Yamaya, Osaka, Japan

Tel: 0081-665-39-3123　Fax: 0081-665-39-3133

Dear sirs,

We hereby confirm having sold to you the following goods on terms and conditions as specified below:

1. Commodity & Specification	2. Quantity	3. Unit Price	4. Amount
FOB Qingdao, China as per INCOTERMS® 2020			
(1) Door Handle			
Article No.DH5010	4 500 pairs	USD8.80/ pair	USD39 600.00
Article No.DH5020	4 500 pairs	USD8.50/ pair	USD38 250.00
(2) Spirit Level			
Article No.19161	8 820 pcs	USD2.00/ pc	USD17 640.00
Article No.19163	14 700 pcs	USD2.20/ pc	USD32 340.00
Total			USD127 830.00
Total Contract Value: U.S.DOLLARS ONE HUNDRED TWENTY SEVEN THOUSAND EIGHT HUNDRED THIRTY ONLY.			

5. Packing: Door Handle packed in 20 pairs/carton, Spirit Level packed in 60 pieces/carton.

---

6. Marks: TAKA in a circle/OSAKA.

7. Shipment: Shipped from Qingdao, China to Osaka, Japan not later than Jun. 30, 2023; Partial shipment and transshipment are prohibited.

8. Payment: 20% of proceeds paid by T/T before May 27, 2023, 80% of proceeds paid by D/P at sight.

Our Bank: Bank of China, Qingdao Branch.

No. 25 Shandong Rd. Qingdao, China

A/C No.: 80020002700605309

THE BUYER:	THE SELLER:
TAKA CO., LTD.	QINGDAO LIANJIANG CO., LTD.
TAKA	联 江

2. 商业发票

QINGDAO LIANJIANG CO., LTD.

No.2 Taiping St. Qingdao, China

Tel: 0086-532-88391926 Fax: 0086-532-88391928

COMMERCIAL INVOICE

To:	Taka Co., Ltd. 12-15, Aza shinbo, Ohaza Yamaya, Osaka, Japan Tel: 0081-665-39-3123 Fax: 0081-665-39-3133		Invoice No.:	LJ23071
			Invoice Date:	Jun. 14, 2023
			S/C No.:	2023072
			S/C Date:	May 13, 2023
From:	Qingdao, China	To:	Osaka, Japan	
Marks and Numbers	Number and Kind of Package Description of Goods	Quantity	Unit Price	Amount
TAKA OSAKA	FOB Qingdao, China as per INCOTERMS® 2020			
	(1) Door Handle			
	Article No.DH5010	4 500 pairs	USD8.80/ pair	USD39 600.00
	Article No.DH5020	4 500 pairs	USD8.50/ pair	USD38 250.00
	(2) Spirit Level			
	Article No.19161	8 820 pcs	USD2.00/ pc	USD17 640.00
	Article No.19163	14 700 pcs	USD2.20/ pc	USD32 340.00

TOTAL:			USD127 830.00
SAY TOTAL:	U.S.DOLLARS ONE HUNDRED TWENTY SEVEN THOUSAND EIGHT HUNDRED THIRTY ONLY.		
	QINGDAO LIANJIANG CO., LTD.　　　　　　联　江		

3. 装箱单

QINGDAO LIANJIANG CO., LTD.

No.2 Taiping St. Qingdao, China

Tel: 0086-532-88391926 Fax: 0086-532-88391928

PACKING LIST

To:	Taka Co., Ltd. 12-15, Aza shinbo, Ohaza Yamaya, Osaka, Japan Tel: 0081-665-39-3123 Fax: 0081-665-39-3133		Invoice No.:	LJ23071		
			Invoice Date:	Jun. 14, 2023		
			S/C No.:	2023072		
			S/C Date:	May 13, 2023		
From:	Qingdao, China	To:	Osaka, Japan			
Marks and Numbers	Number and Kind of Package Description of Goods	Quantity	Package	G.W	N.W	Meas.
TAKA OSAKA	(1) Door Handle Article No.DH5010 Article No.DH5020 (2) Spirit Level Article No.19161 Article No.19163	 4 500 pairs 4 500 pairs 8 820 pcs 14 700 pcs	 225ctns 225ctns 147ctns 245ctns	 4 162.5kgs 4 050kgs 2 352kgs 4 165kgs	 3 937.5kgs 3 825kgs 2 205kgs 3 920kgs	 12.325M^3 12.325M^3 8.467M^3 18.816M^3
	TOTAL:		842ctns	14 729.5kgs	13 887.5kgs	51.933M^3
SAY TOTAL:	EIGHT HUNDRED AND FORTY TWO CARTONS ONLY.					

4. 其他信息

（1）门把手的 HS 编码为 8302420000。

（2）水平尺的 HS 编码为 9015300000。

▲请外贸单证员刘美完成以下工作任务：

1. 制作 RCEP 产地证。

2. 办理 RCEP 产地证。

[调查研究与善作善成]

1. 调研主题

贸易强国与 RECP 产地证。

2. 调研步骤

（1）以小组为单位，调研搜集与 RCEP 和 RCEP 产地证相关的资料和案例。

（2）根据调研资料，讨论研究形成调研报告。

（3）根据调研报告制作 PPT。

（4）每组派代表在课堂上分享本组调研成果。

3. 调研成果

（1）调研报告。

（2）PPT。

【学习目标】

素养目标:
- 具备遵纪守法、依法从业的意识
- 树立零差错、高效率、求极致的精益求精单证观

技能目标:
- 能够制作报关单
- 能够制作报关委托书
- 能够办理委托报关

知识目标:
- 熟悉报关的含义和单位
- 熟悉报关的流程
- 熟悉报关单

【思维导图】

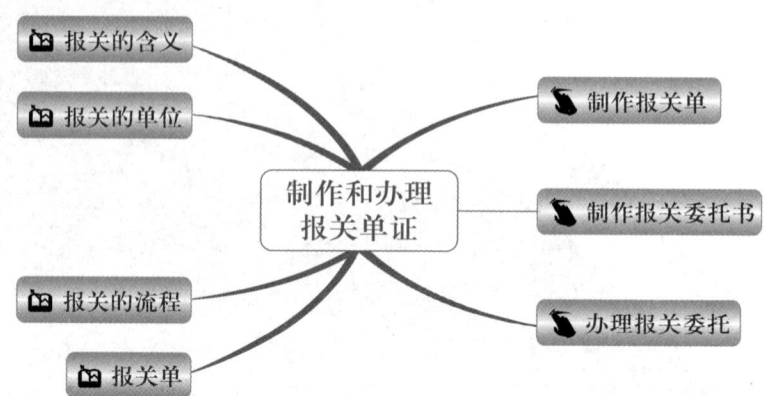

项目背景

2023年5月9日，当浙江海洲国际货运代理有限公司通知配舱成功之后，浙江金苑进出口有限公司外贸单证员陈红应根据以下相关信息马上办理、制作和备齐出口货物报关单、报关委托书等报关单证，寄给浙江海洲国际货运代理有限公司，委托其办理报关手续。

1. 商业发票

同学习情境三项目背景中的商业发票。

2. 装箱单

同学习情境三项目背景中的装箱单。

3. 其他信息

（1）浙江金苑进出口有限公司的海关注册登记代码是3101916666，统一社会信用代码是913300001429121 33P。

（2）国外运费为USD900.00，保险费为USD119.28。

（3）女式夹克的法定计量单位为件/千克。

任务分解

外贸单证员陈红需完成的工作任务包括：

工作任务1　制作出口货物报关单

工作任务2　制作报关委托书并办理委托报关

任务完成 <<<<<<<<<<<<<<<<<<<<<<<<<<<<<<<<<<<<<<<<<<<<<<<<<<<<<<<

任务1　制作出口货物报关单

浙江金苑进出口有限公司外贸单证员陈红按照"正确、完整、及时、简明和整洁"的制单要求，制作的出口货物报关单如表6-1所示。

素养点：
精益求精单证观

1. 预录入编号

预录入编号是指申报单位或预录入单位对该单位填制录入的报关单的编号，用于该单位与海关之间引用其申报后尚未批准放行的报关单。

报关单录入凭单的编号规则由申报单位自行决定。预录入报关单及EDI报关单的预录入编号由接受申报的海关决定编号规则，计算机自动打印。

2. 海关编号

海关编号是指海关接受申报时给予报关单的编号。

3. 出境关别

本栏目应根据货物实际出境的口岸海关，填报海关规定的"关区代码表"中相应口岸海关的名称及代码。出口转关运输货物填报货物出境地海关名称及代码。按转关运输方式监管的跨关区深加工结转货物，出口报关单填报转出地海关名称及代码。在不同海关特殊监管区域或保税监管场所之间调拨、转让的货物，填报对方海关特殊监管区域或保税监管场所所在地海关名称及代码。其他无实际出境的货物，填报接受申报的海关名称及代码。

本业务填写的内容为：上海海关（2200）。

4. 出口日期

出口日期是指运载出口货物的运输工具办结出境手续的日期，在申报时免予填报。无实际出境的货物，填报海关接受申报的日期。出口日期为8位数字，顺序为年（4位）、月（2位）、日（2位）。例如"20230620"。

本业务填写的内容为：暂时不填。

5. 申报日期

申报日期是指海关接受出口货物发货人、受委托的报关企业申报数据的日期。以电子数据报关单方式申报的，申报日期为海关计算机系统接受申报数据时记录的日期。以纸质报关单方式申报的，申报日期为海关接受纸质报关单并对报关单进行登记处理的日期。申报日期为8位数字，顺序为年（4位）、月（2位）、日（2位）。

本业务填写的内容为：暂时不填。

表 6-1 出口货物报关单

中华人民共和国海关出口货物报关单

预录入编号：　　　　海关编号：　　　　申报现场：　　　　页码/页数：1/1

境内发货人 浙江金苑进出口有限公司91330001142912133P	出境关别（2200） 上海海关	出口日期	申报日期	备案号
境外收货人（AEO认证编号） SIK GMBH & CO. KG	运输方式（2） 水路运输	运输工具名称及航次号 EVER LIVELY. VOY. NO. 0392W	提运单号	
生产销售单位 浙江金苑进出口有限公司91330001142912133P	监管方式（0110） 一般贸易	征免性质（101） 一般征税	许可证号	
合同协议号 ZJJY2339	贸易国（地区）（DEU） 德国	运抵国（地区）（DEU） 德国	指运港（DEU063） 汉堡（德国）	离境口岸（310001） 上海
包装种类（22） 纸箱	件数 502	毛重/千克 5 020.00	净重/千克 4 518.00	成交方式（1） CIF	运费 USD/900.00/3	保费 USD/119.28/3	杂费
随附单证及编号				
标记唛码及备注	SIK ZJJY2339 L357/ L358 HAMBURG, GERMANY C/NO.: 1–502			

项号	商品编号	商品名称及规格型号	数量及单位	单价/总价/币制	原产国（地区）	最终目的国（地区）	境内货源地	征免
01	6204320090	女式夹克 100%棉	4 518件 4 518千克 4 518件	12.00 54 216.00 美元（USD）	中国 （CHN）	德国 （DEU）	嘉兴（33049）	照章征税 （1）

特殊关系确认：否　　　价格影响确认：否　　　支付特许权使用费确认：否　　　自报自缴：否

报关人员：陈红　　　报关人员证号：　　　电话：0571-86739177　　　兹声明对以上内容承担如实申报缴纳税之法律责任（签章）　　　海关批注及签章

申报单位：浙江金苑进出口有限公司　　　申报单位（签章）　　　免税进出口有限责任公司报关专用章

6. 境内发货人

本栏目填报在海关备案的对外签订并执行出口贸易合同的中国境内法人、其他组织名称及编码。编码填报18位法人和其他组织统一社会信用代码，没有统一社会信用代码的，填报其在海关的备案编码。出口货物合同的签订者和执行者非同一企业的，填报执行合同的企业。

本业务填写的内容为：浙江金苑进出口有限公司 91330000142912133P

7. 境外收货人

境外收货人通常是指签订并执行出口贸易合同中的买方或合同指定的收货人。

本栏目填报境外收货人的名称及编码。名称一般填报英文名称，检验检疫要求填报其他外文名称的，在英文名称后填报，以半角括号分隔；对于AEO互认国家（地区）企业的，编码填报AEO编码，填报样式为："国别（地区）代码+海关企业编码"，例如：新加坡AEO企业SG123456789012（新加坡国别代码+12位企业编码）；非互认国家（地区）AEO企业等其他情形，编码免予填报。特殊情况下无境外收货人的，名称及编码填报"NO"。

本业务填写的内容为：SIK GMBH & CO. KG

8. 生产销售单位

本栏目填报出口货物在境内的生产或销售单位的名称和编码。

名称包括：①自行出口货物的单位；②委托进出口企业出口货物的单位；③免税品经营单位经营出口退税国产商品的，填报该免税品经营单位统一管理的免税店。

编码填报18位法人和其他组织统一社会信用代码。无18位统一社会信用代码的，填报"NO"。

本业务填写的内容为：浙江金苑进出口有限公司 91330000142912133P

9. 运输方式

运输方式包括实际运输方式和海关规定的特殊运输方式，前者是指货物实际出境的运输方式，按出境所使用的运输工具分类；后者是指货物无实际出境的运输方式，按货物在境内的流向分类。

本栏目根据货物实际出境的运输方式或货物在境内流向的类别，按照海关规定的"运输方式代码表"选择填报相应的运输方式及代码，常见的有水路运输（代码2）、铁路运输（代码3）、公路运输（代码4）、航空运输（代码5）、邮件运输（代码6）。无实际进出境货物在境内流转时，境内非保税区运入保税区货物和保税区退区货物，填报"非保税区"（代码0）；保税区运往境内非保税区货物，填报"保税区"（代码7）；境内存入出口监管仓库和出口监管仓库退仓货物，填报"监管仓库"（代码1）；保税仓库转内销货物或转加工贸易货物，填报"保税仓库"（代码8）。

本业务填写的内容为：水路运输（2）

10. 运输工具名称及航次号

本栏目填报载运货物出境的运输工具名称或编号及航次号。填报内容应与运输部门向海关申报的舱单（载货清单）所列相应内容一致。

直接在出境地或采用全国通关一体化通关模式办理报关手续的报关单，运输工具名称及航次号填报要求如下：

（1）水路运输。填报船舶编号（来往港澳地区的小型船舶为监管簿编号）或者船舶英文名称/航次号。

（2）公路运输。启用公路舱单前，填报该跨境运输车辆的国内行驶车牌号/运输车辆的8位进出境日期，深圳提前报关模式的报关单填报国内行驶车牌号+"/"+"提前报关"+运输车辆的8位进出境日期。启用公路舱单后，只填报货物运输批次号。

（3）铁路运输。填报车厢编号或交接单号/列车进出境日期。

（4）航空运输。只填报航班号。

（5）邮件运输。填报邮政包裹单号/运输工具的进出境日期。

（6）其他运输。只填报具体运输方式的名称，如管道、驮畜等。

本业务填写的内容为：EVER LIVELY，VOY. NO. 0392W

11. 提运单号

本栏目填报进出口货物提单或运单的编号。一份报关单只允许填报一个提单或运单号，一票货物对应多个提单或运单时，应分单填报。

直接在进出境地或采用全国一体化通关模式办理报关手续的，提运单号填报要求如下：

（1）水路运输。填报进出口提单号。如有分提单的，填报进出口提单号+"*"+分提单号。

（2）公路运输。启用公路舱单前，免予填报；启用公路舱单后，填报进出口总运单号。

（3）铁路运输。填报运单号。

（4）航空运输。填报总运单号+"−"+分运单号，无分运单的填报总运单号。

（5）邮件运输。填报邮运包裹单号。

本业务填写的内容为：暂时不填

12. 监管方式

本栏目根据实际对外贸易情况，按海关规定的"监管方式代码表"选择填报相应的监管方式简称及代码。一份报关单只允许填报一种监管方式。

本业务填写的内容为：一般贸易（0110）

13. 征免性质

本栏目根据实际情况按海关规定的"征免性质代码表"选择填报相应的征免性质简称及代码。一份报关单只允许填报一种征免性质。

本业务填写的内容为：一般征税（101）

14. 备案号

本栏目填报海关核发的《加工贸易手册》、海关特殊监管区域和保税监管场所保税账册、《征免税证明》或其他备案审批文件的编号。一份报关单只能填报一个备案号。

本业务填写的内容为：无

15. 许可证号

本栏目填报出口许可证、两用物项和技术出口许可证、两用物项和技术出口许可证（定向）、纺织品临时出口许可证、出口许可证（加工贸易）、出口许可证（边境小额贸易）的编号。一份报关单只允许填报一个许可证号。

本业务填写的内容为：无

16. 合同协议号

本栏目应填报进出口货物合同（包括协议或订单）编号。未发生商业性交易的免予填报。

本业务填写的内容为：ZJJY2339

17. 贸易国（地区）

本栏目填报售予国（地区）。未发生商业性交易的填报货物所有权拥有者所属的国家（地区）。

本栏目按海关规定的"国别（地区）代码表"，选择填报相应的贸易国（地区）的中文名称及代码。

本业务填写的内容为：德国（DEU）

18. 运抵国（地区）

本栏目填报出口货物离开我国关境直接运抵或者在运输中转国（地区）未发生任何商业性交易的情况下最后运抵的国家（地区）。

本栏目应按海关规定的"国别（地区）代码表"选择填报相应的运抵国（地区）的中文名称或代码。

本业务填写的内容为：德国（DEU）

19. 指运港

本栏目填报出口货物运往境外的最终目的港；最终目的港不可预知的，按尽可能预知的目的港填报。在"港口代码表"中无港口名称及代码的，可选择填报相应的国家名称及代码。无实际进出境货物的，填报"中国境内"及代码。

本业务填写的内容为：汉堡（德国）（DEU063）

20. 离境口岸

本栏目填报装运出境货物的跨境运输工具离境的第一个境内口岸的中文名称及代码。采取多式联运跨境运输的，填报多式联运货物最初离境的境内口岸的中文名称及代码。过境货物填报货物离境的第一个境内口岸的中文名称及代码。从海关特殊监管区域或保税监管场所离境的，填报海关特殊监管区域或保税监管场所的中文名称及代码。其他无实际出境的货物，填报货物所在地的城市名称及代码。

本业务填写的内容为：上海（310001）

21. 包装种类

本栏目填报出口货物的所有包装材料，包括运输包装和其他包装，按海关规定的"包装种类代码表"选择填报相应的包装种类名称及代码。运输包装指提运单所列货物件数单位对应的包装。其他包装包括货物的各类包装，以及植物性铺垫材料等。

本业务填写的内容为：纸箱（22）

22. 件数

本栏目应填报出口货物运输包装的件数（按运输包装计）。

特殊情况下的填报要求为：①舱单件数为集装箱的，填报集装箱个数；②舱单件数为托盘的，填报托盘数；③本栏目不得填报为零，裸装货物填报为1。

本业务填写的内容为：502

23. 毛重（千克）

本栏目填报出口货物及其包装材料的重量之和，计量单位为千克，不足1千克的填报为"1"。

本业务填写的内容为：5020.00

24. 净重（千克）

本栏目填报出口货物的毛重减去外包装材料后的重量，即货物本身的实际重量，计量单位为千克，不足1千克的填报为"1"。

本业务填写的内容为：4518.00

25. 成交方式

本栏目根据出口货物实际成交价格条款，按海关规定的"成交方式代码表"选择填报相应的成交方式代码，常见的有CIF（代码1）、C&F（代码2）、FOB（代码3）、EXW（代码7）。无实际出境的货物，进口填报CIF（代码1），出口填报 FOB（代码 3）。

本业务填写的内容为：CIF（1）

26. 运费

本栏目填报出口货物运至我国境内输出地点装载后的运输费用。运费可按运费单价、总价或运费率三种方式之一填报，注明运费标记（运费标记"1"表示运费率，"2"表示每吨货物的运费单价，"3"表示运费总价），并按海关规定的"货币代码表"选择填报相应的币种代码。

本业务填写的内容为：USD/900.00/3

27. 保费

本栏目填报出口货物运至我国境内输出地点装载后的保险费用。保费可按保险费总价或保险费率两种方式之一填报，注明保险费标记（保险费标记"1"表示保险费率，"3"表示保险费总价），并按海关规定的"货币代码表"选择填报相应的币种代码。

本业务填写的内容为：USD/119.28/3

28. 杂费

本栏目填报成交价格以外的按照《中华人民共和国进出口关税条例》相关规定应计入完税价格或应从完税价格中扣除的费用。可按杂费总价或杂费率两种方式之一填报，注明杂费标记（杂费标记"1"表示杂费率，"3"表示杂费总价），并按海关规定的"货币代码表"选择填报相应的币种代码。应计入完税价格的杂费填报为正值或正率，应从完税价格中扣除的杂费填报为负值或负率。

本业务填写的内容为：无

29. 随附单证及编号

本栏目根据海关规定的"监管证件代码表"和"随附单据代码表"选择填报除"许可证号"栏目的许可证件以外的其他出口许可证件或监管证件、随附单据代码及编号。本栏目分为随附单证代码和随附单证编号两栏，其中代码栏按海关规定的"监管证件代码表"和"随附单据代码表"选择填报相应的证件代码；随附单证编号栏填报证件编号。

本业务填写的内容为：无

30. 标记唛码与备注

标记唛码的填报除图形以外的文字和数字，无标记唛码的填报 N/M。备注填报申报时必须说明的事项。例如，军事装备出境的，填报"军品"或"军事装备"字样；跨境电子商务出口货物，填报"跨境电子商务"等。

本业务填写的内容为：

SIK

ZJJY2339

L357/ L358

HAMBURG, GERMANY

C/NO.: 1-502

31. 项号

本栏目分两行填报。第一行填报报关单中的商品顺序编号；第二行填报备案序号，专用于加工贸易及保税、减免税等已备案、审批的货物，填报该项货物在"加工贸易手册"或"征免税证明"等备案、审批单证中的顺序编号。

本业务填写的内容为：01

32. 商品编号

本栏目填报由10位数字组成的商品编号。

本业务填写的内容为：6204320090

33. 商品名称及规格型号

本栏目分两行填报。第一行填报进出口货物规范的中文商品名称，第二行填报规格型号。具体填报要求如下：

（1）商品名称及规格型号应据实填报，并与进出口货物收发货人或受委托的报关企业所提交的合同、发票等相关单证相符。

（2）商品名称应当规范，规格型号应当足够详细，以能满足海关归类、审价及许可证件管理要求为准，可参照《中华人民共和国海关进出口商品规范申报目录》中对商品名称、规格型号的要求进行填报。

（3）已备案的加工贸易及保税货物，填报的内容必须与备案登记中同项号下货物的商品名称一致。

本业务填写的内容为：女式夹克（第一行），100%棉（第二行）

34. 数量及单位

本栏目填写出口商品的实际成交数量及计量单位。本栏目分三行填报。具体填报要求如下：

（1）第一行按进出口货物的法定第一计量单位填报数量及单位，法定计量单位以《中华人民共和国海关统计商品目录》中的计量单位为准。

（2）凡列明法定第二计量单位的，在第二行按照法定第二计量单位填报数量及单位。无法定第二计量单位的，第二行为空。

（3）成交计量单位及数量填报在第三行。

本业务填写的内容为：4 518件（第一行），4 518千克（第二行），4 518件（第三行）

35. 单价

本栏目填报同一项号下出口货物实际成交的商品单位价格。无实际成交价格的，填报单位货值。

本业务填写的内容为：12.00

36. 总价

本栏目填报同一项号下出口货物实际成交的商品总价格。无实际成交价格的，填报货值。

本业务填写的内容为：54 216.00

37. 币制

本栏目按海关规定的"货币代码表"选择相应的货币名称及代码填报，如"货币代码表"中无实际成交币种，需将实际成交货币按申报日外汇折算率折算成"货币代码表"列明的货币填报。

本业务填写的内容为：美元（USD）

38. 原产国（地区）

原产国（地区）是指出口货物的生产、开采或加工制造国家（地区）。本栏目按海关规定的"国别（地区）代码表"选择填报相应原产国（地区）的名称及代码。如果出口货物的原产国（地区）不是中国，需注明原产国（地区）的国家（地区）名称及代码。

本业务填写的内容为：中国（CHN）

39. 最终目的国（地区）

最终目的国（地区）填报已知进出口货物的最终实际消费、使用或进一步加工制造的国家（地区）。本栏目按海关规定的"国别（地区）代码表"选择填报相应的国家（地区）名称及代码。

本业务填写的内容为：德国（DEU）

40. 境内货源地

境内货源地填报出口货物在国内的产地或原始发货地。出口货物产地难以确定的，填报最早发运该出口货物的单位所在地。本栏目按海关规定的"国内地区代码表"选择填报相应的国内地区名称及代码。

本业务填写的内容为：嘉兴（33049）

41. 征免

本栏目按照海关核发的"征免税证明"或有关政策规定，对报关单所列每项商品选择海关规定的"征减免税方式代码表"中相应的征减免税方式填报。

本业务填写的内容为：照章征税（1）

42. 特殊关系确认/价格影响确认/支付特许权使用费确认

这三个栏目针对进口货物，出口货物免予填报。

本业务填写的内容为：否

43. 自报自缴

出口企业、单位采用"自主申报、自行缴税"（自报自缴）模式向海关申报时，填报"是"；反之则填报"否"。

本业务填写的内容为：否

44. 报关人员和申报单位

本栏目用于报关单录入凭单，打印录入人员的姓名和录入单位名称。

本业务填写的内容为：陈红以及浙江金苑进出口有限公司的签章

45. 海关批注及签章

本栏目供海关作业时签注。

本业务填写的内容为：无

任务2　制作报关委托书并办理委托报关

第一步：制作报关委托书。

在实务中，外贸公司一般与代理报关企业签订长期代理报关委托书。在办理每一笔具体委托报关业务时，考虑实际装运时货物数量可能会变动，外贸单证员一般只在委托报关协议上盖章，而不填写详细内容，详细内容由报关员报关时填写。委托报关协议正反两面都印有内容。

正面：

素养点：

守法意识

代理报关委托书

编号：

我单位现 （A逐票、B长期）委托贵公司代理 _____（A. 填单申报 B. 辅助查验 C. 垫缴税款 D. 办理海关证明联 E. 审批手册 F. 核销手册 G. 申办减免税手续 H. 其他）等通关事宜。详见《委托报关协议》。

我单位保证遵守《中华人民共和国海关法》和国家有关法律法规，保证所提供的情况真实、完整、单货相符。否则，愿承担相关法律责任。

本委托书自签字之日起至　　年　月　日止。

委托方（盖章）：

法定代表人或其授权签署《代理报关委托书》的人（签字）

年　　月　　日

委托报关协议

为明确委托报关具体事项和各自责任，双方经平等协商，签订协议如下：

委托方		被委托方		
主要货物名称		*报关单编码	No.	
HS编码		收到单证日期	年 月 日	
货物总价		收到单证情况	合同□	发票□
进出口日期	年 月 日		装箱清单□	提（运）单□
提单号			加工贸易手册□	许可证件□
贸易方式			其他	
原产地/货源地		报关收费	人民币： 元	
其他要求：		承诺说明：		
背面所列通用条款是本协议不可分割的一部分，对本协议的签署构成了对背面通用条款的同意		背面所列通用条款是本协议不可分割的一部分，对本协议的签署构成了对背面通用条款的同意		
委托方业务签章： 经办人签章： 联系电话： 年 月 日		被委托方业务签章： 经办报关员签章： 联系电话： 年 月 日		

<u>CCB</u>/L （白联：海关留存，黄联：被委托方留存，红联：委托方留存）

中国报关协会监制

背面

委托报关协议通用条款

委托方责任 委托方应及时提供报关报检所需的全部单证，并对单证的真实性、准确性和完整性负责。

委托方负责在报关企业办结海关手续后，及时履约支付代理报关费用，支付垫支费用，以及因委托方责任产生的滞报金、滞纳金和海关等执法单位依法处以的各种罚款。

负责按照海关要求将货物运抵指定场所。

负责与被委托方报关员一同协助海关进行查验，回答海关的询问，配合相关调查，并承担产生的相关费用。

在被委托方无法做到报关前提取货样的情况下，承担单货相符的责任。

被委托方责任 负责解答委托方有关向海关申报的疑问。

负责对委托方提供的货物情况和单证的真实性、完整性进行"合理审查"，审查内容包括：（一）证明进出口货物实际情况的资料，包括进出口货物的品名、规格、用途、产地、贸易方式等；（二）有关进出口货物的合同、发票、运输单据、装箱单等商业单据；（三）进出口所需的许可证件及随附单证；（四）海关要求的加工贸易手册（纸质或电子数据的）及其他进出口单证。

因确定货物的品名、归类等原因，海关批准，可以看货或提取货样。

在接到委托方交付齐备的随附单证后，负责依据委托方提供的单证，按照《中华人民共和国海关进出口报关单填制规范》认真填制报关单，承担"单单相符"的责任，在海关规定和本委托报关协议中约定的时间内报关，办理海关手续。

负责及时通知委托方共同协助海关进行查验，并配合海关开展相关调查。

负责支付因报关企业的责任给委托方造成的直接经济损失，所产生的滞报金、滞纳金和海关等执法单位依法处以的各种罚款。

负责在本委托书约定的时间内将办结海关手续的有关委托内容的单证、文件交还委托方或其指定的人员（详见《委托报关协议》"其他要求"栏）。

赔偿原则 被委托方不承担因不可抗力给委托方造成损失的责任。因其他过失造成的损失，由双方自行约定或按国家有关法律法规的规定办理。由此造成的风险，委托方可以投保方式自行规避。

不承担的责任 签约双方各自不承担因另一方原因造成的直接经济损失，以及滞报金、滞纳金和相关罚款。

收费原则 一般货物报关收费原则上按当地《报关行业收费指导价格》规定执行。特殊商品可由双方另行商定。

> **法律强制** 本《委托报关协议》的任一条款与《中华人民共和国海关法》及有关法律、法规不一致时，应以有关法律、法规为准。但不影响《委托报关协议》其他条款的有效性。
>
> **协商解决事项** 变更、中止本协议或双方发生争议时，按照《中华人民共和国民法典》有关规定及程序处理。因签约双方以外的原因产生的问题或报关业务需要修改协议条款，应协商订立补充协议。双方可以在法律、行政法规允许的范围内另行签署补充条款，但补充条款不得与本协议的内容相抵触。

第二步：整理报关单证并办理委托报关。

2023年5月9日，外贸单证员陈红整理报关单据，然后把出口货物报关单、代理报关委托书或委托报关协议、商业发票、装箱单寄给浙江海洲国际货运代理有限公司，委托代理报关。

知 识要点 <<<<<<<<<<<<<<<<<<<<<<<<<<<<<<<<<<<<<<<<<<<<<<<<<<<<<<<<<<<<<<<<<

（一）报关的含义及期限

1. 含义

报关是指进出口贸易的有关当事人或其代理人、进出境运输工具负责人，进出境物品的所有人在规定的有效期内向海关办理有关货物、运输工具、物品进出境手续的全过程。按照《海关法》的规定，所有进出境的货物和运输工具必须通过设有海关的地方进境或出境，并接受海关的监督。只有经过海关查验放行后，货物才能提取或装运出口。

2. 期限

货物必须在规定的期限内报关，具体规定为：

（1）进口货物的收货人或其代理人应当自运输工具申报进境之日起14日内向海关申报。第14日遇法定节假日的，则顺延至其后的第一个工作日，逾期则按日以进口货物完税价格的0.05%征收滞报金。

（2）出口货物的发货人或其代理人应当在货物运抵海关监管区后、装货的24小时以内向海关申报。企业出口报关时，出口货物必须实际运抵海关监管或海关指定的监管地点。否则，海关不接受出口报关。

（二）报关单位

报关单位分为报关企业和进出口收发货人，报关企业分为报关公司和货运代理公司。

（三）进出口货物报关流程

为了确保进出口货物合法进出境，海关根据国家有关法律法规的不同要求，对进出口货物的报关规定了一系列特定的手续和步骤。遵守这些规定的程序是报关人的法定义务，否则将承担相应的法律责任。根据时间的先后顺序和海关管理要求的不同，报关可分为前期报关程序、进出境报关程序和后续报关程序。

（1）前期报关程序，是指进出口货物在实际进出境之前，进出口货物收发货人或其代理人向海关说明进出口货物的情况，申请适用特定的报关程序。

（2）进出境报关程序，是指进出口货物在进出境环节需向海关履行的手续。进出境报关程序是任何进出口货物通关时都必须履行的环节。一般进出口货物的报关只需履行进出境报关程序即可，主要包括进出口申报、陪同查验、缴纳税费、提取或装运货物等。

（3）后续报关程序，主要指实际进出境以后，进出口货物收发货人或其代理人根据海关管理的要求，向海关办理的旨在证明有关进出口货物合法进出口、在境内合规使用并已经完成有关海关监管义务的手续。

微课：报关单

（四）进出口货物报关单

进出口货物报关单是由海关总署规定统一格式和填制规范，由进出口货物收货人、发货人或其代理人填制并向海关提交的申报货物状况的法律文书，是海关依法监管货物进出口、征收关税及其他税费、编制海关统计以及处理其他海关业务的重要凭证。

一切进口货物的收货人、出口货物的发货人，或他们的委托代理人都必须在货物进出口时填写"进口货物报关单"或"出口货物报关单"，向海关申报。电子数据报关单与纸质报关单具有同等法律效力。报关单填写的质量如何，直接关系到报关的效率、企业的经济利益和海关的征税、减免税和查验、发行等工作。

1. 报关单的填制要求

（1）报关单的填报必须真实，不能伪报、瞒报及虚报，要做到两个相符：一是单证相符，即报关单与合同、批文、发票、装箱单等相符；二是单货相符，即报关单中所报内容与实际进出口货物情况相符。

（2）不同合同、运输工具名称、征免性质、许可证号及贸易方式的货物，不能填在同一份报关单上。

（3）报关单填写要准确、齐全，字迹工整。若有更改，必须在更改项目上加盖校对章。

2. 报关单的使用形式

在实际报关过程中，报关单涉及以下三种形式：

（1）报关单录入凭单。它是指申报单位按报关单的格式填写的凭单，作为报关单预录入的依据。该凭单的编号规则由申报单位自行决定。

（2）预录入报关单。它是指预录入单位按照申报单位填写的报关单凭单录入、打印，由申报单位向海关申报，海关尚未接受申报的报关单。

（3）报关单证明联。它是指海关在核实货物实际进出境后按报关单格式提供的用作进出口货物收发货人向国税、外汇管理部门办理退税和外汇核销手续的证明文件。

 题测验 <<<<<<<<<<<<<<<<<<<<<<<<<<<<<<<<<<<<<<<<<<<<<<<<<<<<<<<

（一）单项选择题

1. 如果一批出口货物的运费单价为100美元，则报关单运费栏目应填报（　　）。

　　A. USD/100/1　　　　　　　　B. 100美元

　　C. 100　　　　　　　　　　　D. USD/100/2

2. 某出口企业按CIP贸易术语对外成交，则在报关单的成交方式一栏中应当填写（　　）。

　　A. CIF　　　　　　　　　　　B. CIP

　　C. FOB　　　　　　　　　　　D. FCA

（二）多项选择题

报关的范围包括（　　　　）。

　　A. 进出境货物　　　　　　　　B. 进出境物品

　　C. 进出境运输工具　　　　　　D. 通过国际速递企业进出境的快件

（三）判断题

1. 报关单录入凭单是指预录入单位按照申报单位填写的报关单凭单录入、打印，由申报单位向海关申报，海关尚未接受申报时的报关单。（　　）

2. 出口货物的报关时间为货物运抵海关监管区后，装货的24小时内。（　　）

3. 不管在什么情况下，海关查验的地点必须在海关监管区内。（　　）

<<<<<<<<<<< 能 力实训 <<<<<<<<<<<<<<<<<<<<<<<<<<<<<<<<<<<<<<<<

◆能力实训1：前T/T+即期L/C支付方式下制作报关委托书和出口货物报关单操作

上接学习情境五中的能力实训1：前T/T+即期L/C支付方式下制作和办理一般原产地证的操作"，2023年7月4日，福建宫平进出口有限公司外贸单证员陶勇应根据以下相关信息马上办理、制作和备齐出口货物报关单、报关委托书等报关单证，寄给福建双牛国际货运代理有限公司，委托其办理报关手续。

1. 商业发票

FUJIAN GONGPING I/E CO., LTD.

NO. 5 RENMIN RD., FUZHOU, CHINA

TEL：0086-591-73757622 FAX：0086-591-73757626

COMMERCIAL INVOICE

To:	KEVIN FOOTWEAR INC. NO. 1 CAT RD., LONDON, U.K.		Invoice No.:	23GP0101
			Invoice Date:	JUN. 28, 2023
			S/C No.:	GP2399
			S/C Date:	APR. 19, 2023
From:	XIAMEN, CHINA	To:	LONDON, U.K.	
Marks and Numbers	Number and Kind of Package Description of Goods	Quantity	Unit Price	Amount
N/M	CFR LONDON, U.K. AS PER INCOTERMS® 2020			
	PAC BOOTS ART. NO. 5001 ART. NO. 5002 AS PER ORDER NO.8778 PACKED IN 800 CARTONS	2 400PAIRS 2 400PAIRS	USD15.60/PAIR USD14.80/PAIR	USD37 440.00 USD35 520.00
TOTAL:		4 800PAIRS		USD 72 960.00
SAY TOTAL:	U.S. DOLLARS SEVENTY TWO THOUSAND NINE HUNDRED AND SIXTY ONLY.			
L/C NO. BOCL20230625				
			FUJIAN GONGPING I/E CO., LTD. 王宫平	

2. 装箱单

FUJIAN GONGPING I/E CO., LTD.						
NO. 5 RENMIN RD., FUZHOU, CHINA						
TEL：0086-591-73757622 FAX：0086-591-73757626						
PACKING LIST						
To:	KEVIN FOOTWEAR INC. NO. 1 CAT RD., LONDON, U.K.		Invoice No.:	23GP0101		
			Invoice Date:	JUN. 28, 2023		
			S/C No.:	GP2399		
			S/C Date:	APR. 19, 2023		
From:	XIAMEN, CHINA	To:	LONDON, U.K.			
Marks and Numbers	Number and Kind of Package Description of Goods	Quantity	Package	G.W	N.W	Meas.
N/M	PAC BOOTS ART. NO. 5001 ART. NO. 5002	 2 400PAIRS 2 400PAIRS	 400CTNS 400CTNS	 6 920KGS 5 840KGS	 5 040KGS 4 000KGS	 51.52M^3 51.52M^3
	TOTAL:	4 800PAIRS	800CTNS	12 760KGS	9 040KGS	103.04M^3
SAY TOTAL:	EIGHT HUNDRED CARTONS ONLY.					
L/C NO. BOCL20230625						

3. 其他信息

（1）福建宫平进出口有限公司的统一社会信用代码：91350191234517809R。

（2）运费：3 500美元/40尺柜。

（3）雪地靴的HS编码：6403120090。

（4）雪地靴的法定计量单位：千克/双。

▲请外贸单证员陶勇完成以下工作任务：

1. 制作报关委托书。

2. 制作出口货物报关单。

◆能力实训2：远期L/C支付方式下制作报关委托书和出口货物报关单操作

上接学习情境五中的能力实训2：远期L/C支付方式下制作和办理一般原产地证操作，2023年5月2日，南京辉皇食品有限公司外贸单证员应根据以下相关信息马上办理、制作和备齐出口货物报关单、报关委托书等报关单证，寄给浙江双马国际货运代理有限公司南京分公司，委托其办理报关手续。

1. 商业发票

NANJING HUIHUANG FOODS CO., LTD.				
YUN MANSION RM3908 NO.85 FUZI RD., NANJING 210005, CHINA				
TEL: 0086-025-84715000 FAX: 0086-025-84711111				
COMMERCIAL INVOICE				
To:	RED FLOWER TRADING CO. P.O. BOX 536, RIYADH 22766, SAUDI ARABIA TEL: 00966-1-4659215 FAX: 00966-1-4659217	Invoice No.:	2023NHT098	
		Invoice Date:	APR. 29, 2023	
		S/C No.:	UY90	
		S/C Date:	FEB. 22, 2023	
From:	SHANGHAI, CHINA	To:	DAMMAM PORT, SAUDI ARABIA	
Marks and Numbers	Number and Kind of Package Description of Goods	Quantity	Unit Price	Amount
RFT ROSE BRAND RIYADH C/NO: 1-1750	CIF DAMMAM PORT, SAUDI ARABIA AS PER INCOTERMS® 2020 CANNED MUSRHOOM PIECES & STEMS 24 TINS × 220 GRAMS NET WEIGHT (G.W. 420 GRAMS), ROSE BRAND	1 750CTNS	USD8.00/CTN	USD14 000.00
TOTAL:		1 750CTNS		USD14 000.00
SAY TOTAL:	U.S. DOLLARS FOURTEEN THOUSAND ONLY.			
FOB VALUE：USD12 920.00 FREIGHT CHARGES：USD2 000.00 PREMIUM：USD80.00 NANJING HUIHUANG FOODS CO., LTD. 章 胜				

2. 装箱单

NANJING HUIHUANG FOODS CO., LTD.						
YUN MANSION RM3908 NO.85 FUZI RD., NANJING 210005, CHINA						
TEL: 0086-025-84715000 FAX: 0086-025-84711111						
PACKING LIST						
To:	RED FLOWER TRADING CO. P.O. BOX 536, RIYADH 22766, SAUDI ARABIA TEL: 00966-1-4659215 FAX: 00966-1-4659217	Invoice No.:	2023NHT098			
		Invoice Date:	APR. 29, 2023			
		S/C No.:	UY90			
		S/C Date:	FEB. 22, 2023			
From:	SHANGHAI, CHINA	To:	DAMMAM PORT, SAUDI ARABIA			
Marks and Numbers	Number and Kind of Package Description of Goods	Quantity	Package	G.W	N.W	Meas.
RFT ROSE BRAND RIYADH C/NO: 1-1750	CANNED MUSRHOOM PIECES & STEMS	1 750CTNS	1 750CTNS	17 640KGS	9 240KGS	26.25M^3
TOTAL:		1 750CTNS	1 750CTNS	17 640KGS	9 240KGS	26.25M^3
SAY TOTAL:	ONE THOUSAND SEVEN HUNDRED AND FIFTY CARTONS ONLY.					
	NANJING HUIHUANG FOODS CO., LTD. 章 胜					

3. 其他信息

（1）南京辉皇食品有限公司的统一社会信用代码：91320191256369669F。

（2）罐装蘑菇的HS编码：2003101100。

（3）罐装蘑菇的法定计量单位：千克。

（4）船名为Xin Ou Zhou，航次为3311。

▲请外贸单证员方萍完成以下工作任务：

1. 制作报关委托书。

2. 制作出口货物报关单。

◆能力实训3：前T/T+即期D/P支付方式下制作出口货物报关单操作

上接学习情境五中的能力实训3：前T/T+即期D/P支付方式下制作和办理一般原产地证操作，2023年6月14日，青岛联江有限公司外贸单证员刘美应根据以下相关信息马上办理、制作和备齐出口货物报关单、报关委托书等报关单证，同时委托浙江海洲国际货运代理有限公司分别向青岛海关办理门拉手的报关手续，向宁波海关办理水平仪的报关手续。

1. 商业发票

<table>
<tr><td colspan="5" align="center">QINGDAO LIANJIANG CO., LTD.
No.2 Taiping St. Qingdao, China
Tel: 0086-532-88391926 Fax: 0086-532-88391928

COMMERCIAL INVOICE</td></tr>
<tr><td>To:</td><td colspan="2">Taka Co., Ltd.
12-15, Aza shinbo, Ohaza Yamaya, Osaka, Japan
Tel: 0081-665-39-3123
Fax: 0081-665-39-3133</td><td>Invoice No.:</td><td>LJ23071</td></tr>
<tr><td></td><td colspan="2"></td><td>Invoice Date:</td><td>Jun. 14, 2023</td></tr>
<tr><td></td><td colspan="2"></td><td>S/C No.:</td><td>2023072</td></tr>
<tr><td></td><td colspan="2"></td><td>S/C Date:</td><td>May 13, 2023</td></tr>
<tr><td>From:</td><td>Qingdao, China</td><td>To:</td><td colspan="2">Osaka, Japan</td></tr>
<tr><td>Marks and Numbers</td><td>Number and Kind of Package Description of Goods</td><td>Quantity</td><td>Unit Price</td><td>Amount</td></tr>
<tr><td rowspan="6">TAKA

OSAKA</td><td colspan="4" align="center">FOB Qingdao, China as per INCOTERMS® 2020</td></tr>
<tr><td>(1) Door Handle
Article No.DH5010</td><td>4 500 pairs</td><td>USD8.80/ pair</td><td>USD39 600.00</td></tr>
<tr><td>Article No.DH5020</td><td>4 500 pairs</td><td>USD8.50/ pair</td><td>USD38 250.00</td></tr>
<tr><td>(2) Spirit Level
Article No.19161</td><td>8 820 pcs</td><td>USD2.00/ pc</td><td>USD17 640.00</td></tr>
<tr><td>Article No.19163</td><td>14 700 pcs</td><td>USD2.20/ pc</td><td>USD32 340.00</td></tr>
<tr><td colspan="2" align="center">TOTAL:</td><td></td><td></td><td>USD127 830.00</td></tr>
</table>

SAY TOTAL:	U.S.DOLLARS ONE HUNDRED TWENTY SEVEN THOUSAND EIGHT HUNDRED THIRTY ONLY.
	QINGDAO LIANJIANG CO., LTD. 联 江

2. 装箱单

QINGDAO LIANJIANG CO., LTD.

No.2 Taiping St. Qingdao, China

Tel: 0086-532-88391926 Fax: 0086-532-88391928

PACKING LIST

To:	Taka Co., Ltd. 12-15, Aza shinbo, Ohaza Yamaya, Osaka, Japan Tel: 0081-665-39-3123 Fax: 0081-665-39-3133		Invoice No.:	LJ23071
			Invoice Date:	Jun. 14, 2023
			S/C No.:	2023072
			S/C Date:	May 13, 2023

From:	Qingdao, China	To:	Osaka, Japan

Marks and Numbers	Number and Kind of Package Description of Goods	Quantity	Package	G.W	N.W	Meas.
TAKA OSAKA	(1) Door Handle Article No.DH5010	4 500 pairs	225ctns	4 162.5kgs	3 937.5kgs	12.325M^3
	Article No.DH5020	4 500 pairs	225ctns	4 050kgs	3 825kgs	12.325M^3
	(2) Spirit Level Article No.19161	8 820 pcs	147ctns	2 352kgs	2 205kgs	8.467M^3
	Article No.19163	14 700 pcs	245ctns	4 165kgs	3 920kgs	18.816M^3
	TOTAL:		842ctns	14 729.5kgs	13 887.5kgs	51.933M^3

SAY TOTAL:	EIGHT HUNDRED AND FORTY TWO CARTONS ONLY.

3. 其他信息

（1）青岛联江有限公司的统一社会信用代码：91370291135782465A。

（2）门拉手的 HS 编码：8302420000。

（3）水平仪的 HS 编码：9015300000。

（4）门拉手的法定计量单位：千克。

（5）水平仪的法定计量单位：台。

（6）门拉手的境内货源地：青岛。

（7）水平仪的境内货源地：宁波。

（8）船名为 COSCO RAN，航次为 499E。

▲请外贸单证员刘美完成以下工作任务：

1. 制作门拉手的出口货物报关单。

2. 制作水平仪的出口货物报关单。

［调查研究与善作善成］

1. 调研主题

守法意识与 AEO 认证。

2. 调研步骤

（1）以小组为单位，调研搜集与 AEO 认证相关的资料和案例。

（2）根据调研资料，讨论研究形成调研报告。

（3）根据调研报告制作 PPT。

（4）每组派代表在课堂上分享本组调研成果。

3. 调研成果

（1）调研报告。

（2）PPT。

【学习目标】

素养目标：

● 具备防范国际货物运输的风险意识

● 树立零差错、高效率、求极致的精益求精单证观

技能目标：

● 能够制作投保单

● 能够办理投保手续

知识目标：

● 熟悉货物运输风险和损失类型

● 掌握中国保险条款CIC相关险别

● 熟悉协会货物保险条款ICC相关险别

● 熟悉保险单的作用和种类

【思维导图】

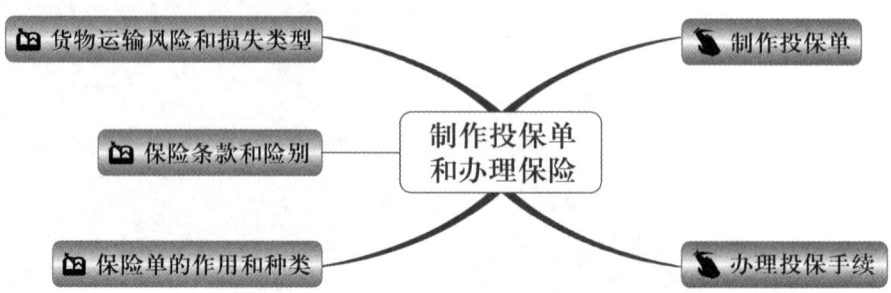

项 目背景

2023年5月9日，在完成托运手续确认船期后，浙江金苑进出口有限公司外贸单证员根据信用证中的保险单条款"+ INSURANCE POLICY/CERTIFICATE IN DUPLICATE ENDORSED IN BLANK FOR 110% INVOICE VALUE, COVERING ALL RISKS OF CIC OF PICC INCL. WAREHOUSE TO WAREHOUSE AND I.O.P AND SHOWING THE CLAIMING CURRENCY IS THE SAME AS THE CURRENCY OF CREDIT"和"+ THE NUMBER AND THE DATE OF THIS CREDIT AND THE NAME OF ISSUING BANK MUST BE QUOTED ON ALL DOCUMENTS"等，以及商业发票和装箱单制作投保单，准备投保单据向保险公司办理投保手续。

1. 商业发票

同学习情境三项目背景中的商业发票。

2. 装箱单

同学习情境三项目背景中的装箱单。

任 务分解

外贸单证员陈红需完成的工作任务包括：

任务1　制作投保单

任务2　办理投保手续

任务完成　<<<<<<<<<<<<<<<<<<<<<<<<<<<<<<<<<<<<<<<<<<<<<<<<<<<<<<<

任务1　制作投保单

外贸单证员陈红按照"正确、完整、及时、简明和整洁"的制单要求，制作投保单如下。

素养点：
精益求精单证观

货物运输保险投保单
APPLICATION FORM FOR CARGO TRANSPORTATION INSURANCE

投保单号：BJ123456

被保险人：

INSURED: ZHEJIANG JINYUAN IMPORT AND EXPORT CO., LTD.

发票号（INVOICE NO.）JY23018

合同号（CONTRACT NO.）ZJJY2339

信用证号（L/C NO.）FFF237699

发票金额（INVOICE AMOUNT）USD54 216.00 投保加成（PLUS）10 %

兹有下列物品向中国大地财产保险股份有限公司投保（INSURANCE IS REQUIRED ON THE FOLLOWING COMMODITIES：）

标　记 MARKS & NOS	包装数量 QUANTITY	保险货物项目 DESCRIPTION OF GOODS	保险金额 AMOUNT INSURED
SIK ZJJY2339 L357/ L358 HAMBURG, GERMANY C/NO.：1-502	502 CTNS	LADIES JACKET	USD59 638.00

启运日期：　　　　　　装载工具

DATE OF COMMENCEMENT　MAY 12, 2023　PER CONVEYANCE　EVER LIVELY, VOY. NO. 0392W

自　　　　　　　经　　　　　　　至

FROM　SHANGHAI, CHINA　VIA　***　TO　HAMBURG, GERMANY

提单号：　　　　　　　　　　赔款偿付地点：

B/L NO.　AS PER B/L　　　CLAIM PAYABLE AT　HAMBURG, GERMANY

投保险别：（PLEASE INDICATE THE CONDITIONS &/OR SPECIAL COVERAGES）

COVERING ALL RISKS OF CIC OF PICC INCL. WAREHOUSE TO WAREHOUSE AND I.O.P.

▲ INSURANCE POLICY MUST SHOW：

（1）THE NUMBER OF L/C: FFF237699

　　THE DATE OF L/C: MAR.31, 2023

　　THE NAME OF ISSUING BANK.: BANK OF CHINA, HAMBURG BRANCH

（2）THE CLAIMING CURRENCY IS USD

请如实告知下列情况：如"是"在（ ）打"√"，（IF ANY, PLEASE MARK "√"）：

1.货物种类 袋装（ √ ）散装（ ）冷藏（ ）液体（ ）活动物（ ）机器/汽车（ ） 危险品等级（ ）

GOODS BAG/JUMBO BULK REEFER LIQUID LIVE ANIMAL MACHINE/AUTO DANGEROUS CLASS

2.集装箱种类 普通（ √ ） 开顶（ ） 框架（ ） 平板（ ） 冷藏（ ）

   CONTAINER ORDINARY OPEN FRAME FLAT REFRIGERATOR

3.转运工具 海轮（ √ ） 飞机（ ） 驳船（ ） 火车（ ） 汽车（ ）

BY TRANSIT SHIP PLANE BARGE TRAIN TRUCK

4.船舶资料 船籍（ ） 船龄（ ）

PARTICULAR OF SHIP RIGISTRY_____ AGE_____

_____

附件：被保险人确认本保险合同条款和内容已经完全了解 投保人（签名盖章）APPLICANT'S SIGNATURE

THE ASSURED CONFIRMS HEREWITH THE TERMS AND

CONDITIONS OF THESE INSURANCE CONTRACT ZHEJIANG JINYUAN IMPORT AND EXPORT CO., LTD.

FULLY UNDERSTOOD   王 立

        电话（TEL）0571-86739178

投保日期（DATE）MAY 9, 2023_____   地址（ADD）_____

_____

本公司自用（FOR OFFICE USE ONLY）

费率   保费   备注：

RATE AS ARRANGED   PREMIUM AS ARRANGED_____

经办人 BY_____ 核保人 _____ 负责人 _____

总公司地址：上海市浦东南路855号 电话：021-58369588 邮政编码：200120

  1. 被保险人（Insured）

被保险人有以下几种填法：

（1）L/C 无特殊要求，或要求"Endorsed in blank"一般应填写L/C受益人名称，可不填详细地址，且出口公司应在保险单背面背书。

（2）若来证指定以××公司为被保险人，则应在此栏填写××CO.,。出口公司不要背书。

（3）若来证规定以某银行为抬头，如"to the order of ××× bank"，则在此栏先填上受益人名称，再填上"held to the order of ×× bank"。

本业务填写的内容为：ZHEJIANG JINYUAN IMPORT AND EXPORT CO., LTD.

  2. 发票号、合同号和信用证号（Invoice No., Contract No. and L/C No.）

本栏目要根据商业发票以及合同、信用证信息填写。

本业务填写的内容为：

发票号（INVOICE NO.）JY23018

合同号（CONTRACT NO.）ZJJY2339

信用证号（L/C NO.）FFF237699

3. 发票金额和投保加成

本栏目根据商业发票和信用证的要求填写。如果信用证没有规定投保加成比例，则根据UCP600的规定，应至少在CIF或CIP的基础上加成10%进行投保。

本业务填写的内容为：

"发票金额（INVOICE AMOUNT）USD 54 216.00 投保加成（PLUS）10％"。

4. 标记（Marks & Nos.）

保险单上标记应与发票、提单上一致。若来证无特殊规定，一般可简单填成"as per Invoice No. ×××."

本业务填写的内容为：

SIK

ZJJY2339

L357/ L358

HAMBURG, GERMANY

C/NO.：1-502

5. 包装数量（Quantity）

有包装的填写最大包装件数；裸装货物要注明本身件数；煤炭、石油等散装货物应注明净重；有包装但以重量计价的，应把包装重量与计价重量都注明。

本业务填写的内容为：502 CTNS。

6. 保险货物项目（Description of goods）

允许用统称，但不同类别的多种货物应注明不同类别的统称。这里与提单此栏目的填写一致。

本业务填写的内容为：LADIES JACKET

7. 保险金额（Amount Insured）

保险金额可小写，如USD307 222.00。

总保险金额（Total Amount Insured），此处填写大写累计金额，如U.S.DOLLARS THREE HUNDRED AND SEVEN THOUSAND TWO HUNDRED AND TWENTY TWO ONLY.

保险金额填写时应注意：

（1）保险货币应与信用证一致，大小写应该一致。

（2）保险金额的加成百分比应严格按照信用证或合同规定确定。如未规定保险金额，应按 CIF 或 CIP 发票价格的110% 投保。

（3）保险金额不要小数，出现小数时无论多少一律向上进位。

本业务填写的内容为：USD59 638.00

8. 装载工具（Per Conveyance）

海运方式下填写船名，最好再加航次。例如XIONGXIONG V.999；如整个运输由两程完成时，应分别填写一程船名及二程船名，中间用"/"隔开。此处可参考提单内容填写。例如：提单中一程船名为"Joyce"，二程船名为"Peace"，则填写"Joyce/Peace"。

铁路运输加填运输方式为"By railway"，最好再加车号；航空运输为"By air"，邮包运输为"By parcel post"。

本业务填写的内容为：EVER LIVELY , VOY. NO. 0392W

9. 启运日期（DATE OF COMMENCEMENT）

应按B/L中签发的日期填，还可以简单地填作"AS PER B/L"。

本业务填写的内容为：MAY 12, 2023

10. 装运港和目的港（From... to...）

若提单的装运港为宁波，目的港为英国长滩，来证规定投保至芝加哥，则保单的起讫地点应填"From Ningbo to Long Beach and Thence to Chicago"。

本业务填写的内容为：FROM SHANGHAI TO HAMBURG, GERMANY

11. 投保险别

出口公司在制单时，先在投保单上填写这一栏的内容，全部保险单填好交给保险公司审核确认时，由保险公司把承保险别的详细内容加注在正本保单上。

注意：

（1）应严格按照信用证的险别投保。

（2）如信用证没有具体规定险别，或只规定了"Marine Risk, Usual Risk or Transport Risk"等，则可投保最低险别平安险"FPA"，或一切险"All Risks"、水渍险"WA"或"WPA"、平安险"FPA"中的任何一种，另外还可以加保一种或几种附加险。

（3）如来证要求的险别超出了合同规定，或成交价格为FOB或CFR，但来证却由卖方保险，遇到这种情况，如果买方同意支付额外保险费，可按信用证办理。

（4）投保的险别除注明险别名称外，还应注明险别适用的文本和日期。例如，Covering All Risks and War Risks as per Ocean Marine Cargo Clauses & Ocean Marine Cargo War Risks Clauses of The People's Insurance Company of China. 在实际业务中，可采用缩写。例如，上述条款可写成……as per C.I.C.

All risks & War risks.

填写时，一般只需填写险别的英文缩写，同时注明险别来源，即颁布这些险别的保险公司。如"PICC"指中国人民保险公司，"CIC"指中国保险条款。

本业务填写的内容为：

"COVERING ALL RISKS OF CIC OF PICC INCL. WAREHOUSE TO WAREHOUSE AND I.O.P."

12. 赔款偿付地点（Claim payable at）

严格按照信用证规定打制；若来证未规定，则应打目的港。如信用证规定不止一个目的港或赔付地，则应全部照打。

本业务填写的内容为：HAMBURG, GERMANY

13. 投保日期（Date）

保险手续要求在货物离开出口仓库前办理。投保日期应至少填写早于提单签发日、发运日或接受监管日。

本业务填写的内容：MAY 9, 2023

14. 其他

根据信用证中关于保险单的特殊要求条款，投保时应在投保单上注明。如"所有单据注明信用证号码、开证日期和开证行名称""保险单上显示保险公司在目的地的保险代理名称、地址和联系方式"等。

本业务填写的内容为：

INSURANCE POLICY MUST SHOWN :

（1）THE NUMBER OF L/C: FFF237699

　　　THE DATE OF L/C: MAR.31, 2023

　　　THE NAME OF ISSUING BANK: BANK OF CHINA, HAMBURG BRANCH

（2）THE CLAIMING CURRENCY IS USD

15. 签字（Signature）

投保人进行盖章签字。

本业务填写的内容为：

ZHEJIANG JINYUAN IMPORT AND EXPORT CO., LTD.

王　立

任务2　办理投保手续

外贸单证员填好投保单之后，向中国大地财产保险股份有限公司提出投保申请。

2023年5月9日，保险公司接受投保，便出具保险单：

中 国 大 地 财 产 保 险 股 份 有 限 公 司
China Continent Property&Casualty Insurance Company Ltd.

货物运输保险单

CARGO TRANSPORTATION INSURANCE POLICY

发票号(INVOICE NO.)	JY23018	保单号次	BJ123456
合同号(CONTRACT NO.)	ZJJY2339	POLICY NO.	
信用证号(L/C NO.)	FFF237699		
被保险人（INSURED）	ZHEJIANG JINYUAN IMPORT AND EXPORT CO., LTD.		

中国大地财产保险股份有限公司(以下简称"本公司")根据被保险人的要求，由被保险人向本公司缴付约定的保险费，按照本保险单承保险别和背面所载条款与下列条款承保下述货物运输保险，特立本保险单。

THIS POLICY OF INSURANCE WITNESSES THAT CHINA CONTINENT PROPERTY & CASUALLY INSURANCE COMPANY LTD. (HEREINAFTER CALLED "THE COMPANY") AT THE REQUEST OF THE INSURED AND IN CONSIDERATION OF THE AGREED PREMIUM PAID TO THE COMPANY BY THE INSURED, UNDERTAKES TO INSURE THE UNDERMENTIONED GOODS IN TRANSPORTATION SUBJECT TO THE CONDITIONS OF THIS POLICY AS PER THE CLAUSES PRINTED OVERLEAF AND OTHER SPECIAL CLAUSES ATTACHED HEREON.

标 记 MARKS&NOS	包装及数量 QUANTITY	保险货物项目 DESCRIPTION OF GOODS	保险金额 AMOUNT INSURED
SIK ZJJY2339 L357/ L358 HAMBURG BRANCH C/NO.：1-502	502CTNS	LADIES JACKET THE DATE OF L/C: MAR.31, 2023 THE NAME OF ISSUING BANK.: BANK OF CHINA, HAMBURG BRANCH	USD59 638.00

总保险金额

TOTAL AMOUNT INSURED:SAY U.S. DOLLARS FIFTY NINE THOUSAND SIX HUNDRED THIRTY EIGHT ONLY

保费： 启运日期 装载运输工具：

PERMIUM: AS ARRANGED   DATE OF COMMENCEMENT：MAY 12, 2023   PER CONVEYANCE: EVER LIVELY , VOY. NO. 0392W

自　　　　　　　　　　经　　　　　　　　　至

FROM: SHANGHAI   VIA   ***   TO   HAMBURG BRANCH

承保险别：

CONDITIONS:

COVERING ALL RISKS AND WAR RISK OF CIC OF PICC INCL. WAREHOUSE TO WAREHOUSE AND I.O.P

所保货物如发生保险单项下可能引起索赔的损失或损坏,应立即通知本公司下述代理人查勘。如有索赔,应向本公司提交保单正本(本保险单共有2份正本)及有关文件。如一份正本已用于索赔,其余正本自动失效。

IN THE EVENT OF LOSS OR DAMAGE WITCH MAY RESULT IN A CLAIM UNDER THIS POLICY, IMMEDIATE NOTICE MUST BE GIVEN TO THE COMPANY'S AGENT AS MENTIONED HEREUNDER. CLAIMS, IF ANY, ONE OF THE ORIGINAL POLICY WHICH HAS BEEN ISSUED IN TWO ORIGINAL(S) TOGETHER WITH THE RELEVANT DOCUMENTS SHALL BE SURRENDERED TO THE COMPANY. IF ONE OF THE ORIGINAL POLICY HAS BEEN ACCOMPLISHED. THE OTHERS TO BE VOID.

赔款偿付地点 　　　　　　　中国大地财产保险股份有限公司
CLAIM PAYABLE AT HAMBURG IN USD　China Continent Property & Casualty Insurance Company Ltd.

　出单日期　　　　　　　　　　　　杨　菲

ISSUING DATE　　MAY 12, 2023　　（Authorized Signature）

知 识要点 <<<<<<<<<<<<<<<<<<<<<<<<<<<<<<<<<<<<<<<<<<<<<<<<<<<<<<<<<<<<

（一）货物运输风险和损失类型

1. 货物运输风险

国际货物和运输工具在运输过程中的风险主要来自：

（1）自然灾害，如恶劣气候、雷电、洪水、地震、海啸等。

（2）意外事故，如运输工具遭遇搁浅、触礁、沉没、碰撞、失火、爆炸等。

（3）一般外来风险，如偷窃、钩损、雨淋、串味、短缺等。

（4）特殊外来风险，包括战争、罢工、拒收、交货不到等。

素养点：

风险意识

2. 损失类型

在保险业务中，损失包括损害和灭失。损失按其程度不同可分为全损与部分损失两种，其中全损又可分为实际全损和推定全损，部分损失又有共同海损和单独海损之分。

实际全损是指货物的全部灭失，如焚毁、沉入海底。或已失去原有的性质和用途，如食品变质等。

微课：损失
类型

推定全损是指在全损货物已不可避免地要变成实际全损，或整理修复使货物恢复原状的费用超过恢复后的价值，或货物在中途出险，将货物运至原定目的地的费用超过该保险标的目的地的货价等情况。

共同海损是指货物运输途中因自然灾害及意外事故造成的损失。为了保证同一航程中遇险财产的共同安全和免除危险所做出的有意而又合理的特殊牺牲或支出的特殊费用。共同海损的牺牲由船舶、货物与未收运费三方按比例分摊。

单独海损是指特定方面的损失，并不涉及其他货主及船方。这种损失是意外发生的，不像共同海损是有意的。

（二）保险条款和险别

微课：保险
条款和险别

国际上最常用的保险条款是英国伦敦保险业协会的协会货物保险条款（Institute Cargo Clause，简称ICC）。它包括ICC（A）、ICC（B）、ICC（C）、协会散装油条款、协会货物战争险条款、协会货物罢工险条款和恶意损害险条款。

中国保险条款（China Insurance Clause，简称CIC）是中国人民保险公司参照国际通常的做法，结合我国实际情况拟订的。经过几十年来的应用与实践，已被国际贸易、航运、保险界广泛接受。下面着重介绍中国保险条款。

中国保险条款按照运输方式不同，可以分为海洋运输保险（海运险）条款、陆上运输保险（陆运险）条款、航空运输保险（空运险）条款和邮包运输保险（邮包险）条款四大类。其中，以海运险为主要险种，陆运险、空运险和邮包险是在海运险基础上发展起来的，在一些基本内容上与海运险是相似的。

中国保险条款的保险险别一般分为主险（基本险）、一般附加险和特殊附加险。

1. 主险

主险包括海洋运输货物保险条款，海洋运输冷藏货物保险条款，海洋运输散装桐油保险条款，陆上运输货物保险条款，陆上运输冷藏货物保险条款，航空运输货物保险条款，邮包险条款，活牲畜、家禽的海上、陆上、航空运输保险条款等。

2. 一般附加险

一般附加险包括偷窃提货不着险条款、淡水雨淋险条款、短量险条款、混杂玷污险条款、渗漏险条款、碰损破碎险条款、串味险条款、受潮受热险条款、钩损险条款、包装破裂险条款、锈损险条款等。

3. 特殊附加险

特殊附加险包括进口关税条款、舱面货物条款、拒收险条款、黄曲霉素险条款、易腐货物条款、交货不到条款、出口货物到港澳存仓火险责任扩展条款、海关检验条款、码头检验条款、战争险条款、战争险附加费用、罢工险条款等。

（三）中国保险条款海运货物保险

1. 平安险

平安险（Free From Particular Average，F.P.A）的责任范围是海运险中最小的，主要包括以下责任：

（1）被保险货物在运输过程中因恶劣气候、雷电、海啸、地震、洪水等自然灾害造成整批货物的全损或推定全损。当被保险人要求按推定全损赔付时，须将受损物及权利委付给保险公司。

（2）由于运输工具遭受搁浅、触礁、沉没、互撞、与流冰或其他物体碰撞以及失火、爆炸意外事故造成货物的全部或部分损失。

（3）在运输工具已经发生搁浅、触礁、沉没、焚毁意外事故的情况下，货物在此前后又在海上遭受恶劣气候、雷电、海啸等自然灾害所造成的部分损失。

（4）在装卸或转运时，由于一件或数件货物落海造成的全部或部分损失。

（5）被保险人对遭受承保责任范围内的危险货物采取抢救、防止或减少货损的措施而支付的合理费用，但以不超过这批被救货物的保险金额为限。

（6）运输工具遭遇海难后，在避难港由于卸货所引起的损失，以及在中途港、避难港由于卸货、存仓和运送货物所产生的特别费用。

（7）共同海损的牺牲、分摊和救助费用。

（8）运输契约订有"船舶互撞责任"条款，根据该条款规定，应由货方偿还船方的损失。

2. 水渍险

水渍险（With Particular Average，W.A.或W.P.A.）的责任范围包括平安险的全部责任和上述列举的自然灾害造成的部分损失。

3. 一切险

一切险（All Risks）的责任范围包括负责平安险和水渍险的全部责任以及由于各种外来原因造成的保险货物的损失。这里所指的"各种外来原因"，是指11种一般附加险所涵盖的风险。

（四）中国保险条款航空货物运输保险

航空货物运输保险条款的险别有下列两种：

1. 航空运输险（Air Transportation Risks）

对被保险货物在运输途中遭受雷电、火灾、爆炸或由于飞机遭受恶劣气候或其他危难事故而被抛弃，或由于飞机遭受碰撞、倾覆、坠落或失踪等意外事故所造成的全部或部分损失负责赔偿。

2. 航空运输一切险（Air Transportation All Risks）

航空运输一切险除了包括航空运输险责任，还对被保险货物在运输途中由于外来原因造成的包括被偷窃、短少等全部或部分损失负责赔偿。

（五）中国保险条款陆上货物运输保险

货物如采用陆上运输工具运输，则有陆上运输货物保险条款。险别有下列两种：

1. 陆运险（Overland Transportation Risks）

陆运险对被保险货物在运输途中遭受暴风、雷电、洪水、地震等自然灾害；或由于陆上运输工具遭受碰撞、倾覆、出轨；或驳运过程中因驳运工具遭受搁浅、触礁、沉没、碰撞；或由于遭受隧道坍塌、崖崩或火灾、爆炸等意外事故所造成的全部或部分损失负责赔偿。

2. 陆运一切险（Overland Transportation All Risks）

陆运一切险除了包括上述陆运险责任，还对由于外来原因造成的货物短少、短量、偷窃、渗漏等全部或部分损失也负责赔偿。

（六）中国保险条款邮包保险

邮包保险条款的险别有下列两种：

1. 邮包险（Parcel Post Risks）

邮包险对被保险货物在运输途中由于遭受暴风雨、雷电、流冰、海啸、地震、洪水等自然灾害或由于运输工具搁浅、触礁、沉没、碰撞、出轨、倾覆、坠落或失踪；或由于失火和爆炸等意外事故所造成的全部或部分损失负责赔偿。此外，还包括共同海损的牺牲、分摊和救助费用。

2. 邮包一切险（Parcel Post All Risks）

除了包括上述邮包险的责任，还对被保险货物在运输途中由于外来原因造成的包括被偷窃而短少在内的全部或部分损失也负责赔偿。

（七）中国保险条款除外责任

对下列损失不负赔偿责任：

（1）被保险人的故意行为或过失所造成的损失。

（2）属于发货人责任所引起的损失。

（3）在保险责任开始前，被保险货物已存在品质不良或数量短差所造成的损失。

（4）被保险货物的自然损耗、本质缺陷、特性以及市价跌落、运输延迟所引起的损失或费用。

（八）中国保险条款责任起讫

（1）海运险、陆运险、空运险和邮包险负"仓至仓"责任，自被保险货物运离保险单所载明的起运地仓库或储存处所开始运输时生效，包括正常运输过程中的海上、陆上、内河和驳船运输在内，直至该项货物到达保险单所载明的目的地收货人的最后仓库或储存处所或被保险人用作分配、分派或非正常运输的其他储存处所为止。如未抵达上述仓库或储存处所，则以被保险货物在最后卸载地点全部卸离运输工具后满60天（空运险为30天）为止。如在上述60天内被保险货物需转运到非保险单所载明的目的地时，则在该项货物开始转运时终止。

（2）由于被保险人无法控制运输延迟、绕道、被迫卸货、重行装载、转载或承运人运用运输契约赋予的权限所做的任何运输上的变更或终止运输契约，致使被保险货物运到非保险单所载明的目的地时，在被保险人及时将获知的情况通知保险人，并在必要时加缴保险费的情况下，本保险仍继续有效，保险责任按下列规定终止：

① 被保险货物如在非保险单所载明的目的地出售，保险责任至交货时为止，但不论任何情况，均以被保险货物在卸载地点全部卸离运输工具后满60天（空运险为30天）为止。

② 被保险货物如在上述60天（空运险为30天）期限内继续运往保险单所载明的原目的地或其他目的地时，保险责任仍按上述第1款规定终止。

（九）协会货物条款

英国伦敦保险协会制定的协会货物条款（Institute Cargo Clauses，简称ICC）是根据1906年英国《海上保险法》和1779年英国国会确认的"劳埃德船货保险单价格"制定的，经多次修改后于1963年1月1日定型为"协会货物条款"（ICC）。1982年1月1日，为了避免命名与内容不符、易产生误解的弊端，改成现行的ICC。ICC的最新版本是ICC 2009，自2009年1月1日起生效。它是世界通用的保险条款，尽管许多保险公司有自己的保险条款，但基本上都以其为母本，内容也与ICC基本相同。

1. 保险险别

协会货物条款包括协会货物条款A［Institute Cargo Clauses（A），简称ICC（A）］、协会货物条款B［Institute Cargo Clauses（B），简称ICC（B）］、协会货物条款C［Institute Cargo Clauses（C），简称ICC（C）］、协会战争险条款（货物）［Institute War Clauses（Cargo），简称IWCC］、协会罢工险条款（货物）［Institute Strike Clauses（Cargo），简称ISCC］和恶意损害险条款（Malicious Damage Clauses）6种险别。以上6种险别除了恶意损害险属于附加险，不能单独投保外，其他5种险别都可以单独投保。下面重点介绍ICC（A）、ICC（B）和ICC（C）的条款情况。

2. 主要保险条款

（1）ICC（A）。ICC（A）的责任范围采用"一切风险减除外责任"的办法，即除了"除外责任"项下所列风险保险人不予负责外，其他风险均予负责。ICC（A）险的除外责任有下列四类：

① 一般除外责任。如因被保险人故意的不法行为造成的损失或费用；自然渗漏、自然损耗、自然磨损、包装不足或不当所造成的损失或费用；保险标的内在缺陷或特性所造成的损失或费用；直接由于延迟所引起的损失或费用；由于船舶所有人、租船人经营破产或不履行债务所造成的损失或费用；由于使用任何原子弹或核武器所造成的损失或费用。

② 不适航、不适货除外责任。指保险标的在装船时，被保险人或其受雇人已经知道船舶不适航，以及船舶、装运工具、集装箱等不适货。

③ 战争除外责任。如由于战争、内战、敌对行为等造成的损失或费用；由于捕获、拘留、扣留等(海盗除外)所造成的损失或费用；由于漂流水雷、鱼雷等造成的损失或费用。

④ 罢工除外责任。罢工者、被迫停工工人造成的损失或费用，以及由于罢工、被迫停工所造成的损失或费用等。

（2）ICC（B）。ICC（B）和ICC（C）承保风险的做法是采用"列明风险"的方法。ICC（B）险承保的风险是保险标的物的灭失或损坏可合理地归因于下列任何原因之一者，保险人予以赔偿：①火灾或爆炸；②船舶或驳船搁浅、触礁、沉没或倾覆；③陆上运输工具的倾覆或出轨；④船舶、驳船或运输工具同水以外的物体碰撞；⑤在避难港卸货；⑥地震、火山爆发、雷电；⑦共同海损牺牲；⑧抛货；⑨浪击落海；⑩海水、湖水或河水进入船舶、驳船、运输工具、集装箱、大型海运箱或储存处所，货物在装卸时落海或摔落造成整件的全损。ICC（B）险的除外责任与ICC（A）险的除外责任基本相同，但有下列两项区别：

① ICC（A）险除了对被保险人的故意不法行为所造成的损失、费用不负赔偿责任外，对被保险人之外任何个人或数人故意损害和破坏标的物或其他任何部分的损害，要负赔偿责任；但ICC（B）对此均不负赔偿责任。

② ICC（A）把海盗行为列入风险范围，而ICC（B）对海盗行为不负保险责任。

（3）ICC（C）。ICC（C）险承保的风险比ICC（A）、（B）险要小得多，它只承保"重大意外事故"，而不承保"自然灾害及非重大意外事故"。其具体承保的风险有：①火灾、爆炸；②船舶或驳船触礁、搁浅、沉没或倾覆；③陆上运输工具倾覆或出轨；④在避难港卸货；⑤共同海损牺牲；⑥抛货。ICC（C）险的除外责任与ICC（B）险完全相同。

在"协会货物条款"中，恶意损害险所承担的是被保险人以外的其他人(如船长、船员等)的故意破坏行为所致的被保险货物的灭失和损害。它属于

ICC（A）险的责任范围，但在ICC（B）、ICC（C）险中，则被列为"除外责任"。

（十）保险单的作用和种类

保险单是一份保险合同证明，也是一份赔偿合同。保险单经过背书后，还可以随货物所有权的转移而转让。目前，我国进出口业务中使用的保险单的种类主要有保险单、保险凭证、预约保险单、保险批单。

微课：保险
单据的种类

1. 保险单

保险单（Insurance Policy）又称大保单，是保险人与被保险人之间订立保险合同的一种正式证明。

保险单的正面印制了海上保险所需的基本事项，包括被保险人和保险人名称；保险标的名称、数量、包装；保险金额、保险费率和保险费；运输工具启运日期、装运港和目的港；承保险别；检验理赔人或代理人名称；赔款偿付地点；合同签订日期等。而保险单的背面则列明了一般保险条款，规定保险人与被保险人的各项权利和义务、保险责任范围、除外责任、责任起讫、损失处理、索赔理赔、保险争议处理、时效条款等各项内容。

2. 保险凭证

保险凭证（Insurance Certificate）实质上是一种简化的保险单，保险凭证与保险单具有同等法律效力，故又被称为小保单，用以证明海上货物运输保险合同的有效存在。现在实际业务中已经很少使用。保险凭证正面所列内容与保险单是一样的。但是，其背面是空白的，没有载明保险条款，而在正面声明以同类海上保险单所载条款为准。

3. 预约保险单

预约保险单（Open Policy），又称开口保险单，它一般适用于经常有相同类型货物需要陆续装运的保险。这种事先预约的保险合同在我国的货物进出口中广泛适用，特别是我国进口货物基本上都采用预约保险单。许多贸易公司与保险公司订有预约保险合约，凡该公司出口或进口的货物均在预约保险的保障范围内。

4. 保险批单

保险批单（Endorsement）是保险公司在保险单出具后，根据投保人的需求，对保险内容的补充或变更出具的一种凭证。批单是保险单的组成部分。保险单据应按信用证规定的内容提交。如信用证规定提交保险单，则只能接受保险单；如信用证规定是预约保险下的保险证明/声明，则保险单可做替代。除非信用证特别授权，否则保险单是不能被接受的。

（十一）保险金额和保险费

保险金额是保险公司承担赔偿或给付保险金责任的最高限额，也是保险公司计算保险费的依据。

保险金额的计算公式为：

保险金额＝CIF（CIP）价×（1＋投保加成率）

保险费的计算公式为：

保险费＝保险金额×保险费率＝CIF（CIP）价×（1＋投保加成率）×保险费率

（十二）保险与UCP600条款

（1）UCP600第28条a款规定，保险单据，例如保险单或预约保险项下的保险凭证或者投保声明，必须看似由保险公司或承保人或其代理人或代表出具并签字。

（2）UCP600第28条b款规定，如果保险单据表明出具的正本不止一份，所有正本均须提交。

（3）UCP600第28条c款规定，暂保单将不予接受。

（4）UCP600第28条d款规定，可以接受保险单取代预约保险项下的保险凭证或投保声明。

（5）UCP600第28条e款规定，保险单据日期不得晚于装运日期，除非保险单据表明保险责任不迟于装运日生效。

（6）UCP600第28条fi款规定，保险单据必须表明投保金额并以与信用证相同的货币表示。fii款规定，信用证对于投保金额为货物价值、发票金额或类似金额的某一比例的要求，将被视为对最低保额的要求；如果信用证对投保金额未作规定，投保金额须至少为货物的CIF或CIP价格的110%；如果不能从单据中确定CIF或CIP价格，投保金额必须基于所要求的承付或议付的金额，或基于发票上显示的货物总值来计算，两者中取金额较高者。fiii款规定，保险单据须表明承保的风险区间至少涵盖从信用证规定的货物接管地或发运地开始到卸货地或最终目的地为止。

（7）UCP600第28条g款规定，信用证应规定所需投保的险别及附加险（如有的话）。如果信用证使用诸如"通常风险"或"惯常风险"等含义不确切的用语，则无论是否有漏保风险，保险单据将被照样接受。

（8）UCP600第28条h款规定，当信用证规定投保"一切险"时，如提交的保险单据载有任何"一切险"的批注或条款，无论是否有"一切险"标题，均将被接受，即使其声明一些风险除外。

（9）UCP600第28条i款规定，保险单据可以援引任何除外条款。

（10）UCP600第28条j款规定，保险单据可以注明受免赔率或免赔额（减除额）约束。

习题测验 <<<<<<<<<<<<<<<<<<<<<<<<<<<<<<<<<<<<<<<<<<<<<<<<<<<<

（一）单项选择题

1. 为了防止运输途中货物被盗，应该投保（　　　）。

A. 平安险　　　　　　　　　B. 一切险

C. 偷窃提货不着险　　　　　D. 一切险加保偷窃提货不着险

2. 为了使搁浅或触礁的船舶脱离险境，而求救于第三者，由此支付额外费用的损失属于（　　　）。

A. 实际全损　　　　　　　　B. 推定全损

C. 共同海损　　　　　　　　D. 单独海损

3. 保险单俗称（　　　）。

A. 大保单　　　　　　　　　B. 小保单

C. 预约保单　　　　　　　　D. 保险批单

4. 根据我国《海洋货物运输保险条款》的规定，承保范围最小的基本险别是（　　　）。

A. 平安险　　　　　　　　　B. 水渍险

C. 一切险　　　　　　　　　D. 附加险

（二）多项选择题

1. 保险公司对（　　　　　）不负赔偿责任。

A. 被保险人的故意行为或过失所造成的损失

B. 属于发货人责任所引起的损失

C. 在保险责任开始前，被保险货物已存在的品质不良或数量短差所造成的损失

D. 被保险货物的自然损耗、本质缺陷、特性以及市价跌落、运输延迟所引起的损失或费用

2. 航空货运险包括（　　　　　）。

A. 平安险　　　　　　　　　B. 航空货运险

C. 陆运险　　　　　　　　　D. 航空货运一切险

（三）判断题

1. 外贸企业对出口货物投保了战争险，在运输途中受海盗袭击，此项损失保险公司应予以赔偿。（　　　）

2. CIC战争险和ICC战争险均可单独投保。（　　　）

3. 在出口业务中，保险单的出单日期不能晚于海运提单的签发日期。
（　　　）

4. 出口一批玻璃器皿，因其在运输途中容易破碎，所以在投保一切险的基础上，还应加保碰损破碎险。（　　　）

能 力实训 <<<<<<<<<<<<<<<<<<<<<<<<<<<<<<<<<<<<<<<<<<<<<<<<

◆能力实训1：即期L/C支付方式下制作投保单和办理保险操作

2023年4月12日，辽宁凯通国际货运代理有限公司通知大连虹色纺织服装有限公司其所订舱位已经确认，该批货物将于4月24日装上由大连港开往加拿大蒙特利尔港的"HUA CHANG"轮第09981船次。在得到了船公司关于确认订舱的配舱回单后，大连虹色纺织服装有限公司外贸单证员丁德即于4月21日按照信用证的有关规定填写"投保单"，并随附商业发票向中国人民财产保险股份有限公司大连分公司办理保险手续。

1. 信用证

APPLICATION HEADER		BNPACAMMAXXX
		*BNP PARIBAS (CANADA)
		*MONTREAL
SEQUENCE OF TOTAL	27 :	1 / 1
FORM OF DOC. CREDIT	40A :	IRREVOCABLE
DOC. CREDIT NUMBER	20 :	63211020049
DATE OF ISSUE	31C :	230228
EXPIRY	31D :	230513 BENEFICIARY'S COUNTRY
APPLICANT	50 :	FASHION FORCE CO., LTD
		P.O.BOX 8935 NEW TERMINAL, ALTA, VISTA OTTAWA, CANADA
BENEFICIARY	59 :	DALIAN HONGSE TEXTILE GARMENT CO., LTD.
		NO.8 RENMIN RD, DALIAN, CHINA
AMOUNT	32B :	CURRENCY USD AMOUNT 32 640.00

AVAILABLE WITH/BY	41D：	ANY BANK
		BY NEGOTIATION
DRAFTS AT ...	42C：	SIGHT
DRAWEE	42A：	BNPACAMMXXX
		*BNP PARIBAS (CANADA)
		*MONTREAL
PARTIAL SHIPMENTS	43P：	NOT ALLOWED
TRANSSHIPMENT	43T：	ALLOWED
PORT OF LOADING/ AIRPORT OF DEPAR-TURE	44E：	DALIAN
PORT OF DISCHARGE	44F：	MONTREAL
LATEST DATE OF SHIP.	44C：	230428
DESCRIPT OF GOODS	45A：	SALES CONDITIONS: CIF MONTREAL, CANADA, AS PER INCOTERMS® 2020
		SALES CONTRACT NO. F01LCB221207
		LADIES COTTON BLAZER (100% COTTON, 40SX20/140X60)
		STYLE NO. PO NO. QTY/PCS USD/PC
		46-301A 10337 2550 12.80
DOCUMENTS REQUIRED	46A：	+ INVOICE IN DUPLICATE.
		+ FULL SET CLEAN "ON BOARD"OCEAN BILLS OF LADING MADE OUT TO ORDER MARKED FREIGHT PREPAID AND NOTIFY APPLICANT.
		+ INSURANCE POLICY IN DUPLICATE ENDORSED IN BLANK COVERING FPA OF CIC OF PICC.
		+ CERTIFICATE OF ORIGIN.
		+ PACKING LIST IN DUPLICATE.

ADDITIONAL CONDITIONS	47A：	+ IF DOCUMENTS PRESENTED ARE FOUND BY US NOT TO BE FULL COMPLIANCE WITH CREDIT TERMS. WE WILL ASSESS A CHARGE OF USD 55.00 PER SET OF DOCUMENTS. + 3 PCT MORE OR LESS IN AMOUNT AND QUANTITY IS ALLOWED. + ALL DOCUMENTS MUST INDICATE THE NAME OF ISSUING BANK, THE DATE OF THIS CREDIT AND CREDIT NO.
CHARGES	71D：	OUTSIDE OPENING BANK CHARGES TO BE BORNE BY THE BENEFICIARY, OPENING BANK CHARGES TO BE BORNE BY THE APPLICANT
CONFIRMATION INSTRUCTIONS	49 ：	WITHOUT
INSTRUCTIONS TO THE PAYING/ACCEPTING/ NEGOTIATING BANK	78 ：	+ WE SHALL COVER THE NEGOTIATING BANK AS PER THEIR INSTRUCTIONS + FORWARD DOCUMENTS IN ONE LOT BY SPECIAL COURIER PREPAID TO BNP PARIBAS (CANADA), 1981 MCGILL COLLECE AVE. MONTREAL QC H3A 2W8 CANADA.
SENDER TO RECEIVER INFORMATION	72Z：	THIS CREDIT IS SUBJECT TO UCP FOR DOCUMENTARY CREDIT 2007 REVISION ICC PUBLICATION 600 AND IS THE OPERATIVE INSTRUMENT.

2. 商业发票

Issuer DALIAN HONGSE TEXTILE GARMENT CO., LTD. NO.8 RENMIN RD, DALIAN, CHINA	商业发票 COMMERCIAL INVOICE	
To FASHION FORCE CO., LTD P.O.BOX 8935 NEW TERMINAL, ALTA, VISTA OTTAWA, CANADA	No. NT23FF004	Date APR. 12, 2023

Transport Details SHIPMENT FROM DALIAN TO MONTREAL BY VESSEL		S/C No. F01LCB221207	L/C No. 63211020049
		Terms Of Payment L/C AT SIGHT	

Marks and Numbers	Number and Kind of Package Description of Goods	Quantity	Unit Price	Amount
	CIF MONTREAL, CANADA, AS PER INCOTERMS® 2020			
FASHION FORCE F01LCB221207 CTN NO. MONTREAL MADE IN CHINA	LADIES COTTON BLAZER (100% COTTON, 40SX20/ 140X60) STYLE NO.　　PO NO. 46-301A　　　10337 PACKED IN 50 PCS/CTN	2 550PCS	USD12.80/PC	USD32 640.00
	Total:	2 550PCS		USD32 640.00
SAY TOTAL: USD THIRTY TWO THOUSAND SIX HUNDRED AND FORTY ONLY				
DATE OF L/C: FEB. 28, 2023 NAME OF ISSUING BANK: BNP PARIBAS (CANADA),MONTREAL				
DALIAN HONGSE TEXTILE GARMENT CO., LTD. 廖　虹				

▲请外贸单证员丁德完成以下工作任务：

1. 制作投保单。

2. 办理保险。

◆能力实训2：远期L/C支付方式下制作投保单和办理保险操作

上接学习情境六中的能力实训2：远期L/C支付方式下制作报关委托书和出口货物报关单操作。2023年5月6日，南京辉皇食品有限公司外贸单证员方萍应根据以下相关信息制作投保单，并向中国大地财产保险股份有限公司南京分公司办理投保手续。

1. 信用证

MT 700		ISSUE OF A DOCUMENTARY CREDIT
APPLICATION HEADER		RJHISARI
		*ALRAJHI BANKING AND INVESTMENT
		*CORPORATION
		*RIYADH (HEAD OFFICE)
SEQUENCE OF TOTAL	27 :	1 / 1
FORM OF DOC. CREDIT	40A :	IRREVOCABLE
DOC. CREDIT NUMBER	20 :	LC123
DATE OF ISSUE	31C :	230317
DATE/PLACE OF EXPIRY	31D :	230527 CHINA
APPLICANT	50 :	RED FLOWER TRADING CO.
		P.O. BOX 536, RIYADH 22766, SAUDI ARABIA
		TEL: 00966-1-4659215 FAX: 00966-1-4659217
BENEFICIARY	59 :	NANJING HUIHUANG FOODS CO., LTD.
		YUN MANSION RM3908 NO.85 FUZI RD.,
		NANJING 210005, CHINA
		TEL: 0086-25-84715000 FAX: 0086-25-84711111
AMOUNT	32B :	CURRENCY USD AMOUNT 13 600.00
PERCENTAGE CREDIT AMOUNT TOLERANCE	39A :	10/10
AVAILABLE WITH/BY	41D :	ANY BANK IN CHINA,
		BY NEGOTIATION
DRAFTS AT ...	42C :	30 DAYS AFTER B/L DATE
DRAWEE	42A :	RJHISARI
		*ALRAJHI BANKING AND INVESTMENT
		*CORPORATION
		*RIYADH (HEAD OFFICE)
PARTIAL SHIPMENTS	43P :	NOT ALLOWED
TRANSSHIPMENT	43T :	NOT ALLOWED

PORT OF LOADING/ AIRPORT OF DEPARTURE	44E：CHINESE MAIN PORT, CHINA
PORT OF DISCHARGE	44F：DAMMAM PORT, SAUDI ARABIA
LATEST DATE OF SHIPMENT	44C：230517
GOODS DESCRIPTION	45A：ABOUT 1 700 CARTONS CANNED MUSRHOOM PIECES & STEMS 24 TINS X 220 GRAMS NET WEIGHT (G.W. 420 GRAMS) AT USD8.00 PER CARTON, ROSE BRAND, CIF DAMMAM PORT, SAUDI ARABIA AS PER INCOTERMS® 2020, AS PER S/C NO. UY90, DATED FEB. 22, 2023.
DOCUMENTS REQUIRED	46A：+ SIGNED COMMERCIAL INVOICE MANUALLY IN TRIPLICATE AND MUST SHOW BREAK DOWN OF THE AMOUNT AS FOLLOWS: FOB VALUE, FREIGHT CHARGES, PREMIUM AND TOTAL AMOUNT CIF.
	+ FULL SET CLEAN ON BOARD BILLS OF LADING MADE OUT TO THE ORDER OF AL RAJHI BANKING AND INVESTMENT CORPORATION, MARKED FREIGHT PREPAID AND NOTIFY APPLICANT, INDICATING THE FULL NAME, ADDRESS AND TEL NO. OF THE CARRYING VESSEL'S AGENT AT THE PORT OF DISCHARGE.
	+ SIGNED PACKING LIST MANUALLY IN TRIPLICATE.
	+INSURANCE POLICY IN DUPLICATE ENDORSED IN BLANK COVERING W.P.A. OF CIC OF PICC.
	+ INSPECTION (HEALTH) CERTIFICATE FROM THE CUSTOMS,P. R. CHINA STATING GOODS ARE FIT FOR HUMAN BEING.

		+ CERTIFICATE OF ORIGIN DULY CERTIFIED BY CCPIT, STATING THE NAME OF THE MANUFACTURERS OR PRODUCERS AND THAT GOODS EXPORTED ARE WHOLLY OF CHINESE ORIGIN.
		+ THE PRODUCTION DATE OF THE GOODS NOT TO BE EARLIER THAN HALF MONTH AT TIME OF SHIPMENT. BENEFICIARY MUST CERTIFY THE SAME.
ADDITIONAL CONDITIONS	47A：	+A DISCREPANCY FEE OF USD50.00 WILL BE IMPOSED ON EACH SET OF DOCUMENTS PRESENTED FOR NEGOTIATION UNDER THIS L/C WITH DISCREPANCY. THE FEE WILL BE DEDUCTED FROM THE BILL AMOUNT.
CHARGES	71D：	ALL CHARGES OUTSIDE SAUDI ARABIA ON BENEFICIARIES' ACCOUNT INCLUDING REIMBURSING COMMISSION, DISCREPANCY FEE (IF ANY) AND COURIER CHARGES.
PERIOD FOR PRESENTATION IN DAYS	48 ：	010
CONFIRMATION INSTRUCTIONS	49 ：	WITHOUT
REIMBURSING BANK	53D：	ALRAJHI BANKING AND INVESTMENT CORPORATION RIYADH (HEAD OFFICE)
INSTRUCTIONS TO THE PAYING/ACCEPTING/ NEGOTIATING BANK	78 ：	DOCUMENTS TO BE DESPATCHED IN ONE LOT BY COURIER. ALL CORRESPONDENCE TO BE SENT TO ALRAJHI BANKING AND INVESTMENT COPRORATION RIYADH (HEAD OFFICE)
SENDER TO RECIVER INFORMATION	72Z：	REIMBURSEMENT IS SUBJECT TO ICC URR 525.

2. 商业发票

NANJING HUIHUANG FOODS CO., LTD.					
YUN MANSION RM3908 NO.85 FUZI RD., NANJING 210005, CHINA					
TEL: 0086-25-84715000 FAX: 0086-25-84711111					
COMMERCIAL INVOICE					
To:	RED FLOWER TRADING CO. P.O. BOX 536, RIYADH 22766, SAUDI ARABIA TEL: 00966-1-4659215 FAX: 00966-1-4659217		Invoice No.:	2023NHT098	
				Invoice Date:	APR. 29, 2023
				S/C No.:	UY90
				S/C Date:	FEB. 22, 2023
From:	SHANGHAI, CHINA		To:	DAMMAM PORT, SAUDI ARABIA	
Marks and Numbers	Number and Kind of Package Description of Goods	Quantity	Unit Price	Amount	
RFT ROSE BRAND RIYADH C/NO: 1-1750	CIF DAMMAM PORT, SAUDI ARABIA AS PER INCOTERMS® 2020 CANNED MUSRHOOM PIECES & STEMS 24 TINS × 220 GRAMS NET WEIGHT (G.W. 420 GRAMS), ROSE BRAND	1 750CTNS	USD8.00/CTN	USD14 000.00	
TOTAL:		1 750CTNS		USD14 000.00	
SAY TOTAL:	U.S. DOLLARS FOURTEEN THOUSAND ONLY.				
FOB VALUE：USD12 920.00 FREIGHT CHARGES：USD2 000.00 PREMIUM：USD80.00 NANJING HUIHUANG FOODS CO., LTD. 章　胜					

▲请外贸单证员方萍完成以下工作任务：

1. 制作投保单。

2. 办理保险。

◆能力实训3：假远期L/C支付方式下制作投保单和办理保险操作

上接学习情境四中的能力实训1：假远期L/C支付方式下制作出境货物报

检单和办理报检操作。2023 年 7 月 11 日，浙江金苑进出口有限公司外贸单证员林霞应根据以下相关信息制作投保单，并向中国大地财产保险股份有限公司浙江分公司办理投保手续。

1. 信用证

SEQUENCE OF TOTAL	27 ：	1 / 1
FORM OF DOCUMENTARY CREDIT	40A：	IRREVOCABLE
DOCUMENTARY CREDIT NUMBER	20 ：	BOCL20230902
DATE OF ISSUE	31C：	230530
APPLICABLE RULES	40E：	UCP LATEST VERSION
DATE AND PLACE OF EXPIRY	31D：	230730 CHINA
APPLICANT	50 ：	BEK FOODS INC. NO. 66 UNION ST., LUTON LU,3AN,U.K.
BENEFICIARY	59 ：	ZHEJIANG JINYUAN IMPORT AND EXPORT CO., LTD. 118 XUEYUAN STREET, HANGZHOU, CHINA
AMOUNT	32B：	CURRENCY USD AMOUNT 136 800.00
PERCENTAGE CREDIT AMOUNT TOLERANCE	39A：	05/05
AVAILABLE WITH/BY	41D：	THE AGRICULTURAL BANK OF CHINA, NANJING BRANCH BY NEGOTIATION
DRAFTS AT ...	42C：	AT 90 DAYS AFTER SIGHT
DRAWEE	42A：	ISSUING BANK
PARTIAL SHIPMENT	43P：	PROHIBITED
TRANSSHIPMENT	43T：	PROHIBITED
PORT OF LOADING/AIRPORT OF DEPARTURE	44E：	SHANGHAI, CHINA
PORT OF DISCHARGE	44F：	FELIXSTOWE, U.K.
LATEST DATE OF SHIPMENT	44C：	230715

DESCRIPTION OF GOODS AND/OR SERVICES	45A：	3 600CTNS OF SHAOXING RICE WINE, ALCOHOL CONTENT:15 PERCENT, 12BTLS/CTN, 750ML/BTL, AT USD38.00/ CTN, CIF FELIXSTOWE, U.K. AS PER INCOTERMS®2020
DOCUMENTS REQUIRED	46A：	+ COMMERCIAL INVOICE SIGNED IN INK IN QUINTUPLICATE CERTIFYING THAT THE GOODS SHIPPED ARE AS PER CONTRACT NUMBER ZJJY2378 DATED MAY 16, 2023.

+ PACKING LIST IN QUINTUPLICATE.

+ CERTIFICATE OF ORIGIN CERTIFIED BY CHAMBER OF COMMERCE OR CCPIT.

+ FULL SET OF CLEAN ON BOARD OCEAN BILLS OF LADING MADE OUT TO THE ORDER OF ISSUING BANK, MARKED "FREIGHT PREPAID" AND NOTIFYING APPLICANT BEARING L/C NO. AND DATE. SHORT FORM OF BILL OF LADING IS NOT ACCEPTABLE.

+ INSURANCE POLICY/CERTIFICATE IN DUPLICATE MADE OUT TO ORDER ENDORSED IN BLANK FOR 110% INVOICE VALUE, COVERING FPA AND CLASH & BREAKAGE CLAUSE OF CIC OF PICC AND SHOWING THE CLAIMING CURRENCY IS THE SAME AS THE CURRENCY OF CREDIT.

+ BENEFICIARY'S CERTIFICATE CERT-IFYING THAT ONE COPY OF BILL OF LADING, COMMERCIAL INVOICE AND PACKING LIST RESPECTIVELY HAVE MAILED TO THE APPLICANT BY DHL WITHIN THREE WORKING DAYS AFTER BILL OF LADING DATE.

		+ CERTIFICATE'S CERTIFIED COPY OF FAX DISPATCHED TO THE APPLICANT WITHIN THREE DAYS AFTER SHIPMENT ADVISING L/C NUMBER, NAME, QUANTITY AND AMOUNT OF GOODS, NUMBER OF PACKAGES, CONTAINER NUMBER, NAME OF VESSEL AND VOYAGE NUMBER, AND DATE OF SHIPMENT.
ADDITIONAL CONDITIONS	47A：	+ALL DOCUMENTS SHOULD BE DATED ON OR LATER OF THIS L/C AND BEAR THE L/C NUMBER AND DATE.
		+ SHIPMENT TO BE EFFECTED NOT EARLIER THAN 7 DAYS BEFORE LATEST DATE OF SHIPMENT AS PER THIS CREDIT.
		+ MORE OR LESS 5 PERCENT OF QUANTITY OF GOODS IS ALLOWED.
		+ BENEFICIARY'S USANCE DRAFTS MUST BE NEGOTIATED AT SIGHT BASIS AND ACCEPTANCE COMMISSION AND DISCOUNT CHARGE ARE FOR APPLICANT'S ACCOUNT.
		+ ALL PRESENTATIONS CONTAINING DISCREPANCIES WILL ATTRACT A DISCREPANCY FEE OF USD50.00 PLUS TELEX COSTS OR OTHER CURRENCY EQUIVALENT. THIS CHARGE WILL BE DEDUCTED FROM THE BILL AMOUNT WHETHER OR NOT WE ELECT TO CONSULT THE APPLICANT FOR A WAIVER
CHARGES	71D：	ALL BANK CHARGES OUTSIDE U.K. ARE FOR ACCOUNT OF BENEFICIARY.
PERIOD FOR PRESENTATION IN DAYS	48 ：	015
CONFIRMATION INSTRUCTIONS	49 ：	WITHOUT

INSTRUCTIONS TO THE PAYING/ ACCEPTING/ NEGOTIATING BANK.	78 ：	+ NEGOTIATION INVOLVING INVOICE EXCEEDING L/C AMOUNT IS STRICTLY PROHIBITED.
		+ ALL DOCUMENTS TO BE DESPATCHED IN ONE SET BY COURIER TO BANK OF CHINA, LONDON, 90 CANNON STREET, LONDON EC4N 6HA, U.K.
		+ UPON PRESENTATION TO US OF DRAFTS AND DOCUMENTS IN STRICT COMPLIANCE WITH TERMS AND CONDITIONS OF THIS CREDIT, WE WILL REMIT THE PROCEEDS ON DUE DATE AS PER THE NEGOTIATING BANK'S INSTRUCTIONS.
		+ EXCEPT AS OTHERWISE EXPRESSLY STATED, THIS CREDIT IS SUBJECT TO UCP (2007 VERSION) ICC PUBLICATION 600.
SENDER TO RECEIVER INFORMATION	72Z ：	PLEASE ADVISE AND ACKNOWLEDGE THE RECEIPT.

2. 商业发票

ZHEJIANG JINYUAN IMPORT AND EXPORT CO., LTD. 118 XUEYUAN STREET, HANGZHOU, CHINA COMMERCIAL INVOICE				
To:	BEK FOODS INC. NO. 66 UNION ST., LUTON LU,3AN,U.K.		Invoice No.:	JY23099
			Invoice Date:	JUL. 5, 2023
			S/C No.:	ZJJY2378
			S/C Date:	MAY 16, 2023
From:	SHANGHAI, CHINA	To:	FELIXSTOWE,U.K.	
L/C No.:	BOCL20230902	Date of Issue:	MAY 30, 2023	
Marks and Numbers	Number and Kind of Package Description of Goods	Quantity	Unit Price	Amount

BEK ZJJY2378 FELIX-STOWE CARTON NO.1-3630	CIF FELIXSTOWE,U.K. AS PER INCOTERMS®2020			
	SHAOXING RICE WINE ALCOHOL CONTENT:15 PERCENT 12BTLS/CTN, 750ML/ BTL	3 630CTNS	USD38.00/CTN	USD137 940.00
	TOTAL:	3 630CTNS		USD137 940.00
SAY TOTAL:	SAY U.S. DOLLARS ONE HUNDRED THIRTY SEVEN THOUSAND NINE HUNDRED FORTY ONLY.			
	ZHEJIANG JINYUAN IMPORT AND EXPORT CO., LTD. 王 立			

3. 装箱单

ZHEJIANG JINYUAN IMPORT AND EXPORT CO., LTD. 118 XUEYUAN STREET, HANGZHOU, CHINA PACKING LIST			
To:	BEK FOODS INC. NO. 66 UNION ST., LUTON LU, 3AN, U.K.	Invoice No.:	JY23099
		Invoice Date:	JUL. 5, 2023
		S/C No.:	ZJJY2378
		S/C Date:	MAY 16, 2023
From:	SHANGHAI, CHINA	To: FELIXSTOWE,U.K.	
L/C No.:	BOCL20230902	Date of Issue: MAY 30, 2023	
Marks and Numbers	BEK ZJJY2378 FELIXSTOWE CARTON NO.1-3630		

Description of Goods	Qty. (Cartons)	N.W (Kgs)		G.W (Kgs)		Meas. (Cbm)	
		Per ctn.	Sub-total	Per ctn.	Sub-total	Per ctn.	Sub-total
SHAOXING RICE WINE ALCOHOL CONTENT:15 PERCENT 12BTLS/CTN, 750ML/BTL	3 630	9	32 670	11	39 930	0.036	130.68
TOTAL:	3 630	9	32 670	11	39 930	0.036	130.68
SAY TOTAL:	THREE THOUSAND SIX HUNDRED THIRTY CARTONS ONLY.						
SHIPPED IN 5 × 20FCL, 726CTNS/20FCL.							

▲请外贸单证员林霞完成以下工作任务：

1. 制作投保单。

2. 办理保险。

[调查研究与善作善成]

1. 调研主题

风险意识与投保险别。

2. 调研步骤

（1）以小组为单位，调研搜集与投保险别相关的资料和风险案例。

（2）根据调研资料，讨论研究形成调研报告。

（3）根据调研报告制作PPT。

（4）每组派代表在课堂上分享本组调研成果。

3. 调研成果

（1）调研报告。

（2）PPT。

【学习目标】

素养目标：

● 具备防范未及时装运通知的风险意识

● 树立零差错、高效率、求极致的精益求精单证观

技能目标：

● 能够制作装运通知

● 能够制作受益人证明

知识目标：

● 熟悉装运通知的作用和内容

● 熟悉受益人证明的作用和内容

● 熟悉船籍和航程证明、船龄证明等其他附属单据

【思维导图】

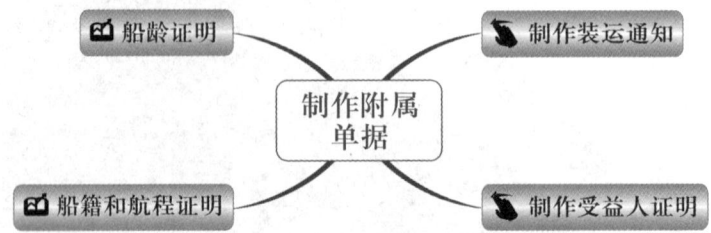

船龄证明   制作装运通知

                制作附属
                单据

船籍和航程证明   制作受益人证明

项 目背景

2023年5月15日，浙江金苑进出口有限公司外贸单证员陈红收到浙江海洲国际货运代理有限公司寄来的海运提单如下：

Shipper Insert Name, Address and Phone		B/L No. COSU60000778806
ZHEJIANG JINYUAN IMPORT AND EXPORT CO., LTD. 118 XUEYUAN STREET, HANGZHOU, P.R.CHINA		
Consignee Insert Name, Address and Phone		中远海运集装箱运输有限公司 COSCO CONTAINER LINES
TO ORDER		
Notify Party Insert Name, Address and Phone		
SIK GMBH & CO. KG RATHAUSMARKT 66, 20095 HAMBURG, GERMANY TEL: 0049-40-3410766 FAX: 0049-40-3410767		TLX: 33057 COSCO CN FAX: +86(021) 6545 8984 ORIGINAL
Ocean Vessel Voy. No.	Port of Loading	
EVER LIVELY, VOY. NO. 0392W	SHANGHAI	Port-to-Port BILL OF LADING
Port of Discharge	Port of Destination	Shipped on board and condition except as other······
HAMBURG, GERMANY		

Marks & Nos. Container / Seal No.	No. of Containers or Packages	Description of Goods	Gross Weight	Measurement
SIK ZJJY2339 L357/ L358 HAMBURG, GERMANY C/NO.：1-502 CN: GATU8585677 SN:3320999	502CARTONS 1 × 40'FCL	LADIES JACKET L/C NO.: FFF237699 DATE: MAR. 31, 2023 NAME OF ISSUING BANK: BANK OF CHINA, HAMBURG BRANCH	5 020KGS FREIGHT PREPAID	58.96M^3

Description of Contents for Shipper's Use Only (Not part of This B/L Contract)

Total Number of Containers and/or Packages (in words)：FIVE HUNDRED AND TWO CARTONS ONLY.

Ex. Rate:	Prepaid at	Payable at	Place and Date of Issue
	SHANGHAI		SHANGHAI, MAY 12, 2023
	Total Prepaid	No. of Original B(s)/L	Signed for the Carrier
		THREE (3)	COSCO CONTAINER LINES 王 全

　　根据以下已经制作好的商业发票和装箱单，以及信用证中有关装船通知和受益人证明的条款："SHIPPING ADVICE SHOWING THE NAME OF THE CARRYING VESSEL, DATE OF SHIPMENT, MARKS, QUANTITY, NET WEIGHT AND GROSS WEIGHT OF THE SHIPMENT TO APPLICANT WITHIN 3 DAYS AFTER THE DATE OF BILL OF LADING"和"+ ONE COPY OF BILL OF LADING, COMMERCIAL INVOICE AND PACKING LIST SHOULD BE MAILED TO THE APPLICANT BY DHL WITHIN THREE DAYS AFTER BILL OF LADING DATE, BENEFICIARY'S CERTIFICATE TO THIS EFFECT IS REQUIRED."

　　1. 商业发票

　　同学习情境三项目背景中的商业发票。

　　2. 装箱单

　　同学习情境三项目背景中的装箱单。

素养点：
精益求精单
证观

外贸单证员陈红需按照"正确、完整、及时、简明和整洁"的制单要求，完成以下工作任务：

工作任务 1　制作装运通知

工作任务 2　制作受益人证明

任 务完成 <<<<<<<<<<<<<<<<<<<<<<<<<<<<<<<<<<<<<<<<<<<<<<<<<

任务 1　制作装运通知

外贸单证员陈红根据信用证条款"+ SHIPPING ADVICE SHOWING THE NAME OF THE CARRYING VESSEL, DATE OF SHIPMENT, MARKS, QUANTITY,NET WEIGHT AND GROSS WEIGHT OF THE SHIPMENT TO APPLICANT WITHIN 3 DAYS AFTER THE DATE OF BILL OF LADING"，以及商业发票和海运提单制作装运通知如下。

ZHEJIANG JINYUAN IMPORT AND EXPORT CO., LTD.			
118 XUEYUAN STREET, HANGZHOU, CHINA			
SHIPPING ADVICE			
TO:	SIK GMBH & CO. KG RATHAUSMARKT 66, 20095 HAMBURG, GERMANY	ISSUE DATE:	MAY 15, 2023
		S/C. NO.:	ZJJY2339
		L/C NO.:	FFF237699
		L/C DATE：	MAR. 31, 2023
		NAME OF ISSUING BANK：	BANK OF CHINA, HAMBURG, GERMANY
Dear Sir or Madam:			
We are glad to advise you that the following mentioned goods have been shipped out, full details were shown as follows:			
Invoice Number:	JY23018		
Bill of Lading Number:	COSU60000778806		

Ocean Vessel:	EVER LIVELY, VOY. NO. 0392W
Port of Loading:	SHANGHAI, CHINA
Date of Shipment:	MAY. 12, 2023
Port of Destination:	HAMBURG, GERMANY
Estimated Date of Arrival:	JUNE 12, 2023
Containers/Seals Number:	GATU8585677/3320999
Description of Goods:	LADIES JACKET
Shipping Marks:	SIK ZJJY2339 L357/ L358 HAMBURG, GERMANY C/NO.：1-502
Quantity:	4 518PCS
Gross Weight:	5 020KGS
Net Weight:	4 518KGS
Total Value:	USD54 216.00
Thank you for your patronage. We look forward to the pleasure of receiving your valuable repeat orders. Sincerely yours, ZHEJIANG JINYUAN IMPORT AND EXPORT CO., LTD. 王 立	

（1）填写出口公司名称和地址：

ZHEJIANG JINYUAN IMPORT AND EXPORT CO., LTD.

118 XUEYUAN STREET, HANGZHOU, CHINA

（2）填写单据名称：SHIPPING ADVICE。

（3）抬头：按L/C规定填SIK GMBH & CO. KG, RATHAUSMARKT 66, 20095 HAMBURG, GERMANY。

（4）日期：MAY 15, 2023。

（5）参考业务信息，如填L/C号码、合同号码等。如果发出装运通知是为了让买方及时投保，参考号码栏中一般还需加预约保单号码（OPEN POLICY NO./COVER NOTE NO.）。

S/C. NO.:	ZJJY2339
L/C NO.:	FFF237699
L/C DATE：	MAR. 31, 2023
NAME OF ISSUING BANK：	BANK OF CHINA, HAMBURG BRANCH

（6）按L/C规定将具体细节一一列明。

（7）若信用证规定须有证明副本装运通知真实性的文句，则应加上此句。若无规定，则不必加。

（8）出口公司签署。

ZHEJIANG JINYUAN IMPORT AND EXPORT CO., LTD.

王 立

微课：制作
受益人证明

任务2　制作受益人证明

外贸单证员陈红根据信用证条款"+ ONE COPY OF BILL OF LADING, COMMERCIAL INVOICE AND PACKING LIST SHOULD BE MAILED TO THE APPLICANT BY DHL WITHIN THREE DAYS AFTER BILL OF LADING DATE, BENEFICIARY'S CERTIFICATE TO THIS EFFECT IS REQUIRED"，以及商业发票制作受益人证明如下。

ZHEJIANG JINYUAN IMPORT AND EXPORT CO., LTD.

118 XUEYUAN STREET, HANGZHOU, CHINA

BENEFICIARY'S CERTIFICATE

To:	WHOM IT MAY CONERN.	Invoice No.:	JY23018
		Date:	MAY. 15, 2023

WE HEREBY CERTIFY THAT ONE COPY OF BILL OF LADING, COMMERCIAL INVOICE AND PACKING LIST HAVE BEEN MAILED TO THE APPLICANT BY DHL WITHIN THREE DAYS AFTER BILL OF LADING DATE.

L/C NO.: FFF237699

L/C DATE：MAR. 31, 2023

NAME OF ISSUING BANK：BANK OF CHINA，HAMBURG, GERMANY

ZHEJIANG JINYUAN IMPORT AND EXPORT CO., LTD.

王 立

（1）填写出口公司名称和地址：

ZHEJIANG JINYUAN IMPORT AND EXPORT CO., LTD.

118 XUEYUAN STREET, HANGZHOU, CHINA

（2）填写单据名称，按L/C规定填：BENEFICIARY'S CERTIFICATE。

（3）抬头栏，可采用笼统填法。TO：WHOM IT MAY CONCERN.

（4）日期应与证明的内容符合：MAY. 15, 2023

（5）参考号码，填写发票号码：JY23018

（6）内容根据信用证缮制，但有时应对所用时态作相应变化："WE HEREBY CERTIFY THAT ONE COPY OF BILL OF LADING, COMMERCIAL INVOICE AND PACKING LIST HAVE BEEN MAILED TO THE APPLICANT BY DHL WITHIN THREE DAYS AFTER BILL OF LADING DATE."。

（7）填写信用证号码、开证日期和开证行名称：L/C NO.: FFF237699; L/C DATE: MAR. 31, 2023; NAME OF ISSUING BANK: BANK OF CHINA, HAMBURG, GERMANY

（8）签署，注明出口公司名称并签章。

ZHEJIANG JINYUAN IMPORT AND EXPORT CO., LTD.

王　立

 **识要点**◁◁◁

（一）装运通知

装运通知（Shipping Advice）是指出口商根据信用证规定在货物装船并取得提单后，以传真、电报或电传方式将与装船有关的情况及时告知收货人等有关当事人的单据。议付时，须提供该传真、电报或电传副本予以证明。

装运通知的主要功能有两项：一是让收货人等有关当事人及时了解货物装运的情况；二是在FOB或CFR条件下，作为进口商办理进口货物保险的凭证。按照惯例，在FOB或CFR条件下，卖方未及时通知买方办理保险，若货物在运输途中发生的损失，应由卖方负责。因此，在FOB或CFR条件下，卖方是否及时发出装船通知显得尤为重要。

素养点：
风险意识

若信用证未对装运通知的出单日期做出明确规定，一般要求出口商在货物离开起运地后三个工作日内向进口商发出装运通知。

装运通知一般包括发票号、提单号、船名航次、装运港、装运日期、目的港、预计到达日、货物品名及描述、唛头、信用证号等内容。

有关装运通知性质的单据名称常见的有Shipping Advice、Beneficiary's Certified Copy of Fax以及 Declaration of Shipment。不同名称的装运通知，内容有所不同。

（二）受益人证明

受益人证明（Beneficiary's Certificate）是指根据信用证条款，由出口商签发的用来证实有关内容的书面证明。证明的内容包括寄出有关的副本单据、船样、样卡、码样、包装标签；商品已经检验；已发出装船通知等。

如来证要求："Beneficiary's certificate certifying that non-negotiable documents have been sent to applicant by DHL"。按此条款，受益人应提供受益人证明。

船公司证明（Shipping Company's Certificate）是信用证受益人应开证申请人的要求，请船公司出具的不同认定内容的证明。

（三）船籍证明和航程证明

船籍证明是指说明载货船舶国籍的证明。航程证明是说明载货船舶航程中停靠的港口。

（四）船龄证明

船龄证明是说明载货船舶船龄的证明。有时信用证要求提供表明运输船舶的船龄不得超过多少年的证明。格式可参考前面三种。

<<<<<<<<<<<<<<<< 题测验 <<<<<<<<<<<<<<<<<<<<<<<<<<<<<<<<<<<<<

（一）多项选择题

1. 装运通知可能会发给（   ）。

    A. 受益人   B. 开证申请人

    C. 开证行   D. 申请人指定的保险公司

2. （   ）是信用证方式下装运通知的制作依据。

    A. 信用证   B. 商业发票

    C. 装箱单   D. URC522

（二）判断题

1. 所有船公司证明都必须签署。（   ）

2. 如果合同和信用证没有规定装运通知的抬头，则外贸单证员可以把装运通知的抬头制作为 "To whom it may concern"。（   ）

3. 装运通知可以让收货人等有关当事人及时了解货物装运的情况。（　　）

4. 船籍证明又称船舶登记证书，是对船舶的国籍以及船舶所有权的一种证明。船籍证明在一般商品贸易中不会使用，通常只有在船舶贸易中才会要求提交。（　　）

5. 装运通知一般可以不签署，但信用证要求的受益人应签署。（　　）

6. 装运通知是由船公司或者货代制作的。（　　）

7. 如果信用证没有要求，受益人证明可以不用签章。（　　）

8. 受益人证明的出单时间不能早于信用证规定的所属证明事件的发生时间，也不能晚于信用证规定的交单时间。（　　）

能 力实训

◆能力实训1：前T/T+即期L/C支付方式下制作装运通知操作

上接学习情境六中的能力实训1：前T/T+即期L/C支付方式下制作报关委托书和出口货物报关单操作，2023年7月14日，福建宫平进出口有限公司外贸单证员陶勇收到海运提单，然后根据下面的信用证、商业发票、装箱单和其他信息制作装运通知。

1. 信用证

MT 700		ISSUE OF A DOCUMENTARY CREDIT
SEQUENCE OF TOTAL	27 :	1 / 1
FORM OF DOC. CREDIT	40A:	IRREVOCABLE
DOC. CREDIT NUMBER	20 :	BOCL20230625
DATE OF ISSUE	31C:	230505
APPLICABLE RULES	40E:	UCP LATEST VERSION
DATE AND PLACE OF EXPIRY	31D:	230915 CHINA
APPLICANT	50 :	KEVIN FOOTWEAR INC. NO. 1 CAT RD., LONDON, U.K.
BENEFICIARY	59 :	FUJIAN GONGPING I/E CO., LTD. NO. 5 RENMIN RD., FUZHOU, CHINA
AMOUNT	32B:	CURRENCY USD AMOUNT 102 144.00
AVAILABLE WITH/BY	41D:	ANY BANK IN CHINA, BY NEGOTIATION
DRAFTS AT ...	42C:	AT SIGHT
DRAWEE	42A:	BANK OF CHINA，LONDON

TRANSSHIPMENT	43T：	ALLOWED
PORT OF LOADING/ AIRPORT OF DEPARTURE	44E：	XIAMEN, CHINA
PORT OF DISCHARGE	44F：	LONDON, U.K.
SHIPMENT PERIOD	44D：	2400PAIRS OF ARTICLE NO. 5001 AND 2400PAIRS OF ARTICLE NO. 5002 SHIPPED IN JUL. 2023; 2400PAIRS OF ARTICLE NO. 5001 AND 2400PAIRS OF ARTICLE NO. 5002 SHIPPED IN AUG. 2023
DESCRIPTION OF GOODS AND/OR SERVICES	45A：	PAC BOOTS AS PER ORDER NO.8778 ART. NO. QUANTITY UNIT PRICE AMOUNT 5001 4 800PAIRS USD15.60/PAIR USD74 880.00 5002 4 800PAIRS USD14.80/PAIR USD71 040.00 AT CFR LONDON, U.K. AS PER INCOTERMS® 2020
DOCUMENTS REQUIRED	46A：	+ SIGNED IN INK INVOICE IN QUADRU-PLICATE. + FULL SET OF CLEAN ON BOARD OCEAN BILLS OF LADING MARKED "FREIGHT PREPAID" MADE OUT TO ORDER OF ISSUING BANK NOTIFYING THE APPLICANT. + PACKING LIST IN QUADRUPLICATE. + CERTIFICATE OF ORIGIN CERTIFIED BY CHAMBER OF COMMERCE OR CCPIT. + SHIPPING ADVICE SHOWING THE NAME OF THE CARRYING VESSEL, DATE OF SHIPMENT, MARKS, QUANTITY, NET WEIGHT AND GROSS WEIGHT OF THE SHIPMENT TO THE APPLICANT WITHIN 1 DAY AFTER THE DATE OF BILL OF LADING.
ADDITIONAL CONDITIONS	47A：	+ ALL DOCUMENTS MUST INDICATE THE NUMBER OF THIS CREDIT. + ALL PRESENTATIONS CONTAINING DISCREPANCIES WILL ATTRACT A DISCREPANCY FEE OF USD50.00 PLUS TELEX COSTS OR OTHER CURRENCY EQUIVALENT. THIS CHARGE WILL BE DEDUCTED FROM THE BILL AMOUNT WHETHER OR NOT WE ELECT TO CONSULT THE APPLICANT FOR A WAIVER.
CHARGES	71D：	ALL CHARGES OUT OF ISSUING BANK ARE FOR ACCOUNT OF BENEFICIARY.

CONFIRMATION INSTR-UCTIONS	49	:	WITHOUT
INSTRUCTIONS TO THE PAYING/ACCEPTING/NEGOTIATING BANK	78	:	ALL DOCUMENTS ARE TO BE REMITTED IN TWO LOTS BY COURIER TO BANK OF CHINA，LONDON, 90 CANNON STREET, LONDON EC4N 6HA, U.K.

2. 商业发票

FUJIAN GONGPING I/E CO., LTD.

NO. 5 RENMIN RD., FUZHOU, CHINA

TEL：0086-591-73757622 FAX：0086-591-73757626

COMMERCIAL INVOICE

To:	KEVIN FOOTWEAR INC. NO. 1 CAT RD., LONDON, U.K.		Invoice No.:	23GP0101
			Invoice Date:	JUN. 28, 2023
			S/C No.:	GP2399
			S/C Date:	APR. 19, 2023
From:	XIAMEN, CHINA	To:	LONDON, U.K.	

Marks and Numbers	Number and Kind of Package Description of Goods	Quantity	Unit Price	Amount
N/M	CFR LONDON, U.K. AS PER INCOTERMS® 2020			
	PAC BOOTS			
	ART. NO. 5001	2 400PAIRS	USD15.60/PAIR	USD37 440.00
	ART. NO. 5002	2 400PAIRS	USD14.80/PAIR	USD35 520.00
	AS PER ORDER NO.8778 PACKED IN 800 CARTONS.			
TOTAL:		4 800PAIRS		USD 72 960.00
SAY TOTAL:	U.S. DOLLARS SEVENTY TWO THOUSAND NINE HUNDRED AND SIXTY ONLY.			

L/C NO. BOCL20230625

FUJIAN GONGPING I/E CO., LTD.

王宫平

3. 装箱单

<table>
<tr><td colspan="7" style="text-align:center">FUJIAN GONGPING I/E CO., LTD.
NO. 5 RENMIN RD., FUZHOU, CHINA
TEL：0086-591-73757622 FAX：0086-591-73757626
PACKING LIST</td></tr>
<tr><td>To:</td><td colspan="2">KEVIN FOOTWEAR INC.
NO. 1 CAT RD., LONDON, U.K.</td><td colspan="2">Invoice No.:</td><td colspan="2">23GP0101</td></tr>
<tr><td></td><td colspan="2"></td><td colspan="2">Invoice Date:</td><td colspan="2">JUN. 28, 2023</td></tr>
<tr><td></td><td colspan="2"></td><td colspan="2">S/C No.:</td><td colspan="2">GP2399</td></tr>
<tr><td></td><td colspan="2"></td><td colspan="2">S/C Date:</td><td colspan="2">APR. 19, 2023</td></tr>
<tr><td>From:</td><td colspan="2">XIAMEN, CHINA</td><td>To:</td><td colspan="3">LONDON, U.K.</td></tr>
<tr><td>Marks and Numbers</td><td colspan="2">Number and Kind of Package
Description of Goods</td><td>Quantity</td><td>Package</td><td>G.W</td><td>N.W</td><td>Meas.</td></tr>
<tr><td>N/M</td><td colspan="2">PAC BOOTS
ART. NO. 5001
ART. NO. 5002</td><td>2 400PAIRS
2 400PAIRS</td><td>400CTNS
400CTNS</td><td>6 920KGS
5 840KGS</td><td>5 040KGS
4 000KGS</td><td>51.52M^3
51.52M^3</td></tr>
<tr><td colspan="3">TOTAL:</td><td>4 800PAIRS</td><td>800CTNS</td><td>12 760KGS</td><td>9 040KGS</td><td>103.04M^3</td></tr>
<tr><td colspan="3">SAY TOTAL: EIGHT HUNDRED CARTONS ONLY.</td><td colspan="5"></td></tr>
<tr><td colspan="8">L/C NO. BOCL20230625</td></tr>
</table>

4. 其他信息

（1）提单号码：12345。

（2）船名航次：MAERSKSAMIA MAERSK V.808。

（3）集装箱号码和封号：63689077/78656789。

▲请外贸单证员陶勇完成工作任务：

制作装运通知。

◆能力实训2：远期L/C支付方式下制作受益人证明操作

上接学习情境七中的能力实训2：远期L/C支付方式下制作投保单和办理保险操作，2023年5月10日，南京辉皇食品有限公司外贸单证员方萍收到海运提单，然后根据下面的信用证和商业发票制作受益人证明。

1. 信用证

MT 700		ISSUE OF A DOCUMENTARY CREDIT
APPLICATION HEADER		RJHISARI
		*ALRAJHI BANKING AND INVESTMENT
		*CORPORATION
		*RIYADH (HEAD OFFICE)
SEQUENCE OF TOTAL	27 ：	1 / 1
FORM OF DOC. CREDIT	40A：	IRREVOCABLE
DOC. CREDIT NUMBER	20 ：	LC123
DATE OF ISSUE	31C：	230317
DATE/PLACE OF EXPIRY	31D：	230527 CHINA
APPLICANT	50 ：	RED FLOWER TRADING CO.
		P.O. BOX 536, RIYADH 22766, SAUDI ARABIA
		TEL: 00966-1-4659215 FAX: 00966-1-4659217
BENEFICIARY	59 ：	NANJING HUIHUANG FOODS CO., LTD.
		YUN MANSION RM3908 NO.85 FUZI RD., NANJING 210005, CHINA
		TEL: 0086-25-84715000 FAX: 0086-25-84711111
AMOUNT	32B：	CURRENCY USD AMOUNT 13 600.00
PERCENTAGE CREDIT AMOUNT TOLERANCE	39A：	10/10
AVAILABLE WITH/BY	41D：	ANY BANK IN CHINA, BY NEGOTIATION
DRAFTS AT ...	42C：	30 DAYS AFTER B/L DATE
DRAWEE	42A：	RJHISARI
		*ALRAJHI BANKING AND INVESTMENT
		*CORPORATION
		*RIYADH (HEAD OFFICE)
PARTIAL SHIPMENTS	43P：	NOT ALLOWED
TRANSSHIPMENT	43T：	NOT ALLOWED
PORT OF LOADING/ AIRPORT OF DEPARTURE	44E：	CHINESE MAIN PORT
PORT OF DISCHARGE	44F：	DAMMAM PORT, SAUDI ARABIA
LATEST DATE OF SHIPMENT	44C：	230517

GOODS DESCRIPTION	45A:	ABOUT 1 700 CARTONS CANNED MUSRHOOM PIECES & STEMS 24 TINS X 220 GRAMS NET WEIGHT (G.W. 420 GRAMS) AT USD8.00 PER CARTON, ROSE BRAND, CIF DAMMAM PORT, SAUDI ARABIA AS PER INCOTERMS® 2020, AS PER S/C NO. UY90, DATED FEB. 22, 2023.
DOCUMENTS REQUI-RED	46A:	+ SIGNED COMMERCIAL INVOICE MANUALLY IN TRIPLICATE AND MUST SHOW BREAK DOWN OF THE AMOUNT AS FOLLOWS: FOB VALUE, FREIGHT CHARGES, PREMIUM AND TOTAL AMOUNT CIF.
		+ FULL SET CLEAN ON BOARD BILLS OF LADING MADE OUT TO THE ORDER OF AL RAJHI BANKING AND INVESTMENT CORPO-RATION, MARKED FREIGHT PREPAID AND NOTIFY APPLICANT, INDICATING THE FULL NAME, ADDRESS AND TEL NO. OF THE CARRYING VESSEL'S AGENT AT THE PORT OF DISCHARGE.
		+ SIGNED PACKING LIST MANUALLY IN TRIPLICATE.
		+INSURANCE POLICY IN DUPLICATE ENDO-RSED IN BLANK COVERING W.P.A. OF CIC OF PICC.
		+ INSPECTION (HEALTH) CERTIFICATE FROM THE CUSTOMS, P. R.CHINA STATING GOODS ARE FIT FOR HUMAN BEING.
		+ CERTIFICATE OF ORIGIN DULY CERTIFIED BY CCPIT, STATING THE NAME OF THE MANUFACTURERS OR PRODUCERS AND THAT GOODS EXPORTED ARE WHOLLY OF CHINESE ORIGIN.
		+ THE PRODUCTION DATE OF THE GOODS NOT TO BE EARLIER THAN HALF MONTH AT TIME OF SHIPMENT. BENEFICIARY MUST CERTIFY THE SAME.

ADDITIONAL CONDI-TIONS	47A：	+A DISCREPANCY FEE OF USD50.00 WILL BE IMPOSED ON EACH SET OF DOCUMENTS PRESENTED FOR NEGOTIATION UNDER THIS L/C WITH DISCREPANCY. THE FEE WILL BE DEDUCTED FROM THE BILL AMOUNT.
CHARGES	71D：	ALL CHARGES OUTSIDE SAUDI ARABIA ON BENEFICIARIES' ACCOUNT INCLUDING REIMBURSING COMMISSION, DISCREPANCY FEE (IF ANY) AND COURIER CHARGES.
PERIOD FOR PRESEN-TATION IN DAYS	48 ：	010
CONFIRMATION INSTRUCTIONS	49 ：	WITHOUT
REIMBURSING BANK	53D：	AL RAJHI BANKING AND INVESTMENT COR-PORATION RIYADH (HEAD OFFICE)
INSTRUCTIONS TO THE PAYING/ACCEPT-ING/NEGOTIATING BANK	78 ：	DOCUMENTS TO BE DESPATCHED IN ONE LOT BY COURIER. ALL CORRESPONDENCE TO BE SENT TO ALRAJHI BANKING AND INVESTMENT COPRORATION RIYADH (HEAD OFFICE)
SENDER TO RECIVER INFORMATION	72Z：	REIMBURSEMENT IS SUBJECT TO ICC URR 525.

2. 商业发票

NANJING HUIHUANG FOODS CO., LTD. YUN MANSION RM3908 NO.85 FUZI RD., NANJING 210005, CHINA TEL: 0086-25-84715000 FAX: 0086-25-84711111 COMMERCIAL INVOICE			
To:	RED FLOWER TRADING CO. P.O. BOX 536, RIYADH 22766, SAUDI ARABIA TEL: 00966-1-4659215 FAX: 00966-1-4659217	Invoice No.:	2023NHT098
		Invoice Date:	APR. 29, 2023
		S/C No.:	UY90
		S/C Date:	FEB. 22, 2023
From:	SHANGHAI, CHINA	To:	DAMMAM PORT, SAUDI ARABIA

Marks and Numbers	Number and Kind of Package Description of Goods	Quantity	Unit Price	Amount
RFT ROSE BRAND RIYADH C/NO: 1-1750	CIF DAMMAM PORT, SAUDI ARABIA AS PER INCOTERMS® 2020			
	CANNED MUSRHOOM PIECES & STEMS 24 TINS × 220 GRAMS NET WEIGHT (G.W. 420 GRAMS), ROSE BRAND	1 750CTNS	USD8.00/CTN	USD14 000.00
TOTAL:		1 750CTNS		USD14 000.00
SAY TOTAL:	U.S. DOLLARS FOURTEEN THOUSAND ONLY.			
FOB VALUE：USD12 920.00 FREIGHT CHARGES：USD2 000.00 PREMIUM：USD80.00				
			NANJING HUIHUANG FOODS CO., LTD. 章　胜	

▲请外贸单证员方萍完成工作任务：

制作受益人证明。

[调查研究与善作善成]

1. 调研主题

风险意识与装运通知。

2. 调研步骤

（1）以小组为单位，调研搜集与装运通知相关的资料和案例。

（2）根据调研资料，讨论研究形成调研报告。

（3）根据调研报告制作PPT。

（4）每组派代表在课堂上分享本组调研成果。

3. 调研成果

（1）调研报告。

（2）PPT。

【学习目标】

素养目标：

● 具备守法意识和风险意识

● 树立零差错、高效率、求极致的精益求精单证观

技能目标：

● 能够制作汇票

● 能够操作汇票背书和承兑

知识目标：

● 熟悉汇票的含义和要项

● 熟悉汇票的种类

【思维导图】

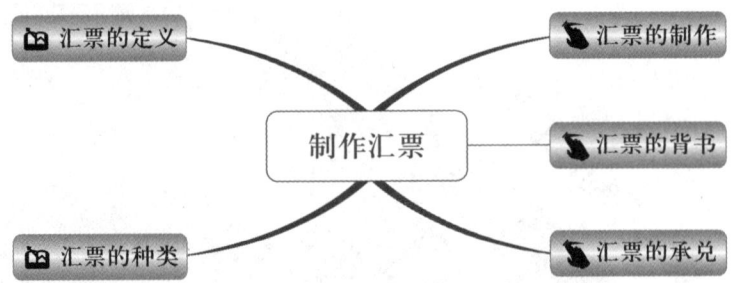

项目背景

　　2023年5月16日，浙江金苑进出口有限公司外贸单证员陈红制作好附属单据后，准备根据信用证交单期要求交单之前，根据以下信用证和商业发票制作汇票。

　　1. 信用证

MT 700		ISSUE OF A DOCUMENTARY CREDIT
SENDER		BANK OF CHINA, HAMBURG BRANCH, GERMANY
RECEIVER		BANK OF HANGZHOU, HANGZHOU, CHINA
SEQUENCE OF TOTAL	27 :	1 / 1
FORM OF DOC. CREDIT	40A :	IRREVOCABLE
DOC. CREDIT NUMBER	20 :	FFF237699
DATE OF ISSUE	31C :	230331
APPLICABLE RULES	40E :	UCP LATEST VERSION
DATE AND PLACE OF EXPIRY.	31D :	230603 CHINA
APPLICANT	50 :	SIK GMBH & CO. KG
		RATHAUSMARKT 66, 20095 HAMBURG, GERMANY
BENEFICIARY	59 :	ZHEJIANG JINYUAN IMPORT AND EXPORT CO., LTD.
		118 XUEYUAN STREET, HANGZHOU, CHINA
AMOUNT	32B :	CURRENCY USD AMOUNT 54 000.00

PERCENTAGE CREDIT AMOUNT TOLERANCE	39A：	05/05
AVAILABLE WITH/BY	41D：	ANY BANK IN CHINA, BY NEGOTIATION
DRAFTS AT ...	42C：	AT SIGHT
DRAWEE	42A：	BANK OF CHINA, NEW YORK
PARTIAL SHIPMENT	43P：	PROHIBITED
TRANSSHIPMENT	43T：	ALLOWED
PORT OF LOADING/ AIRPORT OF DEPARTURE	44E：	CHINESE MAIN PORT
PORT OF DISCHARGE	44F：	HAMBURG, GERMANY
LATEST DATE OF SHIPMENT	44C：	230519

DESCRIPTION OF GOODS AND/OR SERVICES　45A：4500 PIECES OF LADIES JACKET

STYLE NO.　QUANTITY　UNIT PRICE　AMOUNT

L357　　2 250PCS　USD12.00/PC USD27 000.00

L358　　2 250PCS　USD12.00/PC USD27 000.00

AT CIF HAMBURG, GERMANY AS PER INCOTERMS® 2020

DOCUMENTS REQUIRED　46A：+ COMMERCIAL INVOICE SIGNED IN TRIPLICATE.

+ PACKING LIST IN TRIPLICATE.

+ CERTIFICATE OF ORIGIN CERTIFIED BY CHAMBER OF COMMERCE OR CCPIT.

+ FULL SET (3/3) OF CLEAN 'ON BOARD' OCEAN BILLS OF LADING MADE OUT TO OR-DER, BLANK ENDORSED, MARKED FREIGHT PREPAID AND NOTIFY APPLICANT.

+ INSURANCE POLICY/CERTIFICATE IN DUPLICATE ENDORSED IN BLANK FOR 110% INVOICE VALUE, COVERING ALL RISKS OF CIC OF PICC INCL. WAREHOUSE TO WAREHOUSE AND I.O.P AND SHOWING THE CLAIMING CURRENCY IS THE SAME AS THE CURRENCY OF CREDIT.

+ CERTIFICATE OF QUALITY ISSUED BY THE CUSTOMS, P. R. CHINA CERTIFYING THAT ALL PRODUCTS WILL BE MADE OUT OF AZO FREE, PAH FREE AND PHTHALATES FREE MATERIALS.

		+ SHIPPING ADVICE SHOWING THE NAME OF THE CARRYING VESSEL, DATE OF SHIPMENT, MARKS, QUANTITY, NET WEIGHT AND GROSS WEIGHT OF THE SHIPMENT TO APPLICANT WITHIN 3 DAYS AFTER THE DATE OF BILL OF LADING.
ADDITIONAL CONDI-TIONS	47A:	+ DOCUMENTS DATED PRIOR TO THE DATE OF THIS CREDIT ARE NOT ACCEPTABLE.
		+ THE NUMBER AND THE DATE OF THIS CREDIT AND THE NAME OF ISSUING BANK MUST BE QUOTED ON ALL DOCUMENTS.
		+ MORE OR LESS 5 PCT OF QUANTITY OF GOODS IS ALLOWED.
		+ TRANSSHIPMENT ALLOWED AT HONGKONG ONLY.
		+ SHORT FORM/CHARTER PARTY/THIRD PARTY BILL OF LADING ARE NOT ACC-EPTABLE.
		+ SHIPMENT MUST BE EFFECTED BY $1 \times 40'$ FULL CONTAINER LOAD. B/L TO SHOW EVID-ENCE OF THIS EFFECT IS REQUIRED.
		+ ONE COPY OF BILL OF LADING, COMMER-CIAL INVOICE AND PACKING LIST SHOULD BE MAILED TO THE APPLICANT BY DHL WITHIN THREE DAYS AFTER BILL OF LADING DATE, BENEFICIARY'S CERTIFICATE TO THIS EFFECT IS REQUIRED.
		+ ALL PRESENTATIONS CONTAINING DIS-CREPANCIES WILL ATTRACT A DISCREPANCY FEE OF USD60.00 PLUS TELEX COSTS OR OTHER CURRENCY EQUIVALENT. THIS CHARGE WILL BE DEDUCTED FROM THE BILL AMOUNT WHETHER OR NOT WE ELECT TO CONSULT THE APPLICANT FOR A WAIVER
CHARGES	71D:	ALL CHARGES AND COMMISSIONS OUTS-IDE GERMANY ARE FOR ACCOUNT OF BENEFICIARY EXCLUDING REIMBURSING FEE.

PERIOD FOR PRESEN-TATION IN DAYS	48	:	015
CONFIRMATION INS-TRUCTIONS	49	:	WITHOUT
REIMBURSING BANK INSTRUCTIONS	53A	:	BANK OF CHINA, NEW YORK
TO THE PAYING/ ACCEPTING/ NEGOTIATING BANK	78	:	ALL DOCUMENTS ARE TO BE REMITTED IN TWO LOTS BY COURIER TO BANK OF CHINA HAMBURG BRANCH, TRADE FINANCE SERVICES, RATHAUSMARKT 5, 20095 HAMBURG, GERMANY.

2. 商业发票

同学习情境三中的商业发票。

任务分解

外贸单证员陈红需完成的工作任务是：制作符合信用证要求的汇票。

按照"正确、完整、及时、简明和整洁"的制单要求，制作汇票如下。

素养点：
精益求精单
证观

BILL OF EXCHANGE			
凭 Drawn Under	BANK OF CHINA, HAMBURG, GERMANY	不可撤销信用证 Irrevocable L/C No.	FFF237699
日期 Date　MAR.31, 2023	支取 Payable with Interest	@　%　按　息　付款	
号码 No.　JY23018	汇票金额 Exchange for　~~USD 54 216.00~~	杭州 Hangzhou	MAY16, 2023
见票 at	×××	日后(本汇票之副本未付)付交 sight of this FIRST of Exchange (Second of Exchange Being Unpaid）	

收款人 Pay to the order of	BANK OF HANGZHOU, HANGZHOU, CHINA	
金额 the sum of	U.S. DOLLARS FIFTY FOUR THOUSAND TWO HUNDRED AND SIXTEEN ONLY	
此致 To	BANK OF CHINA, NEW YORK	ZHEJIANG JINYUAN IMPORT AND EXPORT CO., LTD. 王立

任务完成 <<<<<<<<<<<<<< <<<<<<<<<<<<<<<<<<<<<<<<<<<<<<<<<<<<<

1. 出票条款

这一栏按信用证的规定填写开证行名称、信用证号码和开证日期。

本业务填写的内容为：

Drawn under: BANK OF CHINA，HAMBURG, GERMANY

Irrevocable L/C No.: FFF237699

Date: MAR. 31, 2023

2. 年息

这一栏由结汇银行填写，用以清算企业与银行间的利息费用。出口企业不必填写此栏。

3. 号码

汇票号码一般都以相应的发票号码兼作汇票号码。其用意是核对发票与汇票中相同和相关的内容，例如金额、信用证号码等。一旦出现这一栏内容在一套单据中错误或需要修改时，只要拿出与发票号码相同的汇票，就能确定它们是否是同一笔交易的单据，给核对和纠正错误带来了方便。

本业务填写的内容为：JY23018

4. 汇票金额

填写汇票小写金额。汇票小写金额由货币名称缩写和阿拉伯数字组成。金额数保留两位小数。如：USD100.20，HKD345.78。

在填制汇票金额时，应注意以下几点：

（1）除非信用证另有规定，汇票金额应与发票金额一致。

（2）如信用证规定汇票金额为发票金额的百分之几，例如97%，那么发票金额应为100%，汇票金额为97%，其差额3%一般为应付的佣金。这种做法通常用于中间商代开信用证的情况。

（3）如信用证规定部分信用证付款、部分托收，则分做两套汇票：信用证下支款的汇票按信用证允许的金额填制，其余部分为托收项下汇票的金额，两者之和等于发票金额。

（4）如信用证要求两张汇票分别支付一笔交易额，则在两张汇票上打上信用证所要求的金额。

（5）汇票上的金额大小写必须一致，不得涂改，不允许更改后加盖校对章。

本业务填写的内容为：USD 54216.00

5. 金额

填写汇票大写金额。汇票大写金额由货币名称和货币金额组成。一般要求顶格填写，以防有人故意在汇票金额上做手脚。货币名称写在数额之前，大写金额后加"ONLY"（整），也可以在货币名称前加"SAY"（计）。

如：USD100.20大写金额可表述为：

(SAY) UNITED STATES DOLLARS ONE HUNDRED AND CENTS TWENTY ONLY.

本业务填写的内容为：

U.S. DOLLARS FIFTY FOUR THOUSAND TWO HUNDRED AND SIXTEEN ONLY.

6. 出票日期和出票地点

出票地点一般已印好，无须现填。出票地点后的横线填写出票日期，在信用证方式下，一般以议付日期作为出票日期。该日期不得早于随附的各种单据的出单日期，同时不能迟于信用证的交单期/有效期。该日期一般由银行代填。

本业务填写的内容为：MAY16, 2023, HANGZHOU

7. 汇票付款期限

汇票付款期限分为即期和远期两种。

（1）即期汇票的付款期限栏的填法较简单，只需在横线上用"***"或"——"或"×××"表示，也可以直接打上"AT SIGHT"，但不能留空。

（2）远期汇票按信用证的规定填入相应的付款期限。

例如，来证规定："drafts at 30 days after sight"

这是见票后30天付款的远期汇票，填写时在此栏打上"30 DAYS AFTER"

例如，来证规定：

"drafts at 45 days after date"

这是汇票出票日后45天付款的远期汇票，填写时，在此栏打上"45 DAYS AFTER DATE"，并把已印的sight划掉。

素养点：
风险意识

微课：制作
汇票的金额

例如，来证规定：

"drafts at 60 days after the B/L date"，B/L 日期为 AUG. 20, 2023。

这是提单日后60天付款的远期汇票，填写时，在此栏打上"60 DAYS AFTER THE B/L DATE, AUG. 20, 2023"，并把已印的 sight 划掉。

例如，来证规定：

"drafts to be drawn as follows: USD29 000.00—drafts to be drawn at sight on National Australia Bank Ltd., Brisbane, Queensland, Australia. USD21 000.00—drafts to be drawn at 90 days sight on National Australia Bank Ltd. , Brisbane, Queensland, Australia"

这是要求一笔交易分两个期限付款的信用证，需要填写两张汇票。一张在付款期限上用"***""——"或"×××"表示，也可直接打上"AT SIGHT"，该汇票金额为USD29 000.00。另一张在付款期限栏目中填"90 DAYS"表示见票后90天付款，该汇票金额为USD21 000.00。

本业务填写的内容为：at × × ×sight of this FIRST of Exchange（Second of Exchange Being Unpaid）

8. 受款人/收款人

应从信用证角度来理解这一栏目的要求。在信用证支付的条件下，汇票中受款人这一栏目中填写的应该是银行名称和地址，一般都是议付行的名称和地址。究竟用哪家银行作为受款人，要看信用证中是否有具体规定。

在通常情况下，信用证对受款人的规定是通过两种形式表示的：一种是限制受款人，即限制议付行；另一种是不限制受款人，即不限制议付行，可自由议付。

例如，来证规定：

"By negotiation against the documents detailed herein and beneficiary's drafts at 30 days after sight with BANK OF CHINA, HANGZHOU BRANCH"

此证限制在中国银行杭州分行议付，即受款人是中国银行杭州分行。在填写这样要求的汇票时，应在 pay to the order of 之后的栏目中打上"BANK OF CHINA , HANGZHOU BRANCH"。

例如，来证规定：

" By negotiation against the documents detailed herein and beneficiary's drafts at 30 days after sight with ABC Banking Group Ltd. 120 Wall Street, London, U.K. "

此证限制在英国伦敦的ABC银行集团议付，即受款人是英国伦敦的ABC银行集团。在填写这样要求的汇票时，应在 pay to the order of 之后的栏目中打上"ABC Banking Group Ltd. 120 Wall Street, London, U.K. "。但是，对限制在国外银行议付的来证，受益人往往要仔细考虑是否办得到，这意味着受益人要把全套制作好的单据交到在英国的一家银行，从那里取得货款。对于这种限制在国外议付的信用证，我方不主张接受。

例如，来证规定：

" By negotiation against the documents detailed herein and beneficiary's drafts at 30 days after sight with any bank in beneficiary's country "

此证不限制议付行，不限制受款人，可在受益人所在国家的任何银行议付。收款人可以在自己国家里选择任何一个合适的银行作为受款人或议付行。在填写这样要求的汇票时，应在此栏目中直接填入选择好的银行名称和地址。如选择中国银行杭州分行议付的，则在此栏目中打上"BANK OF CHINA, HANGZHOU BRANCH"。

本业务填写的内容为：

Pay to the order of：BANK OF HANGZHOU, HANGZHOU, CHINA.

9. 付款人

在信用证方式下，应按照信用证的规定，以开证行或其指定的付款行为付款人。倘若信用证中未指定付款人，应填写开证行。

本业务填写的内容为：BANK OF CHINA，NEW YORK.

10. 出票人

一般填写信用证的受益人，在可转让信用证的情况下，也有可能为信用证的第二受益人。出票人应签署企业全称和负责人的签字或盖章。

本业务填写的内容为：

ZHEJIANG JINYUAN IMPORT AND EXPORT CO., LTD.

王 立

汇票在没有特殊规定时，都打两张，一式两份。汇票一般都在醒目的位置上印着"1""2"字样，表示第一联和第二联。汇票的第一联和第二联在法律效力上无区别。第一联生效则第二联自动作废，第二联生效则第一联自动作废，即付一不付二，付二不付一。

知识要点 <<<<<<<<<<<<<<<<<<<<<<<<<<<<<<<<<<<<<<<<<<<<<<<<<<<<<<<<<<<<<<<

（一）汇票的定义

《中华人民共和国票据法》（简称《票据法》）第十九条对汇票的定义：汇票是出票人签发的，委托付款人在见票时或者在指定日期无条件支付确定的金额给收款人或者持票人的票据。

微课：汇票的含义和要项

221

《英国票据法》对汇票的定义是：汇票是由一人签发给另一人的无条件书面命令，要求受票人在见票时或于未来某一规定的或可以确定的时间，将一定金额的款项支付给某一特定的人或其指定人或持票人。

（二）汇票的种类

1. 按照出票人的不同，汇票可分为银行汇票和商业汇票

银行汇票的出票人是银行。商业汇票的出票人是工商企业或个人。在国际结算中，商业汇票通常是由出口商开立的，向国外进口商或银行收取货款时使用的汇票。

2. 按照付款时间的不同，汇票可分为即期汇票和远期汇票

见票即付的是即期汇票，将来某一时间付款的是远期汇票。远期汇票的付款日期的记载方法主要有：①规定某一个特定日期，即定日付款；②付款人见票后若干天；③出票日后若干天；④运输单据日后若干天。其中，较多用"提单日期后若干天"。

3. 按照承兑人的不同，汇票可分为商业承兑汇票和银行承兑汇票

商业承兑汇票是由工商企业或个人承兑的远期汇票。商业承兑汇票是建立在商业信用的基础之上，其出票人也是工商企业或个人。

银行承兑汇票是由银行承兑的远期商业汇票。银行承兑汇票通常由出口人签发，银行对汇票承兑后即成为该汇票的主债务人，而出票人则成为次债务人。所以银行承兑汇票是建立在银行信用基础之上的。

4. 按照是否附有货运单据，汇票可分为光票和跟单汇票

光票是指不附带货运单据的汇票。光票的流通全靠出票人、付款人或出让人（背书人）的信用。在国际结算中，除少量用于货款结算外，一般仅限于贸易从属费用、货款尾数、佣金等的托收或支付时使用。

跟单汇票是指附有货运单据的汇票。跟单汇票的付款以附交货运单据为条件，付款人要取得货运单据提取货物，必须付清货款或提供一定的担保。跟单汇票体现了钱款与单据对流的原则，给进出口双方提供了一定的安全保障。在国际结算中，大多采用跟单汇票作为结算工具。

（三）汇票的使用

风险点：
风险意识

汇票的使用因汇票是即期汇票还是远期汇票而有所不同。即期汇票只需要经过出票、提示和付款。远期汇票需要经过承兑手续。如需流通转让，通常要经过背书。汇票遭到拒付时，还要涉及做成拒绝证明，依法行使追索权等法律问题。

1. 出票

出票是指出票人签发票据并将其交付给收款人的票据行为。出票由两个动作组成，一是由出票人写成汇票，并在汇票上签字；二是由出票人将汇票

交付给收款人。由于出票是设立债权债务的行为，所以，只有经过交付汇票才开始生效。

2. 提示

提示是指收款人或持票人将汇票提交付款人要求付款或承兑的行为。提示可分为提示承兑和提示付款。提示承兑是指远期汇票持票人向付款人出示汇票，并要求付款人承诺付款的行为。提示付款是指汇票的持票人向付款人（或远期汇票的承兑人）出示汇票，要求付款人（或承兑人）付款的行为。

3. 承兑

承兑是指汇票付款人承诺在汇票到期日支付汇票金额的票据行为。汇票一经承兑，付款人就成为汇票的承兑人，并成为汇票的主债务人，而出票人便成为汇票的次债务人。

4. 付款

付款是指付款人向持票人支付汇票金额的行为。即期汇票在付款人见票时即付；远期汇票于到期日在持票人做出提示付款时由付款人付款。汇票一经付款，汇票上的一切债权债务即告结束。

5. 背书

背书是一种以转让票据权利为目的的行为。背书通常由持票人在汇票的背面或粘单上签上自己的名字，或者再加上受让人即被背书人的名称，并把汇票交给受让人。汇票经过背书后，收款的权利就转让给了被背书人。

6. 拒付与追索

拒付包括拒绝付款和拒绝承兑两个内容。汇票被拒付，持票人除了可向承兑人追索外，还有权向其前手，包括所有的背书人和出票人行使追索权。持票人进行追索时，应将拒付事实书面通知其前手，并提供被拒绝承兑或被拒绝付款的证明或退票理由。持票人不能出示拒绝证明、退票理由书的，丧失对其前手的追索权。追索的金额包括被拒付的汇票金额和自到期日或提示付款日起至清偿日止的利息，以及取得拒绝证书和向前手发出被拒绝通知的费用。

习题测验 <<<<<<<<<<<<<<<<<<<<<<<<<<<<<<<<<<<<<<<<<<<<<<<<<<<<<<

（一）单项选择题

1. 若信用证未规定汇票的付款人，则可理解为付款人是（　　　）。

  A. 开证行　　　　　　　　B. 议付行

  C. 通知行　　　　　　　　D. 开证申请人

2. 信用证规定汇票的期限为10 DAYS AFTER THE BILL OF LADING

DATE，而一张汇票下提交了4套不同的海运提单，提单显示货装同一艘船同一航次到同一目的地，但提单的日期分别显示为 JANUARY 3，2023；JANUARY 4，2023；JANUARY 5，2023 和 JANUARY 6.2023。根据《ISBP745》规定，该汇票的到期日为（　　　　）。

　　A. 2023年1月13日　　　　　　B. 2023年1月14日

　　C. 2023年1月15日　　　　　　D. 2023年1月16日

　　3. 汇票的收款人有三种表示方式，根据我国《票据法》的规定，其中（　　　）的汇票无效。

　　A. 限制性抬头　　　　　　　　B. 指示性抬头

　　C. 来人抬头　　　　　　　　　D. 记名抬头

（二）多项选择题

　　1. 远期汇票付款期限的规定方法有（　　　　　）。

　　A. 见票即付　　　　　　　　　B. 见票后若干天付

　　C. 出票后若干天付　　　　　　D. 提单日后若干天付

　　2.（　　　　　）抬头形式的汇票可以转让。

　　A. PAY TO BEARER　　　　　　B. PAY TO HOLDER

　　C. PAY TO A CO. ONLY　　　　D. PAY TO A CO. OR ORDER

　　3. 根据《英国票据法》规定，一张有效汇票的要素包括（　　　　　）。

　　A. 付款期限　　　　　　　　　B. 受票人

　　C. 金额　　　　　　　　　　　D. 出票人

（三）判断题

　　1. 根据我国《票据法》规定，承兑附有条件的，视为拒付。（　　　）

　　2. 根据我国《票据法》规定，票据金额以中文大写和数码同时记载的，两者必须一致。若两者不一致，则以中文大写为准。（　　　）

　　3. 如果汇票上加注"按某号信用证开立"，则构成支付的附加条件，该汇票无效。（　　　）

　　4. D/A支付方式下，既可以使用即期汇票，也可以使用远期汇票，但只能是商业汇票。（　　　）

能力实训 <<<<<<<<<<<<<<<<<<<<<<<<<<<<<<<<<<<<<<<<<<<<<<<<<<<

◆能力实训1：前T/T+即期L/C支付方式下制作汇票操作

上接学习情境八中的能力实训1：前T/T+即期L/C支付方式下制作装运通知操作，2023年7月14日，福建宫平进出口有限公司外贸单证员陶勇制作好装运通知后，根据以下信用证、商业发票和其他信息制作汇票。

1. 信用证

MT 700		ISSUE OF A DOCUMENTARY CREDIT
SEQUENCE OF TOTAL	27 ：	1 / 1
FORM OF DOC. CREDIT	40A：	IRREVOCABLE
DOC. CREDIT NUMBER	20 ：	BOCL20230625
DATE OF ISSUE	31C：	230505
APPLICABLE RULES	40E：	UCP LATEST VERSION
DATE AND PLACE OF EXPIRY	31D：	DATE 230915 PLACE IN CHINA
APPLICANT	50 ：	KEVIN FOOTWEAR INC.
		NO. 1 CAT RD., LONDON, U.K.
BENEFICIARY	59 ：	FUJIAN GONGPING I/E CO., LTD.
		NO. 5 RENMIN RD., FUZHOU, CHINA
AMOUNT	32B：	CURRENCY USD AMOUNT 102 144.00
AVAILABLE WITH/BY	41D：	ANY BANK IN CHINA,
		BY NEGOTIATION
DRAFTS AT ...	42C：	AT SIGHT
DRAWEE	42A：	BANK OF CHINA，LONDON
TRANSSHIPMENT	43T：	ALLOWED
PORT OF LOADING/ AIRPORT OF DEPAR-TURE	44E：	XIAMEN, CHINA
PORT OF DISCHARGE	44F：	LONDON, U.K.
SHIPMENT PERIOD	44D：	2400PAIRS OF ARTICLE NO. 5001 AND 2400-PAIRS OF ARTICLE NO. 5002 SHIPPED IN JUL. 2023; 2400PAIRS OF ARTICLE NO. 5001 AND 2400PAIRS OF ARTICLE NO. 5002 SHIPPED IN AUG. 2023

DESCRIPTION OF GOODS AND/OR SERVICES	45A：	PAC BOOTS AS PER ORDER NO.8778

ART. NO.　QUANTITY　UNIT PRICE　　AMOUNT

5001　　4 800PAIRS　USD15.60/PAIR　USD74 880.00

5002　　4 800PAIRS　USD14.80/PAIR　USD71 040.00

AT CFR LONDON, U.K. AS PER INCOTERMS® 2020

DOCUMENTS REQUI-RED	46A：	+ SIGNED IN INK INVOICE IN QUADRUPLICATE.

+ FULL SET OF CLEAN ON BOARD OCEAN BILLS OF LADING MARKED "FREIGHT PREPAID" MADE OUT TO ORDER OF ISSUING BANK NOTIFYING THE APPLICANT.

+ PACKING LIST IN QUADRUPLICATE.

+ CERTIFICATE OF ORIGIN CERTIFIED BY CHAMBER OF COMMERCE OR CCPIT.

+ SHIPPING ADVICE SHOWING THE NAME OF THE CARRYING VESSEL, DATE OF SHIPMENT, MARKS, QUANTITY, NET WEIGHT AND GROSS WEIGHT OF THE SHIPMENT TO THE APPLICANT WITHIN 1 DAY AFTER THE DATE OF BILL OF LADING.

ADDITIONAL COND-ITIONS	47A：	+ ALL DOCUMENTS MUST INDICATE THE NUMBER OF THIS CREDIT.

+ ALL PRESENTATIONS CONTAINING DIS-CREPANCIES WILL ATTRACT A DISCREPANCY FEE OF USD50.00 PLUS TELEX COSTS OR OTHER CURRENCY EQUIVALENT. THIS CHARGE WILL BE DEDUCTED FROM THE BILL AMOUNT WHETHER OR NOT WE ELECT TO CONSULT THE APPLICANT FOR A WAIVER.

CHARGES	71D：	ALL CHARGES OUT OF ISSUING BANK ARE FOR ACCOUNT OF BENEFICIARY.
CONFIRMATION INST-RUCTIONS	49 ：	WITHOUT
INSTRUCTIONS TO THE PAYING/ACCEPTING/ NEGOTIATING BANK	78 ：	ALL DOCUMENTS ARE TO BE REMITTED IN TWO LOTS BY COURIER TO BANK OF CHINA, LONDON, 90 CANNON STREET, LONDON EC4N 6HA, U.K.

2. 商业发票

FUJIAN GONGPING I/E CO., LTD.				
NO. 5 RENMIN RD., FUZHOU, CHINA				
TEL：0086-591-73757622 FAX：0086-591-73757626				
COMMERCIAL INVOICE				
To:	KEVIN FOOTWEAR INC. NO. 1 CAT RD., LONDON, U.K.	Invoice No.:	23GP0101	
		Invoice Date:	JUN. 28, 2023	
		S/C No.:	GP2399	
		S/C Date:	APR. 19, 2023	
From:	XIAMEN, CHINA	To:	LONDON, U.K.	
Marks and Numbers	Number and Kind of Package Description of Goods	Quantity	Unit Price	Amount
N/M	CFR LONDON, U.K. AS PER INCOTERMS® 2020 PAC BOOTS ART. NO. 5001 ART. NO. 5002 AS PER ORDER NO.8778 PACKED IN 800 CARTONS.	2 400PAIRS 2 400PAIRS	USD15.60/PAIR USD14.80/PAIR	USD37 440.00 USD35 520.00
TOTAL:		4 800PAIRS		USD 72 960.00
SAY TOTAL:	U.S. DOLLARS SEVENTY TWO THOUSAND NINE HUNDRED AND SIXTY ONLY.			
L/C NO. BOCL20230625 FUJIAN GONGPING I/E CO., LTD. 王宫平				

3. 其他信息

汇票收款人是中国银行福建省分行指定的人。

▲请外贸单证员陶勇完成工作任务：

制作汇票。

◆能力实训2：远期L/C支付方式下制作汇票操作

上接学习情境八中的能力实训2：远期L/C支付方式下制作受益人证明操

作，2023年5月10日，南京辉皇食品有限公司外贸单证员方萍制作好受益人证明后，根据信用证、商业发票和其他信息制作汇票。

1. 信用证

MT 700		ISSUE OF A DOCUMENTARY CREDIT
APPLICATION HEADER		RJHISARI
		*ALRAJHI BANKING AND INVESTMENT
		*CORPORATION
		*RIYADH (HEAD OFFICE)
SEQUENCE OF TOTAL	27 :	1 / 1
FORM OF DOC. CREDIT	40A:	IRREVOCABLE
DOC. CREDIT NUMBER	20 :	LC123
DATE OF ISSUE	31C:	230317
DATE/PLACE OF EXPIRY	31D:	230527 CHINA
APPLICANT	50 :	RED FLOWER TRADING CO.
		P.O. BOX 536, RIYADH 22766, SAUDI ARABIA
		TEL: 00966-1-4659215 FAX: 00966-1-4659217
BENEFICIARY	59 :	NANJING HUIHUANG FOODS CO., LTD.
		YUN MANSION RM3908 NO.85 FUZI RD.,
		NANJING 210005, CHINA
		TEL: 0086-25-84715000 FAX: 0086-25-84711111
AMOUNT	32B:	CURRENCY USD AMOUNT 13 600.00
PERCENTAGE CREDIT AMOUNT TOLERANCE	39A:	10/10
AVAILABLE WITH/BY	41D:	ANY BANK IN CHINA,
		BY NEGOTIATION
DRAFTS AT ...	42C:	30 DAYS AFTER B/L DATE
DRAWEE	42A:	RJHISARI
		*ALRAJHI BANKING AND INVESTMENT
		*CORPORATION
		*RIYADH (HEAD OFFICE)
PARTIAL SHIPMENTS	43P:	NOT ALLOWED
TRANSSHIPMENT	43T:	NOT ALLOWED
PORT OF LOADING/ AIRPORT OF DEPAR- TURE	44E:	CHINESE MAIN PORT
PORT OF DISCHARGE	44F:	DAMMAM PORT, SAUDI ARABIA

LATEST DATE OF SHIPMENT	44C：230517
GOODS DESCRIPTION	45A：ABOUT 1700 CARTONS CANNED MUSRHOOM PIECES & STEMS 24 TINS X 220 GRAMS NET WEIGHT (G.W. 420 GRAMS) AT USD8.00 PER CARTON, ROSE BRAND, CIF DAMMAM PORT, SAUDI ARABIA AS PER INCOTERMS® 2020, AS PER S/C NO. UY90, DATED FEB. 22, 2023.
DOCUMENTS REQUIRED	46A：+ SIGNED COMMERCIAL INVOICE MANUALLY IN TRIPLICATE AND MUST SHOW BREAK DOWN OF THE AMOUNT AS FOLLOWS: FOB VALUE, FREIGHT CHARGES, PREMIUM AND TOTAL AMOUNT CIF.
	+ FULL SET CLEAN ON BOARD BILLS OF LADING MADE OUT TO THE ORDER OF AL RAJHI BANKING AND INVESTMENT CORPORATION, MARKED FREIGHT PREPAID AND NOTIFY APPLICANT, INDICATING THE FULL NAME, ADDRESS AND TEL NO. OF THE CARRYING VESSEL'S AGENT AT THE PORT OF DISCHARGE.
	+ SIGNED PACKING LIST MANUALLY IN TRIPLICATE.
	+INSURANCE POLICY IN DUPLICATE ENDORSED IN BLANK COVERING W.P.A. OF CIC OF PICC.
	+ INSPECTION (HEALTH) CERTIFICATE FROM THE CUSTOMS, P. R. CHINA STATING GOODS ARE FIT FOR HUMAN BEING.
	+ CERTIFICATE OF ORIGIN DULY CERTIFIED BY CCPIT, STATING THE NAME OF THE MANUFACTURERS OR PRODUCERS AND THAT GOODS EXPORTED ARE WHOLLY OF CHINESE ORIGIN.

		+ THE PRODUCTION DATE OF THE GOODS NOT TO BE EARLIER THAN HALF MONTH AT TIME OF SHIPMENT. BENEFICIARY MUST CERTIFY THE SAME.
ADDITIONAL CONDITIONS	47A:	+A DISCREPANCY FEE OF USD50.00 WILL BE IMPOSED ON EACH SET OF DOCUMENTS PRESENTED FOR NEGOTIATION UNDER THIS L/C WITH DISCREPANCY. THE FEE WILL BE DEDUCTED FROM THE BILL AMOUNT.
CHARGES	71D:	ALL CHARGES OUTSIDE SAUDI ARABIA ON BENEFICIARIES' ACCOUNT INCLUDING REIMBURSING COMMISSION, DISCREPANCY FEE (IF ANY) AND COURIER CHARGES.
PERIOD FOR PRESENTATION IN DAYS	48 :	WITHIN 10 DAYS AFTER THE DATE OF SHIPMENT, BUT WITHIN THE VALIDITY OF THIS CREDIT.
CONFIRMATION INSTRUCTIONS	49 :	WITHOUT
REIMBURSEMENT BANK	53D:	AL RAJHI BANKING AND INVESTMENT CORPORATION RIYADH (HEAD OFFICE)
INSTRUCTIONS TO THE PAYING/ACCEPTING/ NEGOTIATING BANK	78 :	DOCUMENTS TO BE DESPATCHED IN ONE LOT BY COURIER. ALL CORRESPONDENCE TO BE SENT TO ALRAJHI BANKING AND INVESTMENT COPRORATION RIYADH (HEAD OFFICE)
SENDER TO RECIVER INFORMATION	72Z:	REIMBURSEMENT IS SUBJECT TO ICC URR 525.

2. 商业发票

NANJING HUIHUANG FOODS CO., LTD.			
YUN MANSION RM3908 NO.85 FUZI RD., NANJING 210005, CHINA			
TEL: 0086-25-84715000 FAX: 0086-25-84711111			
COMMERCIAL INVOICE			
To:	RED FLOWER TRADING CO. P.O. BOX 536, RIYADH 22766, SAUDI ARABIA TEL: 00966-1-4659215 FAX: 00966-1-4659217	Invoice No.:	2023NHT098
		Invoice Date:	APR. 29, 2023
		S/C No.:	UY90
		S/C Date:	FEB. 22, 2023

From:	SHANGHAI, CHINA	To:	DAMMAM PORT, SAUDI AR-ABIA	
Marks and Numbers	Number and Kind of Package Description of Goods	Quantity	Unit Price	Amount
RFT ROSE BRAND RIYADH C/NO: 1-1750	CIF DAMMAM PORT, SAUDI ARABIA AS PER INCOTERMS® 2020 CANNED MUSRHOOM PIECES & STEMS 24 TINS X 220 GRAMS NET WEIGHT (G.W. 420 GRAMS), ROSE BRAND	1 750CTNS	USD8.00/CTN	USD14 000.00
TOTAL:		1 750CTNS		USD14 000.00
SAY TOTAL:	U.S. DOLLARS FOURTEEN THOUSAND ONLY.			

FOB VALUE：USD12 920.00

FREIGHT CHARGES：USD2 000.00

PREMIUM：USD80.00

NANJING HUIHUANG FOODS CO., LTD.

章 胜

3. 其他信息

汇票收款人是中国农业银行南京市分行指定的人。

▲请外贸单证员方萍完成工作任务：

制作汇票。

◆能力实训3：前T/T+即期D/P支付方式下制作汇票操作

上接学习情境六中的能力实训3：前T/T+即期D/P支付方式下制作出口货物报关单操作，2023年6月23日，青岛联江有限公司外贸单证员刘美收到海运提单后，根据外贸合同、商业发票和其他信息制作汇票。

1. 外贸合同

QINGDAO LIANJIANG CO., LTD.

No.2 Taiping St. Qingdao, China

Tel: 0086-532-88391926 Fax: 0086-532-88391928

S/C No.: 2023072   Date: May 13, 2023

SALES CONTRACT

TO: Taka Co., Ltd.

12-15, Aza shinbo, Ohaza Yamaya, Osaka, Japan

Tel: 0081-665-39-3123   Fax: 0081-665-39-3133

Dear sirs,

We hereby confirm having sold to you the following goods on terms and conditions as specified below:

1. Commodity & Specification	2. Quantity	3. Unit Price	4. Amount
FOB Qingdao, China as per INCOTERMS® 2020			
(1) Door Handle			
Article No.DH5010	4 500 pairs	USD8.80/ pair	USD39 600.00
Article No.DH5020	4 500 pairs	USD8.50/ pair	USD38 250.00
(2) Spirit Level			
Article No.19161	8 820 pcs	USD2.00/ pc	USD17 640.00
Article No.19163	14 700 pcs	USD2.20/ pc	USD32 340.00
Total			USD127 830.00

Total Contract Value: U.S.DOLLARS ONE HUNDRED TWENTY SEVEN THOUSAND EIGHT HUNDRED THIRTY ONLY.

5. Packing: Door Handle packed in 20 pairs/carton, Spirit Level packed in 60 pieces/carton.

6. Marks: TAKA in a circle/OSAKA.

7. Shipment: Shipped from Qingdao, China to Osaka, Japan not later than Jun. 30, 2023; Partial shipment and transshipment are prohibited.

8. Payment: 20% of proceeds paid by T/T before May 27, 2023, 80% of proceeds paid by D/P at sight.

Our Bank: Bank of China, Qingdao Branch.

No. 25 Shandong Rd. Qingdao, China

A/C No.: 80020002700605309

THE BUYER: **THE SELLER:**

TAKA CO., LTD.   QINGDAO LIANJIANG CO., LTD.

TAKA   联 江

2. 商业发票

QINGDAO LIANJIANG CO., LTD.				
No.2 Taiping St. Qingdao, China				
Tel: 0086-532-88391926 Fax: 0086-532-88391928				
COMMERCIAL INVOICE				
To:	Taka Co., Ltd. 12-15, Aza shinbo, Ohaza Yamaya, Osaka, Japan Tel: 0081-665-39-3123 Fax: 0081-665-39-3133 || Invoice No.:	LJ23071	
	||Invoice Date:	Jun. 14, 2023	
	||S/C No.:	2023072	
	||S/C Date:	May 13, 2023	
From:	Qingdao, China || To:	Osaka, Japan	
Marks and Numbers	Number and Kind of Package Description of Goods	Quantity	Unit Price	Amount
TAKA OSAKA	FOB Qingdao, China as per INCOTERMS® 2020			
	(1) Door Handle			
	Article No.DH5010	4 500 pairs	USD8.80/ pair	USD39 600.00
	Article No.DH5020	4 500 pairs	USD8.50/ pair	USD38 250.00
	(2) Spirit Level			
	Article No.19161	8 820 pcs	USD2.00/ pc	USD17 640.00
	Article No.19163	14 700 pcs	USD2.20/ pc	USD32 340.00
TOTAL:				USD127 830.00
SAY TOTAL:	U.S.DOLLARS ONE HUNDRED TWENTY SEVEN THOUSAND EIGHT HUNDRED THIRTY ONLY.			
	QINGDAO LIANJIANG CO., LTD. 联 江			

3. 其他信息

汇票的收款人是中国工商银行青岛市分行指定的人。

▲请外贸单证员刘美完成工作任务：

制作汇票。

◆能力实训 4：假远期 L/C 支付方式下制作汇票操作

上接学习情境七的能力实训 3：假远期 L/C 支付方式下制作投保单和办理保险操作，2023 年 7 月 19 日，浙江金苑进出口有限公司外贸单证员林霞根据信用证、商业发票、UCP600、ISBP745 和其他信息制作汇票。

1. 信用证

SEQUENCE OF TOTAL	27 :	1 / 1
FORM OF DOCUM-ENTARY CREDIT	40A :	IRREVOCABLE
DOCUMENTARY CREDIT NUMBER	20 :	BOCL20230902
DATE OF ISSUE	31C :	230530
APPLICABLE RULES	40E :	UCP LATEST VERSION
DATE AND PLACE OF EXPIRY	31D :	230730 CHINA
APPLICANT	50 :	BEK FOODS INC. NO. 66 UNION ST., LUTON LU,3AN,U.K.
BENEFICIARY	59 :	ZHEJIANG JINYUAN IMPORT AND EXPORT CO., LTD. 118 XUEYUAN STREET, HANGZHOU, CHINA
AMOUNT	32B :	CURRENCY USD AMOUNT 136 800.00
PERCENTAGE CREDIT AMOUNT TOLERANCE	39A :	05/05
AVAILABLE WITH/BY	41D :	BANK OF CHINA, ZHEJIANG BRANCH BY NEGOTIATION
DRAFTS AT ...	42C :	AT 90 DAYS AFTER SIGHT
DRAWEE	42A :	ISSUING BANK
PARTIAL SHIPMENT	43P :	PROHIBITED
TRANSSHIPMENT	43T :	PROHIBITED
PORT OF LOADING/ AIR-PORT OF DEPARTURE	44E :	SHANGHAI, CHINA
PORT OF DISCHARGE	44F :	FELIXSTOWE, U.K.
LATEST DATE OF SHIP-MENT	44C :	230715
DESCRIPTION OF GOODS AND/OR SERVICES	45A :	3600CTNS OF SHAOXING RICE WINE, ALCO-HOL CONTENT:15 PERCENT, 12BTLS/CTN, 750ML/BTL, AT USD38.00/CTN, CIF FELI-XSTOWE, U.K. AS PER INCOTERMS®2020

| DOCUMENTS REQU-IRED | 46A： | + COMMERCIAL INVOICE SIGNED IN INK IN QUINTUPLICATE CERTIFYING THAT THE GOODS SHIPPED ARE AS PER CONTRACT NUMBER ZJJY2378 DATED MAY 16, 2023.
+ PACKING LIST IN QUINTUPLICATE.
+ CERTIFICATE OF ORIGIN CERTIFIED BY CHAMBER OF COMMERCE OR CCPIT.
+ FULL SET OF CLEAN ON BOARD OCEAN BILLS OF LADING MADE OUT TO THE ORDER OF ISSUING BANK, MARKED "FREIGHT PREPAID" AND NOTIFYING APPLICANT BEARING L/C NO. AND DATE. SHORT FORM OF BILL OF LADING IS NOT ACCEPTABLE.
+ INSURANCE POLICY/CERTIFICATE IN DUPLICATE MADE OUT TO ORDER ENDORSED IN BLANK FOR 110% INVOICE VALUE, COVERING FPA AND CLASH & BREAKAGE CLAUSE OF CIC OF PICC AND SHOWING THE CLAIMING CURRENCY IS THE SAME AS THE CURRENCY OF CREDIT.
+ BENEFICIARY'S CERTIFICATE CERTIFYING THAT ONE COPY OF BILL OF LADING, COM-MERCIAL INVOICE AND PACKING LIST RES-PECTIVELY HAVE MAILED TO THE APPLICANT BY DHL WITHIN THREE WORKING DAYS AFTER BILL OF LADING DATE.
+ CERTIFICATE'S CERTIFIED COPY OF FAX DISPATCHED TO THE APPLICANT WITHIN THREE DAYS AFTER SHIPMENT ADVISING L/C NUMBER, NAME, QUANTITY AND AMOUNT OF GOODS, NUMBER OF PACKAGES, CONTAINER NUMBER, NAME OF VESSEL AND VOYAGE NUMBER, AND DATE OF SHIPMENT. |
| ADDITIONAL COND-ITIONS | 47A： | +ALL DOCUMENTS SHOULD BE DATED ON OR LATER OF THIS LETTER OF CREDIT AND BEAR THE LETTER OF CREDIT NUMBER AND DATE. |

		+ SHIPMENT TO BE EFFECTED NOT EARLIER THAN 7 DAYS BEFORE LATEST DATE OF SHIPMENT AS PER THIS CREDIT.
		+ MORE OR LESS 5 PERCENT OF QUANTITY OF GOODS IS ALLOWED.
		+ BENEFICIARY'S USANCE DRAFTS MUST BE NEGOTIATED AT SIGHT BASIS AND ACCEPTANCE COMMISSION AND DISCOUNT CHARGE ARE FOR APPLICANT'S ACCOUNT.
		+ ALL PRESENTATIONS CONTAINING DIS-CREPANCIES WILL ATTRACT A DISC-REPANCY FEE OF USD50.00 PLUS TELEX COSTS OR OTHER CURRENCY EQUIVALENT. THIS CHARGE WILL BE DEDUCTED FROM THE BILL AMOUNT WHETHER OR NOT WE ELECT TO CONSULT THE APPLICANT FOR A WAIVER
CHARGES	71D:	ALL BANK CHARGES OUTSIDE U.K. ARE FOR ACCOUNT OF BENEFICIARY.
PERIOD FOR PRESEN-TATION IN DAYS	48 :	015
CONFIRMATION INST-RUCTIONS	49 :	WITHOUT
INSTRUCTIONS TO THE PAYING/ ACCEPTING/ NEGOTIATING BANK	78 :	+ NEGOTIATION INVOLVING INVOICE EXCEE-DING L/C AMOUNT IS STRICTLY PROHIBITED.
		+ ALL DOCUMENTS TO BE DESPATCHED IN ONE SET BY COURIER TO BANK OF CHINA, LONDON, 90 CANNON STREET, LONDON EC4N 6HA, U.K.
		+ UPON PRESENTATION TO US OF DRAFTS AND DOCUMENTS IN STRICT COMPLIANCE WITH TERMS AND CONDITIONS OF THIS CREDIT, WE WILL REMIT THE PROCEEDS ON DUE DATE AS PER THE NEGOTIATING BANK'S INSTRUCTIONS.

SENDER TO RECEIVER INFORMATION	+ EXCEPT AS OTHERWISE EXPRESSLY STATED, THIS CREDIT IS SUBJECT TO UCP (2007 VERSION) ICC PUBLICATION 600. 72Z： PLEASE ADVISE AND ACKNOWLEDGE THE RECEIPT.

2. 商业发票

ZHEJIANG JINYUAN IMPORT AND EXPORT CO., LTD.
118 XUEYUAN STREET, HANGZHOU, CHINA
COMMERCIAL INVOICE

To:	BEK FOODS INC. NO. 66 UNION ST., LUTON LU,3AN,U.K.		Invoice No.:	JY23099
			Invoice Date:	JUL. 5, 2023
			S/C No.:	ZJJY2378
			S/C Date:	MAY 16, 2023
From:	SHANGHAI, CHINA	To:	FELIXSTOWE,U.K.	
L/C No.:	BOCL20230902	Date of Issue:	MAY 30, 2023	

Marks and Numbers	Number and Kind of Package Description of Goods	Quantity	Unit Price	Amount
BEK ZJJY2378 FELIXSTOWE CARTON NO.1-3630	CIF FELIXSTOWE,U.K. AS PER INCOTERMS®2020 SHAOXING RICE WINE ALCOHOL CONTENT:15 PERCENT 12BTLS/CTN, 750ML/BTL	3 630CTNS	USD38.00/CTN	USD137 940.00
TOTAL:		3 630CTNS		USD137 940.00
SAY TOTAL:	SAY U.S. DOLLARS ONE HUNDRED THIRTY SEVEN THOUSAND NINE HUNDRED FORTY ONLY.			

ZHEJIANG JINYUAN IMPORT AND EXPORT CO., LTD.

王 立

3. 其他信息

（1）开证行是BANK OF CHINA，LONDON BRANCH.

（2）汇票收款人是中国银行浙江省分行指定的人。

▲请外贸单证员林霞完成工作任务：

制作汇票。

［调查研究与善作善成］

1. 调研主题

守法意识与汇票要项。

2. 调研步骤

（1）以小组为单位，调研搜集与不同票据法的汇票要项相关的资料和案例。

（2）根据调研资料，讨论研究形成调研报告。

（3）根据调研报告制作PPT。

（4）每组派代表在课堂上分享本组调研成果。

3. 调研成果

（1）调研报告。

（2）PPT。

【学习目标】

素养目标:

● 具备"重合同,守信用"的诚信品质和守法意识

● 具备一丝不苟的审单责任意识

技能目标:

● 能够审出信用证结算方式下单据的不符点

● 能够审出汇款和托收结算方式下单据的不符点

知识目标:

● 掌握审单原则

● 掌握审单要点

【思维导图】

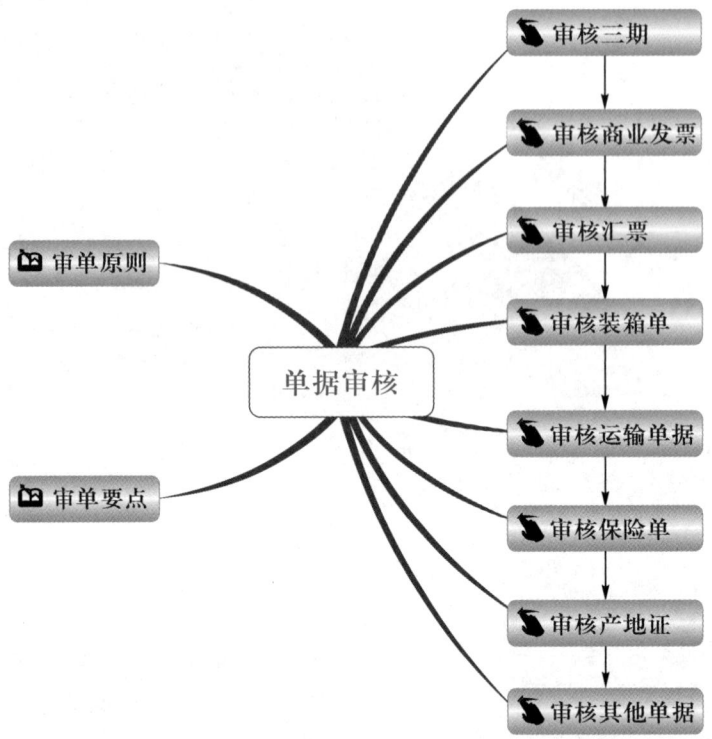

项目背景

　　2023年5月16日，浙江金苑进出口有限公司外贸单证员陈红制作好信用证项下的单据后，根据信用证以及UCP600审核以下结汇单据，找出不符点。

　　1. 信用证

MT 700	ISSUE OF A DOCUMENTARY CREDIT
SENDER	BANK OF CHINA, HAMBURG BRANCH, GERMANY

RECEIVER		BANK OF HANGZHOU, HANGZHOU, CHINA
SEQUENCE OF TOTAL	27 :	1 / 1
FORM OF DOC. CREDIT	40A:	IRREVOCABLE
DOC. CREDIT NUMBER	20 :	FFF237699
DATE OF ISSUE	31C:	230331
APPLICABLE RULES	40E:	UCP LATEST VERSION
DATE AND PLACE OF EXPIRY EXPIRY	31D:	230603 CHINA
APPLICANT	50 :	SIK GMBH & CO. KG
		RATHAUSMARKT 66, 20095 HAMBURG, GERMANY
BENEFICIARY	59 :	ZHEJIANG JINYUAN IMPORT AND EXPORT CO., LTD.
		118 XUEYUAN STREET, HANGZHOU, CHINA
AMOUNT	32B:	CURRENCY USD AMOUNT 54 000.00
PERCENTAGE CREDIT AMOUNT TOLERANCE	39A:	05/05
AVAILABLE WITH/BY	41D:	ANY BANK IN CHINA, BY NEGOTIATION
DRAFTS AT ...	42C:	AT SIGHT
DRAWEE	42A:	BANK OF CHINA，NEW YORK
PARTIAL SHIPMENT	43P:	PROHIBITED
TRANSSHIPMENT	43T:	ALLOWED
PORT OF LOADING/ AIRPORT OF DEPARTURE	44E:	CHINESE MAIN PORT
PORT OF DISCHARGE	44F:	HAMBURG, GERMANY
LATEST DATE OF SHIPMENT	44C:	230519
DESCRIPTION OF GOODS AND/OR SERVICES	45A:	4500 PIECES OF LADIES JACKET
		STYLE NO. QUANTITY UNIT PRICE AMOUNT
		L357　2 250PCS　USD12.00/PC　USD27 000.00
		L358　2 250PCS　USD12.00/PC　USD27 000.00
		AT CIF HAMBURG, GERMANY AS PER INCOTERMS® 2020
DOCUMENTS REQUIRED	46A:	+ COMMERCIAL INVOICE SIGNED IN TRIPLICATE.
		+ PACKING LIST IN TRIPLICATE.

		+ CERTIFICATE OF ORIGIN CERTIFIED BY CHAMBER OF COMMERCE OR CCPIT.
		+ FULL SET (3/3) OF CLEAN "ON BOARD" OCEAN BILLS OF LADING MADE OUT TO ORDER, BLANK ENDORSED, MARKED FREIGHT PREPAID AND NOTIFY APPLICANT.
		+ INSURANCE POLICY/CERTIFICATE IN DUPLICATE ENDORSED IN BLANK FOR 110% INVOICE VALUE, COVERING ALL RISKS OF CIC OF PICC INCL. WAREHOUSE TO WAREHOUSE AND I.O.P AND SHOWING THE CLAIMING CURRENCY IS THE SAME AS THE CURRENCY OF CREDIT.
		+ CERTIFICATE OF QUALITY ISSUED BY THE CUSTOMS, P.R.CHINA CERTIFYING THAT ALL PRODUCTS WILL BE MADE OUT OF AZO FREE, PAH FREE AND PHTHALATES FREE MATERIALS.
		+ SHIPPING ADVICE SHOWING THE NAME OF THE CARRYING VESSEL, DATE OF SHIPMENT, MARKS, QUANTITY, NET WEIGHT AND GROSS WEIGHT OF THE SHIPMENT TO APPLICANT WITHIN 3 DAYS AFTER THE DATE OF BILL OF LADING.
ADDITIONAL CONDITIONS	47A:	+ DOCUMENTS DATED PRIOR TO THE DATE OF THIS CREDIT ARE NOT ACCEPTABLE.
		+ THE NUMBER AND THE DATE OF THIS CREDIT AND THE NAME OF ISSUING BANK MUST BE QUOTED ON ALL DOCUMENTS.
		+ MORE OR LESS 5 PCT OF QUANTITY OF GOODS IS ALLOWED.
		+ TRANSSHIPMENT ALLOWED AT HONGKONG ONLY.
		+ SHORT FORM/CHARTER PARTY/ THIRD PARTY BILL OF LADING ARE NOT ACCEPTABLE.

+ SHIPMENT MUST BE EFFECTED BY $1 \times 40'$ FULL CONTAINER LOAD. B/L TO SHOW EVIDENCE OF THIS EFFECT IS REQUIRED.

+ ONE COPY OF BILL OF LADING, COMMERCIAL INVOICE AND PACKING LIST SHOULD BE MAILED TO THE APPLICANT BY DHL WITHIN THREE DAYS AFTER BILL OF LADING DATE, BENEFICIARY'S CERTIFICATE TO THIS EFFECT IS REQUIRED.

+ ALL PRESENTATIONS CONTAINING DISCREPANCIES WILL ATTRACT A DISCREPANCY FEE OF USD60.00 PLUS TELEX COSTS OR OTHER CURRENCY EQUIVALENT. THIS CHARGE WILL BE DEDUCTED FROM THE BILL AMOUNT WHETHER OR NOT WE ELECT TO CONSULT THE APPLICANT FOR A WAIVER.

CHARGES	71D:	ALL CHARGES AND COMMISSIONS OUTSIDE GERMANY ARE FOR ACCOUNT OF BENEFICIARY EXCLUDING REIMBURSING FEE.
PERIOD FOR PRESENTATION IN DAYS	48:	015
CONFIRMATION INSTRUCTIONS	49:	WITHOUT
REIMBURSING BANK	53A:	BANK OF CHINA，NEW YORK
INSTRUCTIONS TO THE PAYING/ACCEPTING/NEGOTIATING BANK	78:	ALL DOCUMENTS ARE TO BE REMITTED IN TWO LOTS BY COURIER TO BANK OF CHINA HAMBURG BRANCH，TRADE FINANCE SERVICES, RATHAUSMARKT 5, 20095 HAMBURG, GERMANY.

2. 商业发票

ZHEJIANG JINYUAN IMPORT AND EXPORT CO., LTD.

118 XUEYUAN STREET, HANGZHOU, CHINA

COMMERCIAL INVOICE

To:	SIL GMBH & CO. KG RATHAUSMARKT 66, 20095 HAMBURG, GERMANY		Invoice No.:	JY23018
			Invoice Date:	MAY6, 2023
			S/C No.:	ZJJY2339
			S/C Date:	MAR. 25, 2023
From:	SHANGHAI, CHINA	To:	HAMBURG, GERMANY	
L/C No.:	FFF237699	Issued By:	BANK OF CHINA, HAMBURG BRANCH	
Date of Issue:	MAR. 31, 2023			
Marks and Numbers	Number and Kind of Package Description of Goods	Quantity	Unit Price	Amount
SIK ZJJY2339 L357/ L358 HAMBURG, GERMANY C/NO.: 1-502	CIF HAMBURG, GERMANY AS PER INCOTERMS® 2020			
	LADIES JACKET STYLE NO. L357 STYLE NO. L358 PACKED IN FIVE HUNDRED AND TWO CARTONS ONLY.	2 250PCS 2 268PCS	USD12.00/PC USD12.00/PC	USD27 000.00 USD27 216.00
	TOTAL:	4 518PCS		USD 54 216.00
SAY TOTAL:	U.S. DOLLARS FIFTY FOUR THOUSAND TWO HUNDRED AND SIXTY ONLY.			
	ZHEJIANG JINYUAN IMPORT AND EXPORT CO., LTD. 王 立			

3. 装箱单

ZHEJIANG JINYUAN IMPORT AND EXPORT CO., LTD.						
118 XUEYUAN STREET, HANGZHOU, CHINA						
PACKING LIST						
To:	SIL GMBH & CO. KG RATHAUSMARKT 66, 20095 HAMBURG, GERMANY	Invoice No.:	JY23018			
		Invoice Date:	MAY 6, 2023			
		S/C No.:	ZJJY2339			
		S/C Date:	MAR. 25, 2023			
From:	SHANGHAI, CHINA	To:	HAMBURG, GERMANY			
Marks and Numbers	Number and Kind of Package Description of Goods	Quantity	Package	G.W	N.W	Meas.
SIK ZJJY2339 L357/ L358 HAMBURG, GERMANY C/NO.： 1-502	LADIES JACKET STYLE NO.L357 STYLE NO.L358 PACKED IN 9 PCS/CTN, SHIPPED IN 1×40' FCL.	2 250PCS 2 268PCS	250CTNS 252CTNS	2 500KGS 2 520KGS	2 250KGS 2 268KGS	29.363M^3 29.597M^3
	TOTAL:	4 518PCS	502CTNS	5 020KGS	4 518KGS	58.960M^3
SAY TOTAL:	FIVE HUNDRED AND TWO CARTONS ONLY.					

4. 海运提单

Shipper Insert Name, Address and Phone		B/L No. COSU60000778806
ZHEJIANG JINYUAN IMPORT AND EXPORT CO., LTD. 118 XUEYUAN STREET, HANGZHOU, P.R.CHINA		中远海运集装箱运输有限公司
Consignee Insert Name, Address and Phone		COSCO CONTAINER LINES
TO ORDER		
Notify Party Insert Name, Address and Phone		TLX: 33057 COSCO CN
SIK GMBH & CO. KG RATHAUSMARKT 66, 20095 HAMBURG, GERMANY TEL: 0049-40-3410766 FAX: 0049-40-3410767		FAX: +86(021) 6545 8984 ORIGINAL

Ocean Vessel Voy. No.	Port of Loading	
EVER LIVELY，VOY. NO. 0392W	SHANGHAI	Port-to-Port
Port of Discharge	Port of Destination	BILL OF LADING
HAMBURG, GERMANY		Shipped on board and condition except as other-...

Marks & Nos. Container/Seal No.	No. of Containers or Packages	Description of Goods	Gross Weight	Measurement
SIK ZJJY2339 L357/ L358 HAMBURG, GERMANY C/NO.：1-502 CN:GATU8585 677 SN:3320999	502CARTONS 1 × 40'FCL	LADIES JACKET L/C NO.: FFF237699 DATE: MAR. 31, 2023 NAME OF ISSUING BANK: BANK OF CHINA, HAMBURG BRANCH	4518KGS FREIGHT COLLECT	58.96M^3

Description of Contents for Shipper's Use Only (Not part of This B/L Contract)			
Total Number of containers and/or packages (in words)：FIVE HUNDRED AND TWO CARTONS ONLY.			

Ex. Rate:	Prepaid at	Payable at	Place and date of issue
	SHANGHAI		SHANGHAI, MAY. 12, 2023
	Total Prepaid	No. of Original B(s)/L	Signed for the Carrier
		THREE (3)	COSCO CONTAINER LINES 王 金

5. 保险单

货物运输保险单
CARGO TRANSPORTATION INSURANCE POLICY

发票号 (INVOICE NO.)	JY23018	保单号次 POLICY NO.	BJ123456
合同号 (CONTRACT NO.)	ZJJY2339		
信用证号 (L/C NO.)	FFF237699		

被保险人 INSURED:　ZHEJIANG JINYUAN IMPORT AND EXPORT CO., LTD.

中国大地财产保险股份有限公司(以下简称"本公司")根据被保险人的要求, 由被保险人向本公司交付约定的保险费, 按照本保险单承保险别和背面所载条款与下列条款承保下述货物运输保险, 特立本保险单。

THIS POLICY OF INSURANCE WITNESSES THAT CHINA CONTINENT PROPERTY & CASUALLY INSURANCE COMPANY LTD. (HEREINAFTER CALLED "THE COMPANY") AT THE REQUEST OF THE INSURED AND IN CONSIDERATION OF THE AGREED PREMIUM PAID TO THE COMPANY BY THE INSURED, UNDERTAKES TO INSURE THE UNDERMENTIONED GOODS IN TRANSPORTATION SUBJECT TO THE CONDITIONS OF THIS POLICY AS PER THE CLAUSES PRINTED OVERLEAF AND OTHER SPECIAL CLAUSES ATTACHED HEREON.

标　记 MARKS&NOS	包装及数量 QUANTITY	保险货物项目 DESCRIPTION OF GOODS	保险金额 AMOUNT INSURED
SIK ZJJY2339 L357/ L358 HAMBURG BRANCH C/NO.：1-502	502CTNS	LADIES JACKET THE DATE OF L/C: MAR. 31, 2023 THE NAME OF ISSUING BANK.: BANK OF CHINA, HAMBURG BRANCH	USD54 216.00
总保险金额 TOTAL AMOUNT INSURED:	SAY U.S. DOLLARS FIFTY FOUR THOUSAND TWO HUNDRED AND SIXTEEN ONLY.		

保费： PERMIUM: AS ARRANGED	启运日期 DATE OF COMMENCEMENT:	MAY 12,2023	装载运输工具： PER CONVEYANCE:	EVER LIVELY, VOY. NO.0392W

自 FROM:　SHANGHAI	经 VIA	***	至 TO	HAMBURG BRANCH

承保险别：
CONDITIONS:
COVERING ALL RISKS AND WAR RISK OF CIC OF PICC INCL. WAREHOUSE TO WAREHOUSE AND I.O.P
所保货物，如发生保险单项下可能引起索赔的损失或损坏，应立即通知本公司下述代理人查勘。如有索赔，应向本公司提交保单正本(本保险单共有2份正本)及有关文件。如一份正本已用于索赔，其余正本自动失效。
IN THE EVENT OF LOSS OR DAMAGE WITCH MAY RESULT IN A CLAIM UNDER THIS POLICY, IMMEDIATE NOTICE MUST BE GIVEN TO THE COMPANY'S AGENT AS MENTIONED HEREUNDER. CLAIMS, IF ANY, ONE OF THE ORIGINAL POLICY WHICH HAS BEEN ISSUED IN TWO ORIGINAL(S) TOGETHER WITH THE RELEVANT DOCUMENTS SHALL BE SURRENDERED TO THE COMPANY. IF ONE OF THE ORIGINAL POLICY HAS BEEN ACCOMPLISHED. THE OTHERS TO BE VOID.

赔款偿付地点	HAMBURG,	中国大地财产保险股份有限公司
CLAIM	GERMANY	China Continent Property & Casualty Insurance Company Ltd.
PAYABLE AT	IN USD	杨菲
出单日期	MAY 13, 2023	

6. 一般原产地证

ORIGINAL

1. Exporter	Certificate No. 23C3301A2431/00023			
ZHEJIANG JINYUAN IMPORT AND EXPORT CO., LTD. 118 XUEYUAN STREET, HANGZHOU, CHINA	CERTIFICATE OF ORIGIN OF THE PEOPLE'S REPUBLIC OF CHINA			
2. Consignee				
SIK GMBH & CO. KG RATHAUSMARKT 66, 20095 HAMBU-RG, GERMANY				
3. Means of transport and route	**5. For certifying authority use only**			
SHIPPED FROM SHANGHAI, CHINA TO HAMBURG, GERMANY BY SEA.				
4. Country / region of destination				
GERMANY				
6. Marks and Numbers	**7. Number and Kind of Packages; Description of Goods**	**8. H.S.Code**	**9. Quantity**	**10. Number and Date of Invoices**

SIK ZJJY2339 L357/ L358 HAMBURG, GERMANY C/NO.：1-502	FIVE HUNDRED AND TWO (502) CARTONS OF LADIES JACKET. REMARKS: L/C NO.: FFF237699 DATE: MAR. 31, 2023 ISSUING BANK: BANK OF CHINA, HAMBURG	6204320090	4518PCS	JY23018 MAY 6, 2023

11. Declaration by the exporter	12. Certification
The undersigned hereby declares that the above details and statements are correct, that all the goods were produced in China and that they comply with the Rules of Origin of the People's Republic of China.	It is hereby certified that the declaration by the exporter is correct.
ZHEJIANG JINYUAN IMPORT AND EXPORT CO., LTD. 王立	姜婷婷
HANGZHOU，MAY 5, 2023	HANGZHOU，MAY 6, 2023
Place and date, signature and stamp of authorized signatory	Place and date, signature and stamp of certifying authority

7. 装运通知

ZHEJIANG JINYUAN IMPORT AND EXPORT CO., LTD.
118 XUEYUAN STREET, HANGZHOU, CHINA

SHIPPING ADVICE

TO:	SIK GMBH & CO. KG RATHAUSMARKT 66, 20095 HAMBURG, GERMANY	ISSUE DATE:	MAY 15, 2023
		S/C. NO.:	ZJJY2339

Dear Sir or Madam:

We are glad to advise you that the following mentioned goods have been shipped out, full details were shown as follows:

Invoice Number:	JY23018
Bill of lading Number:	COSU60000778806
Ocean Vessel:	EVER LIVELY，VOY. NO. 0392W
Port of Loading:	SHANGHAI, CHINA
Date of Shipment:	MAY. 12, 2023
Port of Destination:	HAMBURG, GERMANY

Estimated Date of Arrival:	JUN. 12, 2023
Containers/Seals Number:	GATU8585677/3320999
Description of Goods:	LADIES JACKET
Shipping Marks:	SIK ZJJY2339 L357/ L358 HAMBURG, GERMANY C/NO.：1-502
Quantity:	4 518PCS
Gross Weight:	5 020KGS
Net Weight:	4 518KGS
Total Value:	USD54 216.00
Thank you for your patronage. We look forward to the pleasure of receiving your valuable repeat orders. Sincerely yours,	
ZHEJIANG JINYUAN IMPORT AND EXPORT CO., LTD. 王立	

8. 受益人证明

ZHEJIANG JINYUAN IMPORT AND EXPORT CO., LTD.			
118 XUEYUAN STREET, HANGZHOU, CHINA			
BENEFICIARY'S CERTIFICATE			
To:	WHOM IT MAY CONCERN.	Invoice No.:	JY23018
		Date:	MAY 15, 2023
WE HEREBY CERTIFY THAT ONE COPY OF BILL OF LADING, COMMERCIAL INVOICE AND PACKING LIST HAVE BEEN MAILED TO THE APPLICANT BY DHL WITHIN THREE DAYS AFTER BILL OF LADING DATE. L/C NO.: FFF237699 L/C DATE：MAR. 31, 2023 NAME OF ISSUING BANK：BANK OF CHINA，HAMBURG, GERMANY <div align="right">ZHEJIANG JINYUAN IMPORT AND EXPORT CO., LTD. 王立</div>			

9. 汇票

BILL OF EXCHANGE			
凭 Drawn Under	BANK OF CHINA, HAMBURG, GERMANY	不可撤销信用证 Irrevocable L/C No.	FFF237699
日期 Date MAR. 31, 2023	支取 Payable with Interest	@ ％ 按 息 付款	
号码 No. JY23018	汇票金额 Exchange for	~~USD 54 216.00~~ 杭州 Hangzhou	MAY 16, 2023
见票 at 30 DAYS AFTER	日后(本汇票之副本未付)付交 sight of this FIRST of Exchange (Second of Exchange Being Unpaid)		
Pay to the order of	BANK OF HANGZHOU, HANGZHOU, CHINA		
金额 the sum of	~~U.S. DOLLARS FIFTY FOUR THOUSAND TWO HUNDRED AND~~ ~~SIXTEEN ONLY~~		
此致 To BANK OF CHINA, HA- MBURG, GERMANY	ZHEJIANG JINYUAN IMPORT AND EXPORT CO., LTD. 王 立		

任 务分解

外贸单证员陈红需完成的工作任务是：根据信用证审核各种单据，找出不符点。

素养点：
责任意识

任 务完成 <<<<<<<<<<<<<<<<<<<<<<<<<<<<<<<<<<<<<<<<<<<<<<<<<<<<<<<<<<<<<<<<<<<<<<<<<

第一步：根据信用证条款审核单据的种类和份数
通过审核发现漏交了一份品质证书。

第二步：根据信用证条款审核商业发票
通过审核发现商业发票中存在以下不符点：
（1）抬头错误："SIK"错打成"SIL"。

（2）金额大写错误："SIXTEEN "错打成"SIXTY"。

第三步：根据信用证条款、商业发票审核汇票

通过审核发现汇票中存在以下不符点：

（1）付款期限 AT 30 DAYS AFTER SIGHT 错误，正确的是 AT SIGHT。

（2）受票人 BANK OF CHINA，HAMBURG, GERMANY 错误，正确的是 BANK OF CHINA，NEW YORK。

第四步：根据信用证条款、商业发票审核装箱单

通过审核发现装箱单中存在以下不符点：

（1）抬头错误："SIK"错打成"SIL"。

（2）漏了信用证号码、日期和开证行名称。

第五步：根据信用证条款、商业发票和装箱单审核海运提单

通过审核发现海运提单中存在以下不符点：

（1）毛重 4 518KGS 错误，正确的是 5 020KGS。

（2）运费的支付方式 FREIGHT COLLECT 错误，正确的是 FREIGHT PREPAID。

第六步：根据信用证条款、商业发票、装箱单和海运提单审核保险单

通过审核发现保险单中存在以下不符点：

（1）保险金额错误，正确的是 USD59638.00。

（2）保险单日期晚于装运日期。

第七步：根据信用证条款、商业发票和装箱单审核一般原产地证

通过审核发现一般原产地证中存在以下不符点：

（1）货物描述栏目漏打结束符。

（2）签发日期早于发票日期。

第八步：根据信用证条款、商业发票、装箱单和海运提单审核装运通知

通过审核发现装运通知中存在的不符点有：漏了信用证号码、日期和开证行名称。

第九步：根据信用证条款、商业发票、装箱单审核受益人证明

通过审核发现受益人证明中不存在不符点。

综上所述，全套结汇单据存在以下不符点：

（1）发票和装箱单抬头错误："SIK"错打成"SIL"。

（2）发票金额大写错误："SIXTEEN"错打成"SIXTY"。

（3）汇票付款期限错误，正确的是AT SIGHT；受票人错误，正确的是BANK OF CHINA，NEW YORK。

（4）装箱单和装运通知漏了信用证号码、日期和开证行名称。

（5）海运提单中，毛重错误，正确的是5020KGS；运费支付方式错误，正确的是FREIGHT PREPAID。

（6）保险单中，保险金额错误，正确的是USD59 638.00；保险单日期晚于装运日期。

（7）一般原产地证中，货物描述栏目漏打结束符，签发日期早于发票日期。

（8）装运通知漏了信用证号码、日期和开证行名称。

（9）漏交了一份品质证书。

知识要点

<<<<<<<<<<<<<<<<<<<<<<<<<<<<<<<<<<<<<<<<<<<<<<<<<<<<<<

（一）审单原则

在信用证结算方式下，外贸单证员审单的原则是单货一致、单证一致、单单一致；银行审单的原则是单证一致、单单一致。在托收结算方式下，外贸单证员审单的原则是单货一致、单约一致、单单一致；银行审单的原则是审核单据的名称、份数是否与托收申请书一致，并无审核单据内容的义务；在汇款结算方式下，外贸单证员审单的原则是单货一致、单约一致、单单一致。

微课：审单
原则和审单
依据

1. 单证一致

"单证一致"是指所提交的单据在种类、份数和内容上都要与信用证的要求一致。单证一致具体体现在：① 单据与信用证条款相符；② 单据与UCP600与ISBP745等信用证国际惯例相符。

素养点：
诚信品质
守法意识

2. 单单一致

"单单一致"是指所提交单据内容之间要一致。"单单一致"审核时，要以发票为中心来审核各单据之间的一致情况。

3. 单约一致

"单约一致"是指各单据要与合同条款一致。

4. 单货一致

"单货一致"是指单据要与实际装运货物一致。

（二）主要单据的审核要点

1. 汇票的审核要点

（1）汇票载有正确的信用证参考号码。

（2）出票日期是否过交单期。

（3）签字及/或出票人的名称与受益人的名称一致。

（4）开立正确的付款人，不能是开证申请人。

（5）金额大小写一致，并与信用证规定、发票相符。

（6）汇票的期限就是信用证所要求的。

（7）收款人应是受益人或交单银行。

（8）如果需要背书，是否已被正确背书。

（9）是否有限制性背书。

（10）是否包含信用证要求的条款。

（11）所开立的金额不超过信用证可以使用的余额。

2. 商业发票的审核要点

（1）除非信用证另有规定，商业发票的出具人与汇票的出票人应相同，在绝大多数情况下为信用证的受益人。

（2）除非信用证另有规定，抬头为开证申请人。

（3）不得为"形式发票"或"临时发票"。

（4）货物描述和信用证的商品描述相符。

（5）发票上包括信用证所提及的货物细节、价格条款。

（6）发票上提供的其他资料（如唛头、号码、运输通知等）与其他单据是否一致。

（7）发票上的货币与信用证一致。

（8）发票金额与汇票金额一致。

（9）发票金额不超过信用证可使用的余额；如不允许分批装运，发票应包括信用证要求的整批装运金额；如允许分批装运，金额在总分之间互不矛盾，并与信用证规定、汇票相符。

（10）按照信用证要求，发票已被签字、公证人证实、合法化、签证等。

（11）关于装运、包装、重量、运费或其他有关运输费用符合其他单据上所载明的。

（12）提交正确份数的正本和副本。

（13）显示的合同号与信用证规定一致。

（14）注意上下浮动幅度，如信用证的金额、单价、商品数量前有"大约"（about、circa）字样，则有关金额、单价、数量允许有不超过10%上下的浮动幅度；除非信用证规定货物的数量不得增减外，在所支款项不超过信用证金额的条件下，货物的数量允许有5%上下的浮动幅度，但当信用证规定数量以包装单位或个体计数时，此项浮动不适用。

3. 运输单据的审核要点

（1）运输单据的种类必须与信用证规定相符。

（2）运输单据应具备法定条件并由运输公司（如船公司、航空公司等）或其代理人签名。

（3）除非信用证另有规定，必须提交全套提单。

（4）收货人和被通知人的名称、地址、起运港、目的港、装运日期等，应符合信用证规定。

（5）除非信用证另有规定，发货人通常为受益人或转让信用证中的受让人，但若是受益人以外的一方作为发货人，也可接受。

（6）提单货物描述一般符合信用证所说明的货物描述，货名可以用统称，唛头、数量、重量、船名、线路等应与信用证相符，并与其他单据一致。

（7）提单上价格条款或有关运费的记载必须与信用证及其他单据一致。如 CIF、CFR，相应的费用记载应为 "Freight Prepaid" 或 "Freight Paid"；FOB，相应的费用记载应为 "Freight Collect" 或 "Freight Payable at Destination"。

（8）提单抬头若为 "To Order of Shipper" "To Shipper's Order" "To Order"，均应作背书。

（9）收妥备运提单（Received B/L），必须于货物实际装船后加注 "On Board"（已装船）字样及已装船日期。

（10）修改提单，必须在更正处加盖更正章及船公司或其代理人或船长的小签（Initial Signature，即签上姓氏，也叫简签）。

（11）运输单据上没有条款能够使其瑕疵或不清洁。

4. 保险单的审核要点

（1）应明确保险单的全套正本份数，并且除非信用证另有规定，必须提交全套正本保险单。

（2）保险单据必须由保险公司或承保人或他们的代理人开立及签署，除非信用证另有规定，银行不接受由保险经纪人签发的暂保单。

（3）保险单日期必须早于或等于提单日期。

（4）除非信用证另有规定，保险单显示的金额、币别必须与信用证要求一致。

（5）投保的险种必须符合信用证的要求，若信用证使用了含义不明确的条款，如"通常险别"或"惯常险别"，银行当按照所提示的保险单予以接受。

（6）除非信用证另有规定，银行将接受证明受免赔率或免赔额约束的保险单据。

（7）当信用证规定"投保一切险"时，银行应接受含有任何"一切险"批注或条文的保险单据，不论其有无"一切险"标题，甚至表明不包括某种险别。

（8）保险单的船名、航程、装运港、目的港、唛头等应与提单、发票等其他单据一致。

（9）应表明赔付地、在目的地的支付赔款代理人、支付的货币种类，信用证如无此项规定，赔付地点可以选择进出口的任何一方。

（10）信用证要求保险单时，不得以保险凭证代替，反之则可以。

（11）份数完全符合信用证规定的数量。

5. 产地证的审核要点

（1）它是独立的单据，不要与其他单据联合起来，必须由信用证指定的机构出具，若信用证无此规定，可以由包括受益人在内的任何人出具。

（2）按照信用证要求，它已被签字、公证人证实、合法化、签证等。

（3）内容必须符合信用证的要求，并与其他单据不矛盾；如信用证规定货物为某地生产，则产地证必须表明为某地生产。

（4）载明原产地国家，应该符合信用证的要求。

（5）含有检验意义的产地证的日期不能迟于提单；特殊产地证的格式必须符合进口国惯例的要求。

（6）份数不能少于信用证规定的数量。

6. 装箱单、重量单的审核要点

（1）单据的名称和份数必须和信用证要求相符。

（2）货物的名称、规格、数量及唛头等，必须与其他单据相符，可以相互补充，不可互相矛盾。

（3）数量、重量及尺码的小计必须吻合，并与信用证、提单、发票等单据相符。

（4）提供的单据份数不能少于信用证规定的数量。

（三）单据的主要不符点

1. 单据的共同不符点

（1）过效期（L/C Expired），是指单据提交时已超过了信用证规定的有效期。

（2）过装期（Late Shipment），是指运输单据的装运日期超过了信用证规定的最迟装船期。

（3）过交单期（Late Presentation），是指单据提交的日期超过信用证规定的货物装船后向指定银行提示单据的期限。如果信用证要求汇票，则汇票出具日应是单据提示日。如果信用证未要求汇票，且无特殊说明，则寄单行的索汇面函日期将被认为是交单日期。

2. 汇票的主要不符点

（1）非由受益人出具。

（2）未经签署。

（3）未经背书或背书不正确。

（4）未按信用证规定显示"Drawn Under"条款。

（5）金额与发票或信用证不符。

（6）金额大小写不一致。

（7）期限显示不正确。

（8）发票号码、信用证号码等其他需要显示的号码不符。

3．商业发票的主要不符点

（1）非由受益人出具。

（2）未经签署（若信用证规定要签署）。

（3）抬头不符，未给出信用证的申请人（信用证规定做成其他人抬头除外）。

（4）货物描述与信用证不一致，单价不符。

（5）超金额与溢短装。

（6）唛头与信用证或海运提单等其他单据不一致。

（7）未按信用证要求显示特殊内容，如需经过使馆认证而未认证，信用证要求显示扣减或增加附属费用而发票未显示。

4．海运提单的主要不符点

（1）正本提单份数不符。

（2）抬头名址不符。

（3）被通知人名址不符。

（4）货物描述与信用证规定或发票等其他单据不符。

（5）未显示"On Board"。

（6）重量、体积与装箱单等其他单据不一致。

（7）提交了不清洁提单。

（8）未经背书或背书不正确。

（9）签发人不符，未显示承运人或签发人身份不明。

5．保险单据的主要不符点

（1）未提交全套正本保险单据/证明。

（2）被保险人不符。

（3）保险标的金额不符，币种、大小写不符。

（4）保险标的物与发票等其他单据不符。

（5）保险险别不符。

（6）出单日迟于运输单据日期。

（7）偿付地、币种不符。

（8）未经背书或背书不正确。

（9）其他如发票号码、航运路线与发票、提单不符。

（四）审单与UCP600条款

（1）UCP600第14条a款规定，按照指定行事的指定银行、保兑行（如有）以及开证行必须审核交单，并仅基于单据本身确定单据是否看来在表面上构成相符交单。

b款规定，按照指定行事的被指定银行、保兑行（如有）以及开证行，各有自交单翌日算起最多5个银行工作日用以确定交单是否相符。该期限不因交单日当天或之后信用证效期或最晚交单日的到来而缩短或受影响。

c款规定，如果单据中含有一份或多份按照本惯例第19条、第20条、第21条、第22条、第23条、第24条或第25条制约的正本运输单据，则必须由受益人或其代理人在不迟于本惯例所指的装运日后的21个公历日内提交，但是在任何情况下都不得迟于信用证效期。

d款规定，单据中的数据，在与信用证、单据本身以及国际标准银行实务参照解读时，无须与该单据本身中的数据、其他要求的单据或信用证中的数据等同一致，但不得矛盾。

e款规定，商业发票以外的其他单据，如果有货物、服务或履约行为的描述，可以使用与信用证中的描述不矛盾的统称。

f款规定，如果信用证要求提交运输单据、保险单据和商业发票以外的单据，而未规定单据的出具人或其数据内容。则只要提交的单据内容看来满足了所要求单据的功能，且其他方面符合第14条d款规定，则银行将接受该单据。

g款规定，提交了信用证未要求的单据将不予理会，并可退还交单人。

h款规定，如果信用证包含一项条件，而未规定提交与之相符的单据，银行将视为该条件并未规定而对其不予理会。

i款规定，单据的出具日期可以早于信用证的开立日期，但不得晚于该单据的提交日期。

j款规定，任何单据中受益人和申请人的地址无须与信用证或其他规定单据中所载的相同，但必须与信用证中规定的相应地址同在一个国家。联络细节（传真、电话、电子邮件及类似细节）作为受益人和申请人地址的一部分时将被不予理会。然而，如果申请人的地址和联络细节为第19条、第20条、第21条、第22条、第23条、第24条或第25条规定运输单据上的收货人或通知方细节的一部分时，应与信用证规定相同。

k款规定，任何单据中注明的发货人或托运人无须为信用证的受益人。

l款规定，运输单据可以由任何人出具，无须为承运人、船东、船长或租船人，只要其符合第19条、第20条、第21条、第22条、第23条或第24条的规定。

（2）UCP600第15条规定，当开证行确定交单相符时，必须承付；当保兑行确定交单相符时，必须承付或议付并将单据交开证行；当指定银行确定交单相符并承付或议付时，必须将单据交保兑行或开证行。

习题测验 <<<<<<<<<<<<<<<<<<<<<<<<<<<<<<<<<<<<<<<<<<<<<<<<<<<<

（一）单项选择题

1. T/T结算方式下，外贸单证员的审单依据包括（　　　）。

　　A. UCP600　　　　　　　　　　　B. URC522

　　C. 信用证　　　　　　　　　　　D. 外贸合同

2. 信用证在汇票条款中注明Drawn on us，出口商缮制汇票时，应将付款人做成（　　　）。

　　A. 开证行　　　　　　　　　　　B. 议付行

　　C. 开证申请人　　　　　　　　　D. 偿付行

3. 以下单据中，对发票起补充作用的是（　　　）。

　　A. 装箱单　　　　　　　　　　　B. 运输单据

　　C. 结汇单据　　　　　　　　　　D. 保险单

（二）多项选择题

1. D/A结算方式下，外贸单证员审单依据包括（　　　　）。

　　A. UCP600　　　　　　　　　　　B. URC522

　　C. 信用证　　　　　　　　　　　D. 外贸合同

2. 信用证结算方式下，开证行的审单原则包括（　　　　）。

　　A. 单证一致　　　　　　　　　　B. 单约一致

　　C. 单单一致　　　　　　　　　　D. 单货一致

3. 我国《票据法》规定，汇票必须记载的事项除了汇票金额外，还有（　　　　）。

　　A. 汇票字样　　　　　　　　　　B. 无条件支付命令

　　C. 付款人名称　　　　　　　　　D. 收款人名称

　　E. 出票日期和出票人签章

（三）判断题

1. 托收项下，提单收货人一栏打TO ORDER OF ×××BANK，无须事先获得该银行的同意。（　　　）

2. 信用证结算方式下，受益人一般先审核运输单据和保险单据，然后审核商业发票。（　　　）

3. 信用证最迟装运日期的最后一天恰遇银行节假日或非营业日，均可顺延至下一个银行营业日。（　　　）

4. 只要在信用证有效期内，不论受益人何时向银行提交符合信用证所要求的单据，开证行一律不得拒收单据和拒付货款。（　　　）

能力实训 <<<<<<<<<<<<<<<<<<<<<<<<<<<<<<<<<<<<<<<<<<<<<<<<<<<<<<

◆能力实训：远期L/C支付方式下单据审核操作

2023年8月21日，浙江鸿政进出口公司外贸单证员戚政制好信用证项下单据后，根据信用证以及UCP600进行单据审核。

1. 信用证

```
RECEIVED FROM：SANWHKHH
                UFJ BANK LIMITED,
                HONG KONG BRANCH HONG KONG
MESSAGE TYPE：MT700  ISSUE OF A DOCUMENTARY CREDIT
27：SEQUENCE  OF  TOTAL
    1/1
40A：FORM OF DOC.  CREDIT
    IRREVOCABLE
20：DOC.  CREDIT NUMBER
    BONY2300345
31C：DATE OF ISSUE
     230513
31D：EXPIRY
     230915 CHINA
50：APPLICANT
    KJKU CO., LTD.
    NO.32 HUANGHE RD., HONG KONG
59：BENEFICIARY
    ZHEJIANG HONGZHENG TRADING CO., LTD.
    NO.91 CAIHE RD., HANGZHOU, CHINA
32B：AMOUNT
```

CURRENCY USD AMOUNT 80 000.00

39A：PERCENTAGE CREDIT AMOUNT TOLERANCE

05/05

41D：AVAILABLE WITH/BY

ANY BANK IN CHINA

BY NEGOTIATION

42C：DRAFTS AT…

60 DAYS AFTER SIGHT

42D：DRAWEE

ISSUING BANK

43P：PARTIAL SHIPMENTS

ALLOWED

43T：TRANSSHIPMENT

PROHIBITED

44E：PORT OF LOADING/ AIRPORT OF DEPARTURE

SHANGHAI, CHINA

44F：PORT OF DISCHARGE

HONGKONG

44C：LATEST DATE OF SHIPMENT

230905

45A：DESCRIPTION OF GOODS

MEN'S DOWN JACKET   QUANTITY: 10 000PCS

UNIT PRICE: USD8.00   TT AMOUNT: USD80 000.00

ORIGIN: CHINA   CFR HONGKONG AS PER INCOTERMS® 2020

PACKING: STANDARD EXPORT PACKING

46A：DOCUMENTS REQUIRED

+ SIGNED COMMERCIAL INVOICE ONE ORIGINAL AND FIVE COPIES.

+ PACKING LIST INDICATING COLOR AND QUANTITY ONE ORIGINAL AND THREE COPIES.

+ FULL SET OF CLEAN ON BOARD OCEAN BILLS OF LADING MADE OUT TO ORDER OF SHIPPER AND ENDORSED IN BLANK, MARKED FREIGHT PREPAID NOTIFY APPLICANT.

+ CERTIFICATE OF ORIGIN ISSUED BY CHINA COUNCIL FOR THE PROMOTION OF INTERNATIONAL TRADE.

+ CERTIFICATE OF QUANTITY IN DUPLICATE ISSUED BY BENEFICIARY

+ BENEFICIARY'S FAX COPY OF SHIPPING ADVICE TO APPLICANT WITHIN ONE DAY AFTER SHIPMENT ADVISING L/C NO. SHIPMENT DATE, VESSEL NAME, NAME, QUANTITY AND WEIGHT OF GOODS.

47A： ADDITIONAL CONDITIONS

+ A DISCREPANCY HANDLING FEE OF USD50.00（OR EQUIVALENT）AND THE RELATIVE TELEX/SWIFT COST WILL BE DEDUCTED FROM THE PROCEEDS NO MATTER THE BANKING CHARGES ARE FOR WHOEVER ACCOUNT.

+ DISCREPANT DOCUMENTS WILL BE REJECTED BUT IF INSTRUCTIONS FOR THEIR RETURN ARE NOT RECEIVED BY THE TIME THE APPLICANT HAS ACCEPTED AND/OR PAID FOR THEM, THEY MAY BE RELEASED TO APPLICANT. IN SUCH EVENT BENEFICIARY/NEGOTIATING BANK SHALL HAVE NO CLAIM AGAINST ISSUING BANK.

+ TOLERANCE OF 5 PERCENT MORE OR LESS ON QUANTITY OF GOODS IS ACCEPTABLE.

+ ALL DOCUMENTS MUST BEAR THIS L/C NO.

71D： DETAILS OF CHARGES

ALL BANKING CHARGES OUTSIDE LC ISSUING BANK ARE FOR ACCOUNT BENEFICIARY INCLUDING OUR REIMBURSEMENT CHARGES.

48： PRESENTATION PERIOD IN DAYS

010/INVOICE DATE

49： CONFIRMATION INSTRUCTIONS

WITHOUT

78： INSTRUCTIONS TO THE PAYING/ACCEPTING/NEGOTIATING BANK

+DOCUMENTS MUST BE SENT THROUGH NEGOTIATING BANK TO OUR ADDRESS： G/F FAIRONT HOUSE， 8 COTTON TREE DRIVE, CENTRAL, HONG KONG IN 1 LOT BY COURIER SERVICE.

+UPON RECEIPT OF COMPLIANT DOCUMENTS, WE SHALL REIMBURSE YOU AS INSTRUCTED.

+EACH DRAWING/PRESENTATION MUST BE ENDORSED ON THE REVERSE OF THE CREDIT.

2. 商业发票

ZHEJIANG HONGZHENG TRADING CO., LTD. NO.91 CAIHE RD, HANGZHOU, CHINA COMMERCIAL INVOICE				
To: KJKU CO., LTD. NO.32 HUANGHE RD, HONG KONG			Invoice No.:	911R231101
			Invoice Date:	AUG. 5, 2023
			S/C No.:	23ZA0101
			S/C Date:	APR. 25, 2023
From: SHANGHAI, CHINA		To:	HONGKONG, CHINA	
L/C No. BONY2300345				
Marks and Numbers	Number and Kind of Package Description of Goods	Quantity	Unit Price	Amount
G-III HONGKONG	CFR HONGKONG			
	MEN'S DOWN JACKET PACKED IN 10PCS/CTN			
	BLACK	5 000PCS	USD8.00/PC	USD40 000.00
	WHITE	5 000PCS	USD8.00/PC	USD40 000.00
TOTAL:		10 000PCS		USD80 000.00
SAY TOTAL:	U.S.DOLLARS EIGHTEEN THOUSAND ONLY.			
ZHEJIANG HONGZHENG TRADING CO., LTD. 赵鸿政				

3. 装箱单

ZHEJIANG HONGZHENG TRADING CO., LTD. NO.91 CAIHE RD, HANGZHOU, CHINA PACKING LIST					
To: KJKU CO., LTD. NO.32 HUANGHE RD, HONG KONG		**Invoice No.:** 911R231101			
		Invoice Date: AUG. 5, 2023			
		S/C No.: 23ZA0101			
		S/C Date: APR. 25, 2023			
From: SHANGHAI CHINA		**To:** HONGKONG			
L/C No. BONY2300345					
Marks and Numbers	Number and Kind of Package Description of Goods	Quantity (PCS)	Package (CTNS)	Gross Weight (KGS)	Net Weight (KGS)	Meas. (M³)
G-III HONGKONG	MEN'S DOWN JACKET PACKED IN 10PCS/CTN					
	BLACK	5 000	500	10 000	9 000	30.5
	RED	5 000	500	10 000	9 000	30.5
TOTAL:		10 000	1 000	20 000	18 000	61.0
SAY TOTAL: SAY ONE THOUSAND CARTONS ONLY.						

ZHEJIANG HONGZHENG TRADING CO., LTD.

赵鸿政

4. 海运提单

Shipper Insert Name, Address and Phone	B/L No. COSU60000665719	
ZHEJIANG HONGZHENG TRADING CO., LTD. NO.91 CAIHE RD, HANGZHOU, CHINA	中远海运集装箱运输有限公司	
Consignee Insert Name, Address and Phone		
KJKU CO., LTD. NO.32 HUANGHE RD, HONG KONG	COSCO CONTAINER LINES	
Notify Party Insert Name, Address and Phone		
KJKU CO., LTD. NO.32 HUANGHE RD, HONG KONG	TEL: 33057 COSCO CN FAX: +86(021) 6545 8984 ORIGINAL	
Ocean Vessel Voy. No.	Port of Loading	
MAYFLOWER V.1398	SHANGHAI CHINA	Port-to-Port BILL OF LADING
Port of Discharge	Port of Destination	Shipped on board and condition except as other······
HONG KONG, CHINA		

Marks & Nos. Container/Seal No.	No. of Containers or Packages	Description of Goods	Gross Weight	Measure- ment
G-III HONGKONG CN:GATU8584437 SN:3320765	1000CTNS 1 × 40' FCL	MEN'S DOWN JACKET FREIGHT COLLECT	20 000KGS	61 M^3

Description of Contents for Shipper's Use Only (Not part of This B/L Contract)

Total Number of Containers and/or Packages (in words)：ONE THOUSAND CARTONS ONLY.

Ex. Rate:	Prepaid at	Payable at	Place and Date of Issue
	SHANGHAI		SHANGHAI, AUG.8, 2023
	Total Prepaid	No. of Original B(s)/L	Signed for the Carrier
		THREE (3)	COSCO CONTAINER LINES 王金

5. 一般原产地证

ORIGINAL

1. Exporter	Certificate No.23C3301A1077/00065
ZHEJIANG HONGZHENG TRADING CO., LTD. NO.91 CAIHE RD, HANGZHOU, CHINA	**CERTIFICATE OF ORIGIN** **OF** **THE PEOPLE'S REPUBLIC OF CHINA**
2. Consignee KJKU CO., LTD. NO.32 HUANGHE RD, HONG KONG	
3. Means of Transport and Route FROM SHANGHAI TO HONGKONG BY SEA	**5. For Certifying Authority Use Only**
4. Country / Region of Destination	

6. Marks and Numbers	7. Number and Kind of Packages; Description of Goods	8. H.S.Code	9. Quantity	10. Number and Date of Invoices
G-III HONGKONG	MEN'S DOWN JACKET	6203.3200	10 000PCS	911R231101 AUG. 5, 2023

11. Declaration by the Exporter	12. Certification
The undersigned hereby declares that the above details and statements are correct, that all the goods were produced in China and that they comply with the Rules of Origin of the People's Republic of China.	It is hereby certified that the declaration by the exporter is correct.
ZHEJIANG HONGZHENG TRADING CO., LTD. 赵鸿政	姜婷婷
HANGZHOU, AUG. 5, 2023	HANGZHOU, AUG. 5, 2023
Place and date, signature and stamp of authorized signatory	Place and date, signature and stamp of certifying authority

6. 装运通知

<table>
<tr><td colspan="4" align="center">ZHEJIANG HONGZHENG TRADING CO., LTD.</td></tr>
<tr><td colspan="4" align="center">NO.91 CAIHE RD, HANGZHOU, CHINA</td></tr>
<tr><td colspan="4" align="center">SHIPPING ADVICE</td></tr>
<tr><td>TO:</td><td>KJKU CO., LTD.
NO.32 HUANGHE RD, HONG KONG</td><td>ISSUE DATE:</td><td>AUG. 9, 2023</td></tr>
<tr><td></td><td></td><td>L/C NO:</td><td>BONY2300345</td></tr>
<tr><td colspan="4">Dear Sir or Madam:</td></tr>
<tr><td colspan="4">We are pleased to advise you that the following mentioned goods have been shipped out, full details were shown as follows:</td></tr>
<tr><td colspan="2">Invoice Number:</td><td colspan="2">911R231101</td></tr>
<tr><td colspan="2">Bill of Lading Number:</td><td colspan="2">COSU60000655719</td></tr>
<tr><td colspan="2">Ocean Vessel:</td><td colspan="2">MAYFLOWER V.1398</td></tr>
<tr><td colspan="2">Port of Loading:</td><td colspan="2">SHANGHAI CHINA</td></tr>
<tr><td colspan="2">Date of Shipment:</td><td colspan="2">AUG. 8, 2023</td></tr>
<tr><td colspan="2">Port of Destination:</td><td colspan="2">HONG KONG</td></tr>
<tr><td colspan="2">Estimated Date of Arrival:</td><td colspan="2">AUG. 10, 2023</td></tr>
<tr><td colspan="2">Containers/Seals Number:</td><td colspan="2">****</td></tr>
<tr><td colspan="2">Description of Goods:</td><td colspan="2">MEN'S DOWN JACKET</td></tr>
<tr><td colspan="2">Shipping Marks:</td><td colspan="2">G-III
HONGKONG</td></tr>
<tr><td colspan="2">Quantity:</td><td colspan="2">100000PCS</td></tr>
<tr><td colspan="2">Gross Weight:</td><td colspan="2">20000KGS</td></tr>
<tr><td colspan="2">Net Weight:</td><td colspan="2">18000KGS</td></tr>
<tr><td colspan="2">Total Value:</td><td colspan="2">USD80 000.00</td></tr>
<tr><td colspan="4">Thank you for your patronage. We look forward to the pleasure of receiving your valuable repeat orders.
Sincerely yours,</td></tr>
<tr><td colspan="4" align="right">ZHEJIANG HONGZHENG TRADING CO., LTD.
赵鸿政</td></tr>
</table>

7. 受益人证明

<table>
<tr><td colspan="4" align="center">ZHEJIANG HONGZHENG TRADING CO., LTD.
NO.91 CAIHE RD, HANGZHOU, CHINA

CERTIFICATE</td></tr>
<tr><td>To:</td><td>KJKU CO., LTD.
NO.32 HUANGHE RD, HONG KONG</td><td>Invoice No.:</td><td>911R231101</td></tr>
<tr><td></td><td></td><td>Date:</td><td>AUG. 5, 2023</td></tr>
<tr><td colspan="4">L/C NO: BONY2300345

WE HEREBY CERTIFY THAT WE HAVE SHIPPED 100 000PCS MEN'S DOWN JACKET.

 ZHEJIANG HONGZHENG TRADING CO., LTD.
赵鸿政 </td></tr>
</table>

8. 汇票

<table>
<tr><td colspan="4" align="center">BILL OF EXCHANGE</td></tr>
<tr><td>凭
Drawn Under</td><td>UFJ BANK LIMITED, HONG KONG BRANCH, HONG KONG</td><td>不可撤销信用证
Irrevocable L/C No.</td><td>BONY2300345</td></tr>
<tr><td>日期
Date</td><td>MAY 13, 2023</td><td>支取
Payable with Interest</td><td colspan="2">@   %   按   息   付款</td></tr>
<tr><td>号码
No.</td><td>911R231101</td><td>汇票金额
Exchange for</td><td>USD80 000.00</td><td>杭州
Hangzhou   AUG. 19, 2023</td></tr>
<tr><td colspan="2"></td><td>见票
at   ***</td><td colspan="2">日 后 (本汇票之副本未付) 付交
sight of this FIRST of Exchange(Second of Exchange Being Unpaid)</td></tr>
<tr><td colspan="2">Pay to the order of</td><td colspan="3">BANK OF CHINA, ZHEJIANG BRANCH</td></tr>
<tr><td colspan="2">金额
the sum of</td><td colspan="3">UNITED STATED DOLLARS EIGHTEEN THOUSAND ONLY</td></tr>
<tr><td colspan="2">此致
To</td><td colspan="2">UFJ BANK LIMITED, HONG KONG BRANCH, HONG KONG</td><td>ZHEJIANG HONGZHENG TRADING CO., LTD.
赵鸿政</td></tr>
</table>

▲请外贸单证员戚政完成工作任务：

根据信用证审核各种单据，找出不符点。

[**调查研究与善作善成**]

1.调研主题

责任意识与单据审核。

2.调研步骤

（1）以小组为单位，调研搜集与不同支付结算方式下的单据审核相关的资料和案例。

（2）根据调研资料，讨论研究形成调研报告。

（3）根据调研报告制作PPT。

（4）每组派代表在课堂上分享本组调研成果。

3.调研成果

（1）调研报告。

（2）PPT。

【学习目标】

素养目标：

● 具备敬业精神、质量意识、效率意识和风险意识

● 具备良好的沟通能力和团队精神

技能目标：

● 能够办理交单收汇

● 能够处理不符单据

● 能够开展单证归档

知识目标：

● 掌握信用证结算方式下的交单收汇

● 熟悉托收结算方式下的交单收汇

● 熟悉 T/T 结算方式下的交单收汇

● 熟悉单证管理

【思维导图】

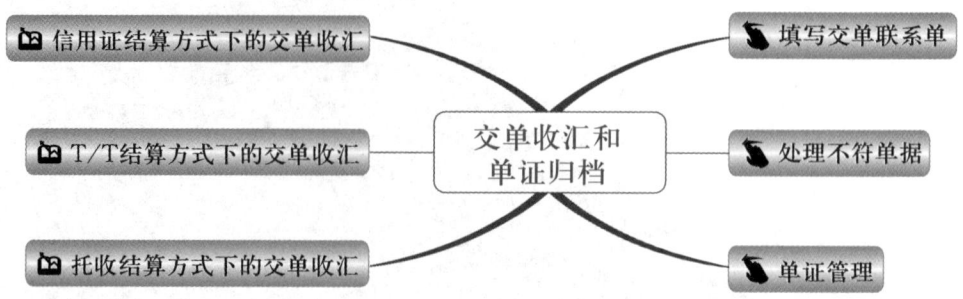

项目背景

　　2023年5月16日，如果浙江金苑进出口有限公司外贸单证员陈红通过审核，认为各单据都单证一致、单单一致。然后，就把准备好的结汇单据以及原信用证、信用证修改书的正本向杭州银行国际业务部进行交单。交单时，外贸单证员需填写交单联系单。

　　如果2023年5月23日，杭州银行国际业务部工作人员通知外贸单证员陈红，开证行汇丰银行迪拜分行发来拒付电，拒付理由是"受益人证明"没有进行手签。

　　如果通过采取不符单据救济措施后，2023年5月26日，浙江金苑进出口有限公司收到杭州银行结汇收账通知（银行水单）如下：

外汇结汇收账通知（人民币）		hzbank 杭州银行
□日期　2023年5月26日		第五联
□户名　浙江金苑进出口有限公司		
□账号　767081009999		
□外汇金额　USD 54 123.18　　□牌价 USD1=RMB7.05　　□人民币金额 RMB 381 568.42		
□摘要	□净额　USD 54123.18	

业务编号：111BP2300178　　　发票号码：JY23018

发票金额：USD 54216.00

国外扣费：USD25.00

国内扣费：USD67.82　　　　备注：

扣费合计：USD92.82

□会计　王丽	□复核　王红	□记账　张静

收汇之后，外贸单证员尚需做好出口退税和业务善后工作。为了能够更快、更顺利地办理出口退税手续，必须注意催促货代公司尽快把相关报关单据退回并做好单据归档工作。

任务分解

外贸单证员陈红在交单收汇和单证归档阶段的工作任务包括：

任务1　填写交单联系单

任务2　处理开证行拒付事件

任务3　单据归档处理

任务完成 <<<<<<<<<<<<<<<<<<<<<<<<<<<<<<<<<<<<<<<<<<<<<<<<<<<<<<<<<<<

任务1　填写交单联系单

外贸单证员陈红根据实际业务情况，分别填写客户交单联系单各栏目内容，填写完毕后签字。

hzbank杭州银行

客 户 交 单 联 系 单

致：杭州银行

兹随附下列信用证项下出口单据一套，请按国际商会第600号出版物《跟单信用证统一惯例》办理寄单索汇。																	

开证行：BANK OF CHINA，HAMBURG,GERMANY		信用证号：FFF237699

通知行：BANK OF HANGZHOU, HANGZHOU, CHINA		通知行编号：AD2023869105555

最迟装期：230519	效期：230603	交单期限：15天

汇票付款期限：AT SIGHT	汇票金额：USD 54 216.00

发票编号：JY23018	发票金额：USD 54 216.00

单据	名称	汇票	发票	海关发票	海运提单正本	海运提单副本	航空运单	货物收据	保险单	装箱/重量单	品质证书	产地证	GSP FORM A	检验/分析证	受益人证明	船公司证明	电抄	装运通知
	份数	2	3		3	1			2	3	1	1			1			1

委办事项：打（"×"者）

☒附信用证及修改书共2页。

□单据中有下列不符点：

□请向开证行寄单，我公司承担一切责任。

□请电提不符点，待开证行同意后再寄单。

☒寄单方式：☒特快专递 □航空挂号

□索汇方式：□电索　□信索（□特快专递 □航空挂号）

公司联系人：陈红　　联系电话：0571-86739177　　公司签章：　王立

银行审单记录：	银行接单日期：		寄单日期：
	汇票/发票金额：		BP No:
	银行费用	通知/保兑：	银行经办：
		议/承/付：	
		修改费	
		邮　费	
		电　传	银行复核：
退单记录：		小　计：	
	费用由　　　承担		

第一联　交寄单行（一）

任务2　处理开证行拒付事件

1. 分析开证行的拒付理由是否成立

针对开证行中国银行汉堡分行的拒付事件进行分析，根据UCP600的规定，证明类单据都需要出单人手签，因此"受益人证明"没有进行手签是不符点。

2. 拒付的救济措施

针对这一不符点，外贸单证员陈红可以采取补交单据的救济方法，即马上制作正确的受益人证明并盖章签字，然后在信用证规定的交单期内（2023年5月12日装运，交单期为装运日之后15天内，因为5月27日是星期天，所以最迟可以到5月29日交单）向议付行杭州银行补交正确的受益人证明，转交给开证行，从而实现相符交单。

素养点：
敬业精神

任务3　单据归档处理

外贸单证员陈红必须要注意催促货代公司尽快退回出口货物报关单（出口退税专用联）、场站收据等相关单据。等收到这些单据，复印副本存档后，把正本单据移交财务部门，办理出口退税手续。重要单据的移交，要用专门本子登记，由接收人签收。

素养点：
沟通能力
团队精神

顺利收汇后，外贸单证员陈红按照发票号码的顺序进行单据归档工作。对于每票业务，外贸单证员陈红需归档的单据一般包括信用证、商业发票、装箱单、订舱委托书、报检单、报关单、报关委托书、产地证、运输单据、保险单据、其他结汇单据等。

知识要点 <<<<<<<<<<<<<<<<<<<<<<<<<<<<<<<<<<<<<<<<<<<<<<<<<

（一）信用证结算方式下的交单收汇

信用证交易是纯粹的单据买卖，出口人想要及时、安全地收回货款，在按信用证要求发运完毕货物后，应随即缮制信用证规定的全套单据，开立汇票与发票，连同信用证正本（如经修改的还需连同信用证修改）在信用证规定的交单期和信用证有效期内，递交信用证限定的银行或通知行或与自己有业务往来的其他银行请求议付，该过程被称为交单。

微课：信用证结算方式下交单时间和交单地点

1. 交单时间的限制

受益人制单后，应在规定的交单期内，向信用证中指定的银行交付全套单据。若信用证中没有规定交单期限，银行将接受自装运日起21天内提交的单据，但在任何情况下，单据的提交不得迟于信用证的有效期。若信用证到期日或交单日的最后一天，适逢接受单据的银行终止营业日，则规定的到期日或交单期的最后一天将延至该银行开业的第一个营业日。但若该银行中断营业是因为天灾、暴动、骚乱、叛乱、战争、罢工、停工或银行本身无法控制的任何其他原因，则信用证规定的到期日或交单期的最后一天不能顺延。

对交单期产生影响的时间包括生产及包装所需的时间，内陆运输或集装箱运输所需的时间，进行必要的检验（如法定商检或客检）所需的时间，申领出口许可证、产地证所需的时间（如果需要），报关查验所需的时间，船期安排时间，到商会和/或领事馆办理认证或出具有关证明所需的时间（如果需要），制作、整理、审核信用证规定的文件所需的时间，单据提交银行所需的时间包括单据提交银行后经审核发现有误后退回更正的时间等。

2. 交单地点的限制

所有信用证必须规定一个付款或承兑的交单地点，或在议付信用证的情况下，必须规定一个交单议付的地点，但自由议付信用证除外。

若开证行将信用证的到期地点定在其本国或自己的营业柜台，而不是受益人国家，这对受益人极为不利，因为受益人必须保证在信用证有效期内在开证行营业柜台前提交单据。

3. 议付行对单据的处理

议付行审核单据，若单证一致、单单一致，就会办理议付（或押汇），并向开证行寄单请求付款。议付行对不符点单据主要采取以下处理办法：

（1）凭保函议付。如果单据有非实质性的不符点，且受益人信誉较好，银行可凭受益人出具的保函议付，并向开证行寄单索汇。在这种情况下，有的议付行会表提不符点（即在面函上注明单据的所有不符点），通知开证行此信用证凭受益人出具的担保议付，请求开证行接受不符点；国内大多数银行则是将受益人出具的保函存档，不表提不符点，与处理相符单据一样，向开证行寄单索汇。

（2）电提不符点。如果单据金额较大，不符点较严重，为保证收汇安全，银行可以采取电报、电传、SWIFT等方式把不符点告知开证行，要求其回电授权付款、承兑或议付不符点单据。在取得开证行同意并授权付款、承兑或议付时，议付行可按单据相符的方式，直接议付单据并照常索汇。采取电提不符点，可较快地明确开证人是否接受不符点，有利于受益人及时处理。受益人应配合议付行与开证行联系，加快与开证申请人的沟通速度。不过，即使开证行授权议付，在偿付时，仍可能从偿付货款中扣除不符点费（Discrepancy Fee）和电报费（Cable Charges）。

（3）托收寄单或征求意见寄单。若单据中含有严重不符点，受益人征得开证申请人同意，且在进口商资信较好的情况下，寄单行可将单据寄给开证行作托收处理，并在寄单面函上列明不符点。这种托收寄单方式可减少业务手续和费用，但也使得受益人完全失去开证行的付款保证，单据是否被接受，取决于开证申请人的商业信用。

寄单行也可向开证行寄单，征求其意见，在远期交易的情形下，如开证行通知单据已被接受，应负到期付款的责任。

（4）退单。若单据严重不符，受益人或受益人所在地银行不愿做托收处理，议付行可将单据退回。

4. 信用证项下不符单据的处理与救济

（1）审核开证行提出不符点的前提条件是否成立。开证行提出不符点的前提条件包括：

① 在合理的时间内提出不符点，即在开证行收到单据次日起算的5个工作日内，向单据的提示者提出不符点。

② 无延迟地依电信方式将不符点通知提示者。

③ 不符点必须一次性提出，即如果第一次所提不符点不成立，即使单据还存在实质性不符点，开证行也无权再次提出。

④ 通知不符点的同时，必须说明单据代为保管，听候处理或径退交单者。

以上条件必须同时满足，否则开证行便无权声称单据有不符点而拒付。

（2）审核开证行所提的不符点是否成立。外贸单证员应根据信用证条款、UCP600和ISBP745认真审核开证行所提的不符点，判断其是否成立。若不成立，应通过议付行与开证行据理力争，直至开证行付款。

（3）若不符点成立，且条件允许，可补交相符单据。信用证项下不符单据的救济是指当单据由于不符而遭开证行拒付之后，受益人可在规定时间内及时将替代或更正后的相符单据补交给银行。根据UCP600的规定，单据经审核存在不符点，且银行决定拒付时，则开证行所承担的信用证项下的付款责任得以免除；但当受益人在规定时间内补交了符合信用证规定的单据，开证行必须承担其付款责任。如果受益人在前期操作过程中浪费了大量时间，就会丧失补交单据时间。

（4）若不符点成立，且无法补交相符单据，要积极与开证申请人洽谈。开证行拒付并不意味着开证申请人拒付，如果开证申请人最终放弃不符点，尽管开证行并不受开证申请人决定的约束，也会配合开证申请人付款。所以开证行拒付后，如果不符点确实成立，且无法补交相符单据，应分析与开证申请人之间的关系以及此笔交易的实际情况，以决定怎样与其交涉，说服开证申请人接受不符点并付款。只要货物质量过关，商品市场价格较好，开证申请人一般不会以此为借口拒绝接受单据。另外，也可以采取降价的方式，使开证申请人能付款赎单。

（5）若不符点成立，且开证申请人拒绝接受单据，则可在进口国另寻买主。若开证申请人拒绝接受不符点单据，受益人可以设法在进口国另寻买主，毕竟受益人拥有对单据的处理权。但其前提是信用证要求递交全套正本提单，若1/3正本提单已寄给开证申请人，2/3正本提单提交给银行，则可能会面临钱货两失的困境。

（6）退单退货。如果受益人无法在进口国寻找到新买主的情况下，就只有退单退货了。不过在做出此决定之前，一定要仔细核算运回货物所需的费用和货值之间是否有利可图。若有利可图即迅速安排退运，因为时间拖得愈久，费用（港杂费、仓储费等）就越高；若得不偿失，还不如将货物放在目的港，由目的港海关处理。

（二）T/T结算方式下的交单收汇

如果是装运前T/T的结算方式，出口商在装运前已全部收到进口商电汇的合同金额。在装运之后，就直接把包括海运提单在内的所有单据寄给进口商，或指示船公司把提单电放给进口商。

如果是装运后凭提单传真件T/T的结算方式，出口商在装运后，把海运提单传真给进口商，等进口商把合同金额电汇到出口商银行账户之后，再把包括海运提单在内的所有单据寄给进口商。

如果是后T/T的结算方式，出口商在装运后就把包括海运提单在内的所有单据寄给进口商，等进口商收到货物之后的一段时间内，采用电汇方式把合同款项付给出口商。

（三）托收结算方式下的交单收汇

选择托收结算方式时，出口商装运货物后，应及时将有关托收单据交托收行办理托收。托收交单较灵活，单据种类、单据内容、交单时间由出口商根据合同和进口商情况决定。交单时，出口商应向托收行提供明确的托收指示书。

值得注意的是，托收行没有审核单据的义务，只是根据委托人的指示和国际商会托收统一规则办理，不能擅自超越、修改、疏漏、延误委托人的指示。

代收行是指接受托收行（或中间行）的委托，向付款人办理收款并交单的银行。如果在进口商没有付款或承兑的情况下，代收行未得到出口商授权擅自交单，将由其承担损失责任。

（四）单证管理

外贸单证是外贸活动的重要资料，是商品流通的原始凭证。它反映了整个商品流转过程，是业务档案资料的主要组成部分，具有重要的分析参考价值。因此，加强单证管理是一项非常重要的工作。

1. 单证管理的意义

（1）为完成履约提供保证。在外贸活动中，通过对单证的缮制交付、登记整理、统计分析，可以使有关人员做到心中有数，顺利组织货源、衔接生产出运、保证安全及时收汇。单证管理对企业控制工作进程，完成贸易任务有着重要意义。

（2）为统计分析提供原始资料，提高外贸工作的管理水平。检查分析外贸企业各项业务工作质量和效率，均可从单证资料中提取数据，如对合同履约率、客户付款天数、费用指标、流通费用、资金周转率等各项指标的资料累积等。分析这些数据，可以促进外贸企业经营和管理的改善。

（3）为查询和处理业务差错事故提供资料。在外贸活动中，难免会出现一些由于操作不当而引发的工作失误。当有商品数量溢缺，品名规格（等级）不符，国别（地区）错运、多装、少装等差错事故发生时，必须查明原因，分清责任，吸取教训，加强教育，采取措施，防范今后再次出错，以达到安全、优质、不断提高外贸工作质量的目的。这些均需要外贸单证提供必要的资料。

素养点：
风险意识

2. 单证管理要求

（1）要建立完备的单证档案管理制度。每套单证都应有一套副本留存档案备查。单证副本的归档方法可分为分散归档和集中归档两种。分散归档是由各分管环节各自将本环节缮制和经营的副本单证分类归档。例如，提单由办理运输的环节按运输日期归档，商业发票按发票号码分别由制单环节归档等。集中归档是在交单后将全套副本集中起来保管。一般来说，业务量大、部门多、分工细的单位适宜于分散归档；业务量不大、工作线条比较简单的单位适宜于集中归档。

单证编排以查找方便为原则。如采取集中归档的方式，可以按合同号码编组，也可以按发票号码排列，各企业可以视情况自行设计。保存期以2~3年较为恰当。因为与贸易有关的某些国际条约，诉讼时效有的自到货后起算两年有效，档案保管的时限应与之相适应。

另外，除了保留必要的书面资料以外，还要充分利用计算机存储电子单证信息，以加强单证工作的管理。

（2）要经常分析单证工作，以提高单证工作的质量和效率。结合对外履约的情况、客户发展等方面的考察，应经常分析单证工作，如何进一步提高质量和效率，为企业的目标实现发挥更大的作用。比如，可以从审核督促、人员分工、工作考核、流程重组等多方面加以改进，使单证工作趋于完善。

素养点：
质量意识
效率意识

<<<<<<<<<<<< 习题测验 <<<<<<<<<<<<<<<<<<<<<<<<<<<<<<<<<<<<<<<<<<

（一）单项选择题

1. 信用证规定最晚装运期为2023年6月30日，到期日为7月10日，没有规定交单期。出口人备货出运，提单的日期为6月10日，根据UCP600的规定，受益人最迟的交单期限为（　　　）。

　　A. 7月10日　　　　　　　　　　B. 6月30日

　　C. 7月1日　　　　　　　　　　　D. 7月3日

2. 接受汇出行的委托，将款项解付给收款人的银行是（　　　）。

　　A. 托收行　　　　　　　　　　　B. 汇入行

　　C. 代收行　　　　　　　　　　　D. 转递行

3. 根据UCP600的规定，开证行的合理审单时间是收到单据次日起的（　　　）个工作日之内。

　　A. 4　　　　　　B. 5　　　　　　C. 6　　　　　　D. 7

（二）多项选择题

一般来说，业务量大、部门多、分工细的单位适宜于（　　　）的单证归档。

　　A. 分散归档　　　　　　　　　　B. 集中归档

　　C. 计算机归档　　　　　　　　　D. 人工归档

（三）判断题

1. 根据UCP600的规定，如果信用证的截止日或最迟交单日为法定节假日，则截止日或最迟交单日将顺延至银行重新开业的第一个银行工作日。（　　　）

2. 根据UCP600的解释，除非信用证另有规定，银行可以接受出具日期早于信用证开立日期的单据。（　　　）

3. 银行对于信用证未规定的单据将不予审核。（　　　）

4. 根据URC522的规定，D/P项下提单可制作成代收行为收货人的记名提单。（　　　）

5. 托收支付方式是商业信用，所以使用的汇票属于商业汇票；信用证支付方式是银行信用，所以使用的汇票属于银行汇票。（　　　）

6. 采用汇付方式时，单证的交付是指出口商在货物出运后，将进口商所需的各种单据提交出口地银行，通过出口地银行寄给进口商，以便进口商收货付款。（　　　）

能力实训

◆能力实训1：远期L/C支付方式下填写客户交单联系单操作

上接学习情境十的能力实训：远期L/C支付方式下单据审核操作，若该套结汇单据中能改的不符点全部修改好了，请浙江鸿政进出口公司外贸单证员戚政根据信用证、各单据和相关信息填写客户交单联系单，并办理交单。

1. 信用证

RECEIVED FROM：SANWHKHH

　　　　　　　UFJ BANK LIMITED，

　　　　　　　HONG KONG BRANCH HONG KONG

MESSAGE TYPE：MT700 ISSUE OF A DOCUMENTARY CREDIT

　27：SEQUENCE OF TOTAL

　　　1/1

40A：FORM OF DOC．CREDIT

　　　IRREVOCABLE

　20：DOC．CREDIT NUMBER

　　　BONY2300345

31C：DATE OF ISSUE

　　　230513

31D：EXPIRY

　　　230915 CHINA

　50：APPLICANT

　　　KJKU CO., LTD.

　　　NO.32 HUANGHE RD., HONG KONG

　59：BENEFICIARY

　　　ZHEJIANG HONGZHENG TRADING CO., LTD.

　　　NO.91 CAIHE RD., HANGZHOU, CHINA

32B：AMOUNT

　　　CURRENCY USD AMOUNT 80 000.00

39A：PERCENTAGE CREDIT AMOUNT TOLERANCE

　　　05/05

41D：AVAILABLE WITH/BY

　　　ANY BANK IN CHINA

　　　BY NEGOTIATION

42C：DRAFTS AT...

60 DAYS AFTER SIGHT

42D：DRAWEE

ISSUING BANK

43P：PARTIAL SHIPMENTS

ALLOWED

43T：TRANSSHIPMENT

PROHIBITED

44E：PORT OF LOADING/ AIRPORT OF DEPARTURE

SHANGHAI, CHINA

44F：PORT OF DISCHARGE

HONGKONG

44C：LATEST DATE OF SHIPMENT

230905

45A：DESCRIPTION OF GOODS

MEN'S DOWN JACKET   QUANTITY: 10 000PCS

UNIT PRICE: USD8.00   T/T AMOUNT: USD80 000.00

ORIGIN: CHINA   CFR HONGKONG AS PER INCOTERMS® 2020

PACKING: STANDARD EXPORT PACKING

46A：DOCUMENTS REQUIRED

+ SIGNED COMMERCIAL INVOICE ONE ORIGINAL AND FIVE COPIES.

+ PACKING LIST INDICATING COLOR AND QUANTITY ONE ORIGINAL AND THREE COPIES.

+ FULL SET OF CLEAN ON BOARD OCEAN BILLS OF LADING MADE OUT TO ORDER OF SHIPPER AND ENDORSED IN BLANK, MARKED FREIGHT PREPAID NOTIFY APPLICANT.

+ CERTIFICATE OF ORIGIN ISSUED BY CHINA COUNCIL FOR THE PROMOTION OF INTERNATIONAL TRADE.

+ CERTIFICATE OF QUANTITY IN DUPLICATE ISSUED BY BENEFICIARY.

+ BENEFICIARY'S FAX COPY OF SHIPPING ADVICE TO APPLICANT WITHIN ONE DAY AFTER SHIPMENT ADVISING L/C NO. SHIPMENT DATE, VESSEL NAME, NAME, QUANTITY AND WEIGHT OF GOODS.

47A：ADDITIONAL CONDITIONS

+ A DISCREPANCY HANDLING FEE OF USD50.00（OR EQUIVALENT）AND THE RELATIVE TELEX/SWIFT COST WILL BE DEDUCTED FROM THE PROCEEDS NO MATTER THE BANKING CHARGES ARE FOR WHOEVER ACCOUNT.

+DISCREPANT DOCUMENTS WILL BE REJECTED BUT IF INSTRUCTIONS FOR THEIR RETURN ARE NOT RECEIVED BY THE TIME THE APPLICANT HAS ACCEPTED AND/OR PAID FOR THEM, THEY MAY BE RELEASED TO APPLICANT. IN SUCH EVENT BENEFICIARY/NEGOTIATING BANK SHALL HAVE NO CLAIM AGAINST ISSUING BANK.

+TOLERANCE OF 5 PERCENT MORE OR LESS ON QUANTITY OF GOODS IS ACCEPTABLE.

+ALL DOCUMENTS MUST BEAR THIS L/C NO.

71D：DETAILS OF CHARGES

ALL BANKING CHARGES OUTSIDE ISSUING BANK ARE FOR ACCOUNT BENEFICIARY INCLUDING OUR REIMBURSEMENT CHARGES.

48：PRESENTATION PERIOD IN DAYS

010/INVOICE DATE

49：CONFIRMATION INSTRUCTIONS

WITHOUT

78：INSTRUCTIONS

+DOCUMENTS MUST BE SENT THROUGH NEGOTIATING BANK TO OUR ADDRESS：G/F FAIRONT HOUSE，8 COTTON TREE DRIVE，CENTRAL，HONG KONG IN 1 LOT BY COURIER SERVICE.

+UPON RECEIPT OF COMPLIANT DOCUMENTS, WE SHALL REIMBURSE YOU AS INSTRUCTED.

+EACH DRAWING/PRESENTATION MUST BE ENDORSED ON THE REVERSE OF THE CREDIT.

2. 其他相关信息

（1）通知行及其编号：杭州银行/AD2023869221467。

（2）该信用证没有修改。

（3）寄单方式：特快专递。

（4）索汇方式：电索。

（5）公司联系人及联系电话：戚政/0571-86032136。

▲请外贸单证员戚政完成工作任务：

填写客户交单联系单。

hzbank杭州银行

客 户 交 单 联 系 单

致：杭州银行

兹随附下列信用证项下出口单据一套，请按国际商会第600号出版物《跟单信用证统一惯例》办理寄单索汇。

开证行：		信用证号：
通知行：		通知行编号：

最迟装期：	有效期：	交单期限：

汇票付款期限：	汇票金额：

发票编号：	发票金额：

单据	名称	汇票	发票	海关发票	海运提单正本	海运提单副本	航空运单	货物收据	保险单	装箱/重量单	数量/质量/重量证	产地证	GSP FORMA	检验/分析证	受益人证明	船公司证明	电抄	装运通知
	份数																	

委办事项：打（"×"者）

□附信用证及修改书共__页。

□单据中有下列不符点：

□请向开证行寄单，我公司承担一切责任。

□请电提不符点，待开证行同意后再寄单。

□寄单方式：□特快专递 □航空挂号

□索汇方式：□电索　□信索（□特快专递 □航空挂号）

公司联系人：　联系电话：　公司签章：

银行审单记录：		银行接单日期：	寄单日期：
		汇票/发票金额：	B/P No:
	银行费用	通知/保兑：	银行经办：
		议/承/付：	
		修 改 费：	
		邮　　费：	
		电　　传：	银行复核：
退单记录：		小　　计：	
		费用由　　承担	

第一联　交寄单行（一）

◆能力实训2：关于溢短装情形下开证行拒付处理

广州胡闽进出口有限公司对法国巴底公司出口50公吨小麦，每公吨1100美元，FOB广州，总金额为55 000美元，收到的即期信用证规定：有效期为2023年7月6日，不允许分批装运，没有规定禁止数量增减，交单地为中国银行广东省分行，没有规定交单期，最迟装运日期为2023年6月15日。由于各种原因，广州胡闽进出口有限公司在6月14日只装运了48公吨小麦。该公司在6月24日向中国银行广东省分行交单，汇票金额为52 800美元。7月4日，中国银行广东省分行通知该公司，开证行以交货数量与信用证不符为由提出拒付。请你代广州胡闽进出口有限公司外贸单证员分析开证行的拒付理由是否成立？

◆能力实训3：关于分批装运情形的认定

上接学习情境九中的能力实训3：前T/T＋即期D/P支付方式下制作汇票操作，如果青岛联江有限公司外贸单证员刘美向中国工商银行青岛市分行所交单据中有两套海运提单，两套海运提单的船名和航次都是中国外运公司的COSCO RAN船488E航次，目的港都是日本大阪港；一套海运提单的装运日期和装运港分别是2023年6月21日和青岛港，另一套海运提单的装运日期和装运港分别是2023年6月22日和宁波港。请根据以下合同条款分析该批货物是否属于分批装运？

QINGDAO LIANJIANG CO., LTD.

No.2 Taiping St. Qingdao, China

Tel: 0086-532-88391926 Fax: 0086-532-88391928

S/C No.: 2023072   Date: May 13, 2023

SALES CONTRACT

TO: Taka Co., Ltd.

12-15, Aza shinbo, Ohaza Yamaya, Osaka, Japan

Tel: 0081-665-39-3123   Fax: 0081-665-39-3133

Dear sirs,

We hereby confirm having sold to you the following goods on terms and conditions as specified below:

1. Commodity & Specification	2. Quantity	3. Unit Price	4. Amount
FOB Qingdao, China as per INCOTERMS® 2020			
(1) Door Handle			
Article No.DH5010	4 500 pairs	USD8.80/ pair	USD39 600.00
Article No.DH5020	4 500 pairs	USD8.50/ pair	USD38 250.00
(2) Spirit Level			
Article No.19161	8 820 pcs	USD2.00/ pc	USD17 640.00
Article No.19163	14 700 pcs	USD2.20/ pc	USD32 340.00
Total			USD127 830.00

Total Contract Value: U.S.DOLLARS ONE HUNDRED TWENTY SEVEN THOUSAND EIGHT HUNDRED THIRTY ONLY.

5. Packing: Door Handle packed in 20 pairs/carton, Spirit Level packed in 60 pieces/carton.

6. Marks: TAKA in a circle/OSAKA.

7. Shipment: Shipped from Qingdao, China to Osaka, Japan not later than Jun. 30, 2023; Partial shipment and transshipment are prohibited.

8. Payment: 20% of proceeds paid by T/T before May 27, 2023, 80% of proceeds paid by D/P at sight.

Our Bank: Bank of China, Qingdao Branch.

　　　　No. 25 Shandong Rd. Qingdao, China

A/C No.: 80020002700605309

THE BUYER:　　　　　　　　　THE SELLER:

TAKA CO., LTD.　　　　　　　QINGDAO LIANJIANG CO., LTD.

TAKA　　　　　　　　　　　　　　　　　联 江

[调查研究与善作善成]

1. 调研主题

风险意识与拒付处理。

2. 调研步骤

（1）以小组为单位，调研搜集与不同结算方式下拒付处理相关的资料和案例。

（2）根据调研资料，讨论研究形成调研报告。

（3）根据调研报告制作PPT。

（4）每组派代表在课堂上分享本组调研成果。

3. 调研成果

（1）调研报告。

（2）PPT。

参考文献 <<<<<<

[1] 章安平. 进出口业务操作 [M]. 4版. 北京：高等教育出版社，2024.

[2] 阎之大. UCP600解读与例证[M]. 北京：中国商务出版社，2007.

[3] 中国国际商务/国际商会中国国家委员会. 国际贸易术语解释通则2020 [M]. 北京：对外经济贸易大学出版社，2020.

主 编 简 介

　　章安平，浙江金融职业学院二级教授，国家"万人计划"教学名师、浙江省"万人计划"教学名师、浙江省杰出教师、浙江省优秀教师。国家国际经济与贸易高水平专业群建设项目负责人，国家国际经济与贸易专业教学资源库及升级改进项目负责人，国家精品课程、国家精品资源共享课、国家精品在线开放课程、课程思政示范课程和职业教育国家在线精品课程"外贸单证操作"负责人。荣获全国优秀教材奖一等奖1项、国家教学成果奖二等奖2项。担任全国外经贸职业教育教学指导委员会委员。作为组长，承担经济贸易类相关专业历次专业教学标准、专业简介、实训教学条件建设标准的开发工作。主要从事高职国际贸易类专业建设和理论研究，主持或参与省级以上课题20余项，主编职业教育国家规划教材九部，在《国际贸易问题》《农业经济研究》《中国高教研究》等核心刊物发表论文30余篇。

　　牟群月，浙江金融职业学院副教授，国家职业教育国际贸易专业教学资源库"企业案例库"主持人，首批国家精品在线开放课程"外贸单证操作"课程组核心成员，指导学生多次获得全国外贸技能大赛和全国POCIB大赛团体一等奖。